秘书业务知识丛书

文秘写作

（第四版）

余 苳 王国英 主编

ZHEJIANG UNIVERSITY PRESS
浙江大学出版社

图书在版编目（CIP）数据

文秘写作／余荩，王国英主编．—4版．—杭州：浙江大学出版社，2013.7（2025.7重印）
ISBN 978-7-308-11749-4

Ⅰ．①文…　Ⅱ．①余…②王…　Ⅲ．①公文—写作
Ⅳ．①H152.3

中国版本图书馆CIP数据核字（2013）第142873号

文秘写作（第四版）
余　荩　王国英　主编

责任编辑　傅百荣
出版发行　浙江大学出版社
（杭州市天目山路148号　邮政编码310007）
（网址：http://www.zjupress.com）
排　　版　杭州青翊图文设计有限公司
印　　刷　浙江新华数码印务有限公司
开　　本　710mm×960mm　1/16
印　　张　19.5
字　　数　340千
版 印 次　2013年7月第4版　2025年7月第27次印刷
书　　号　ISBN 978-7-308-11749-4
定　　价　48.00元

浙江大学出版社市场运营中心联系方式：0571－88925591；http://zjdxcbs.tmall.com

第四版前言

本书自1995年8月初版以来，曾几经修订，在内容上不断增删改调，力求应时适变，与时俱进，以适应和反映社会的发展。

这次修订与前几次相比，是在内容上作了重大的调整与变动，这主要体现在三个方面：一是贯彻中央最新的有关文件的精神，把“行政公文”改为“党政机关公文”，对第一章进行大改动。二是适应形势发展的需要，针对近年来国家公务员考试的实际，增加了“申论”一节，把它确定为一种独立的，实用的新型文体。不过这种文体从它的特征与写作要求来看，与本书各类文书均有所不同，难于归属；若把它作为单独一章，显得体例失调，十分不妥；又由于它与新闻短论稍有近似之处，于是只好暂且把它归入传播文书一章。三是材料调整，更换了许多实例，力求选用近年的新鲜材料作为有关章节的例文。上述三方面的变动，使本版修订面貌一新。

本书另外两位原作者，李孝华同志已亡故，徐航同志因工作岗位变动而难于参与修订，这使我感到要完成工作量很大的修订工作力不从心。因此，我特请浙江大学人文学院富有多年文秘写作教学经验的王国英博士承担主要的修订任务。王国英同志欣然接受我的委托，历时一年有余，搜集与选用了大量的最新材料，对第一章作重大改动与增补，对全书的文字表达作了认真推敲与精心调整，并执笔撰写了新增的“申论”一节。王国英同志的积极参与与辛勤投入，终于使这次修订工作得以完成。

因《党政机关公文处理工作条例》和《党政机关公文格式》国家标准自2012年7月1日起施行，书中所引的部分例文可能在成文日期书写等格式方面与新标准不完全一致，为避免引起混乱，引用时已作调整，敬请原作者谅解。

这本第四版教材内容的更新，当还有缺憾与不足之处，祈请读者赐教。

余　荩

2012年10月于浙江大学

目　　录

第一章　党政机关公文

第一节　党政机关公文的含义、特点、分类和作用

一、党政机关公文的含义

党政机关公文，就是中国共产党机关和国家行政机关的公务文书，是党政机关实施领导、履行职能、处理公务的具有特定效力和规范体式的文书。

这一含义包含以下几层意思：一是党政机关的公文，不包括外交、军事、司法等部门根据特殊需要所使用的专用公文。党政机关公文主要是中共中央办公厅、国务院办公厅于2012年4月16日联合发布，于2012年7月1日起施行的《党政机关公文处理工作条例》中规定的15种公文，即决议、决定、命令（令）、公报、公告、通告、通知、通报、议案、报告、请示、批复、意见、函、纪要。二是形成的条件必须和党政机关"处理公务"联系在一起，离开党政机关的公务活动就不存在党政机关公文，因而有别于出于个人主观感受和纯属私人交往的文书。三是党政机关公文是代党政机关立言，体现机关意志、意图和主张，以实现党政管理的目的，因此在党政机关职权范围内具有"特定效力"；同时党政机关公文的内在结构和外在形式都有其特定的要求和规定，特定的编排形式和规格，因而具有"规范体式"。具体参见中华人民共和国国家质量监督检验检疫总局和中国国家标准化管理委员会于2012年6月29日联合发布，于2012年7月1日实施的《党政机关公文格式》（GB/T 9704—2012）。

党政机关公文是传达贯彻党和国家的方针政策，公布法规和规章，请示和答复问题，指导、布置和商洽工作，报告、通报和交流情况等的重要工具，是依法管理和进行公务活动的重要工具。因此，学习党政机关公文写作知识，可以推进公文写作、处理工作科学化、规范化、制度化，进而提高党政公文质量，提高办公室综合服务的能力和效率。

二、党政机关公文的特点

党政机关行政公文是一种传递政令政策、处理公务的特殊文字形式，与文学作品、新闻体裁和一般文章有所不同，具有自身的鲜明特点。

（一）宗旨的政治性

党政机关公文是中国共产党和国家行政机关处理公务的产物。一方面，党政机关公文本身是一种政治。所谓政治，是与“人心”密切相关的治理之道。历史经验告诉我们，任何统治集团管理国家政务，都将人心向背问题置于首位，概莫能外，所谓“得民心者昌，失民心者亡”。党政机关公文的宗旨是为人民服务，它必然体现人民的普遍意愿和根本利益，即体现人心所向。党政机关公文的这一宗旨，决定了它具有高度的政治性。

另一方面，党政机关公文制发的目的是为了制定政策、宣传政策和执行政策，而政策性正是政治性的一项重要内容。党政机关公文不仅表述制文机关一定的立场观点和决策意图，带有鲜明的政治色彩，而且要求人们贯彻实施。在贯彻实施过程中，不能简单地“等因奉此”，而是既要结合本地区、本部门的实际情况，研究许多具体的政策性问题，又要将实践的经验教训反馈给上级机关，作为完善有关政策和作出新决策的依据。因此，党政机关公文的政策性，实际上体现出它鲜明的政治性。

（二）作者、读者的法定性

党政机关公文是党政机关为行使职权而制发的，因此公文的作者是法定的党政机关。这与其他文章或作品的作者署名悉听尊便的情况大不一样。党政机关公文的作者是法定的，它是指依法成立并具有法定职权的党政机关，而不是指按机关内部分工从事公文撰拟的文秘人员。任何个人不允许假冒机关的名义制发公文。在特殊情况下，以机关领导人名义签署发布的公文，并不代表领导人个人，而是代表了法定机关，体现法定机关的职权和意图。

党政机关公文的读者对象也是法定的，这与其他文章或作品读者的普泛性和庞杂性截然不同。一方面，党政机关公文的读者是法定的主送机关、抄送机关，具体明确；有的公文还规定了阅读范围和传达范围以及能否翻印或在报刊上刊载。另一方面，法定的读者有责任对党政机关公文进行认真阅读、研究、参照和贯彻执行。

（三）内容的权威性

党政机关公文是党政机关的喉舌，它的基本内容具有法定权威性的特点。这与文学作品和学术论文不同，文学作品的内容，人们可看可不看，也可以边看边摆；学术论文的内容和观点，人们可以赞同，也可以批评，甚至阅后置于脑后。党政机关公文的内容则需要有关人们理解、执行或作为处理公务的依据，因而具有明显的法定的权威性。

这种权威性，除了因作者职权范围大小和地位高低而权威性有大小、高低之分外，主要体现在以下三个方面：

一是党政机关公文是依法管理的重要工具，其内容涉及党和国家的方针政策、重大部署、重要决策以及行政举措和办法，而这一切都与国家有关法律相一致，或通过一定立法程序产生，具有法律的某种强制力。二是党政机关公文内容体现法定机关指挥意志和领导意图，在法定机关职权范围内，对人们的思想、行为、工作等加以规范，使之一体遵行，令行禁止，不得各行其是。三是各级党政机关由党和国家政权赋予一定的职能和权力，党和国家政权力量自上而下的支持，使得党和国家各级机关的权威性得以有力保证，因而代各级机关立言的公文也就具有法定权威性。

党政机关公文内容的权威性绝对需要，它是保证党政机关职能运行、公务管理、维持正常工作和生活秩序的重要手段。

（四）体式的规范性

党政机关公文具有独特而统一规定的体式，这种体式是在公文制作和使用的长期实践中形成的，目的是保证公文准确、完整、统一、有效，以及公文的正常运转并发挥其效用。

党政机关公文体式的规范性，是指文体和格式都有其特定的规范要求。每一种公文，都有其特定的适用范围、表现内容、使用格式，不能别出心裁，标新立异，也不能自搞一套，混同使用。

党政机关公文的文体具有程式性特点，是说在篇章结构、行文款式上具有较为固定的格式。对此，《党政机关公文处理工作条例》第三章作了严格的规定和说明。

党政机关公文的格式，包括基本构成与样式。基本构成，《党政机关公文处理工作条例》指出："公文一般由份号、密级和保密期限、紧急程度、发文机关标志、发文字号、签发人、标题、主送机关、正文、附件说明、发文机关署名、成文日期、印章、附注、附件、抄送机关、印发机关和印发日期、页码等组成。"样式，除了指公文页面的外观形式，《党政机关公文处理工作条例》和《党政机关公文格式》国家标准中还就用纸规格、装订要求作了具体规定。这些都是党政机关公文体式规范性特点的具体体现。

党政机关公文除了上述四个主要特点，尚有撰文的实用性、严密的科学性、表述的明快性、高度的时效性等。这一些虽是党政机关公文所应具备的，但并非为党政机关公文所特有。由于特点的“特”字不很明显，因此这里不另作阐述。

三、党政机关公文的分类

按实际需要和一定标准区分党政机关公文的种类，有利于正确认识和选择文种，以免错用和混用；有利于提高公文写作的质量和规范化；有利于提高公文运转和公文处理的效率；还有利于公文的立卷归档和科学管理。

根据不同的标准划分，党政公文的主要类别有：

（一）按公文来源分，有外发公文、收来公文

外发公文：是指本机关撰制向外部机关发送的公文。外发公文直接反映本机关行使职权、完成工作任务和进行各项公务活动的真实情况。

收来公文：是指本机关收进外部机关制发的公文，包括上级机关、下级机关、同级机关和不相隶属机关的各种来文。

（二）按行文关系分，有上行文、平行文、下行文

上行文：指下级机关向上级机关报送的公文。如报告、请示等。

平行文：指同级机关或不相隶属机关之间往来的公文。如议案、函。通知、通告、纪要有时也可作为平行文。

下行文：指上级机关向所属下级机关发送的公文。如命令（令）、决定、公告、通知、通告、通报、批复等。

上行、平行、下行是行文方向，行文方向是由行文关系决定的，而行文关系则是机关之间组织关系在公文运转中的体现。上行文体现下级机关请求上级机关的指示和监督，接受上级机关的领导与指导；平行文体现机关之间平等商洽、支持和协作；下行文体现上级机关对下级机关实施管理和指导的职能。因此，按行文关系分类，在选用文种和处理公文上至关重要。

（三）按性质、作用分，有指挥性公文、公布性公文、报请性公文、知照性公文、记录性公文等

指挥性公文：指上级机关制发的对下级机关进行组织、指挥、协调和管理的公文。主要有命令（令）、决定、通知、批复等。

公布性公文：指将有关事项与要求，通过新闻媒体或张贴等形式发布的公文。主要有公告、通告等。

报请性公文：指向上级机关汇报工作、反映情况、提出建议、请求指示或批准的公文。主要有报告、请示等。

知照性公文：指机关之间或机关内部通知事项、通报情况、联系工作、公布要求、沟通信息的公文。主要有通知、通报、函等。

记录性公文：指用以记载公务活动，归纳会议精神、议定事项等情况的公文。主要有纪要。

（四）按时限要求分，有特急公文、紧急公文、常规公文

特急公文：指事关重大而又十分紧急，要求以最快速度形成、运转、处理，绝不允许有丝毫懈怠与拖延的公文。

紧急公文：相对于特急公文而言，其时限稍可容缓，但也涉及重要事项而又需快速形成、运转、处理的公文。

常规公文：指按正常速度形成、运转、处理的公文。

其中电报应当分别标明“特提”、“特急”、“加急”、“平急”。

（五）按保密要求分，有保密公文、非保密公文

保密公文：内容涉及党和国家机密，需要控制时间、范围、对象的公文。按《党政机关公文处理工作条例》第三章第九条规定，涉及党和国家秘密的公文应当根据涉密程度分别标注“绝密”、“机密”、“秘密”和保密期限，其中，“绝密”、“机密”级公文还应当标明份数序号。

非保密公文：相对于保密公文而言，也叫普通公文。普通公文的内容虽不涉及机密，但也并非任何人可以传阅，因而要控制一定的阅读范围和时间。

四、党政机关公文的作用

（一）法规依据作用

党和国家的管理工作需要有各种法规，这些法规是以文件形式制发的。这些文件如法令、规定、办法等，作为各项管理工作和活动的规范与依据，一经制发生效，就必须遵照执行，在没有修订或废止前，始终有效。党和国家领导机关制发的命令、决定等，虽不属严格的法规性公文，但都要求下级机关和有关人员遵守执行，有一定的强制性和约束力，同样起到法规依据作用。

（二）领导指导作用

党政机关公文是依法管理的工具。党和国家的各级机关通过制发各种公文，传达党和国家的方针政策，贯彻领导意图，有针对性地解决实际工作问题，因而具有领导作用。有些领导机关下发的公文，或比较灵活地提出“供各地参照”、“可参考执行”等，或对下级机关的业务、事务进行具体指导，则具有指导作用。

（三）宣传教育作用

党政机关公文带有法规性、方针政策性、领导指导性，其本身就是一种对广大干部群众的思想和政策方面的宣传教育，而且较之新闻传媒的宣传教育，更有权威性和宣传效力。即使一些表彰性、批评性通报，奖惩方面的决定，也具有宣传教育作用。

（四）联系沟通作用

党政机关在一系列公务活动中，要靠公文进行上下左右的联系和沟通，使上情迅速下达，下情及时上报，机关之间联系密切，关系协调。通过公文往来，相互传递和反馈信息，交流经验，商洽工作和处理各种公务，在纵向、横向的联系沟通中，正常而有秩序地开展工作。

（五）依据凭证作用

党政机关公文反映了制文机关的意图，具有特定的效力。如下行文中的决定、批复等，上行文的报告、请示等，收文机关都以此作为处理工作解决问题的依据，因此公文具有依据作用。有些公文真实记载公务联系和某项活动情况，如纪要、函等，可作现实和历史查考的依据和凭证。

第二节　党政机关公文的格式、行文规则和语言运用

一、党政机关公文的格式

中共中央和国务院联合发布的《党政机关公文处理工作条例》第三章“公文格式”中规定：“公文一般由份号……等组成。”撰制党政机关公文，要严格遵循这一规定，不能另搞一套，以便保证公文的统一性与科学性以及公文的有效处理。

为了叙述的方便，我们将上述“公文格式”中规定的18项内容分版头、主体和版记三部分分别加以阐析。公文首页红色分隔线以上的部分称为版头；公文首页红色分隔线（不含）以下、公文末页首条分隔线（不含）以上的部分称为主体；公文末页首条分隔线以下、末条分隔线以上的部分称为版记。页码位于版心外。公文格式图参见附录二。

（一）版头格式

版头格式包括份号、密级和保密期限、紧急程度、发文机关标志、发文字号、签发人等。

1.份号。份号是指公文印制份数的顺序号。涉密公文应当标注份号，一般用6位3号阿拉伯数字，从“000001”号起编，顶格编排在版心左上角第一行。

2.密级和保密期限。标注在发文机关标志的左上方。按《党政机关公文处理工作条例》和国家《保密法》规定，密级划分为绝密、机密、秘密三级。公文密级的确定和解密，要按国家的有关规定。保密公文应注明保密期限，如“绝密★3年”，“机密★3年”，“秘密★6个月”等。一般用3号黑体字，顶格编排在版心左上角第二行。

3.紧急程度。是公文送达和办理时间的限度。分“特急”、“急件”两种，一般用3号黑体字，顶格编排在版心左上角；如需同时标注份号、密级和保密期限、紧急程度，按照份号、密级和保密期限、紧急程度的顺序自上而下分行排列。有些公文，也可在标题中标注“紧急”字样，如《××××关于××××的紧急通知》。已标明紧急程度的，标题中不再标注“紧急”字样。紧急电报，按《党政机关公文处理工作条例》规定，分为“特提”、“特急”、“加急”、“平急”四种，在电文首页稿头中标注。

4.发文机关标志。由发文机关全称或规范化简称加“文件”二字组成，也可以使用发文机关全称或规范化简称。发文机关标志居中排列，推荐使用小标宋体字，套红，以醒目美观、庄重为原则。如“浙江省人民政府文件”。联合行文，需同时标注联署发文机关的名称，主办机关名称排列在前。

5.发文字号。发文字号由机关代字、年份、发文顺序号三者组成。年份、序号均用阿拉伯数码标注。例如“浙政〔2012〕8号”，“浙政”是浙江省人民政府的“机关代字”，〔2012〕是“年份”，8号是“序号”。年份应标全称，用六角括号“〔〕”括入。发文顺序号不编虚位，如“8号”不编为“08号”，也不加“第”字。发文字号一般排在发文机关标志下方；若无发文机关标志，则排在标题下方右侧。为便于识别，机关代字应选用能反映本机关有特征的代字，并固定使用。如几个机关联合行文，使用主办机关的发文字号。发文字号的作用在于统计发文数量，也便于引用和查询。

上行文的发文字号居左一字编排，与最后一个签发人姓名处在同一行。

6.签发人。指核准并签发公文或会签的发文机关负责人。标注在发文字号左侧适当位置。按《公文处理办法》规定：上行文应当注明签发人、会签人姓名。其中，“请示”和“意见”应当在附注处注明联系人的姓名和电话。在上行的公文中注明签发人，是为了督促各级机关负责人认真地履行职责，对行文负全责，有利于提高公文质量。

（二）主体格式

主体格式包括公文标题、主送机关、正文、附件、发文机关和成文日期等。

1. 标题。标题是公文的眉目。完整的标题由发文机关名称、事由、文种组成，如《国务院办公厅关于羊毛产销和质量等问题的函》，国务院办公厅是“发文机关名称”，羊毛产销和质量等问题是“事由”，函是“文种”。标题省略有三种情况：一是省略发文机关名称仅由事由与文种组成，如《关于要求设立杭州之江国家旅游度假区海关的请示》；二是省略事由，如《中华人民共和国国务院令》；三是省略发文机关名称与事由，只有文种名称，如《通告》、《公告》等，在这种情况下，通常将发文机关名称置于正文末尾落款处。

公文标题应居中排布；回行时，要做到词意完整，排列对称，长短适宜，间距恰当，标题排列应当使用梯形或菱形。

2. 主送机关。即公文的主要受理机关。应顶格写，使用机关全称或规范化简称或同类型机关统称。应根据受理机关的职能权限与行文目的选准主送机关，这是公文发出后能否得到及时处理的关键。在上行文中，一般只写一个主送机关，不要多头主送，以免延时误事；也不要越级主送。在下行文中，除了普发性公文（如省政府发给“各市、县人民政府、省直各单位”的文件）外，一般也只写一个主送机关。有些公文如公告、通告、纪要等，不写主送机关。

3. 正文。正文是公文主体或核心内容部分。公文首页必须显示正文。正文表述公文的内容与制文意图。不同文种的正文虽有不同的写作特点和要求，但从结构上说，一般由开头、主体、结尾三部分组成。开头要简明扼要地说明制文的根据、目的、原因或重要性。主体是内容事项，或提出解决问题的措施、意见、办法，或请求指示与批准，或询问和答复问题，或商洽和联系工作，要求具体明确，层次分明。结尾主要表述发文机关对公文办理的要求，其形式一般采用尾语惯用式、说明要求式、希望号召式、自然结束式等。文中结构层次序数依次可以用“一、”“（一）”“1.”“（1）”标注。

4. 附件。是随文附上的有关照片、图表、统计数字以及文字依据材料、参考材料，对正文内容作补充、说明和印证。公文如有附件，应在正文下空一行左空二字编排“附件”二字，后标全角冒号和附件名称。如有多个附件，使用阿拉伯数字标注附件顺序号（如“附件：1. ××××”），附件名称后不加标点符号。

附件应当另面编排，并在版记之前，与公文正文一起装订。“附件”二字及附件顺序号用3号黑体字顶格编排在版心左上角第一行。附件标题居中编排在版心第三行。附件顺序号和附件标题应当与附件说明的表述一致。

5.发文机关署名。即落款、署名,是公文的法定作者。应写全称或规范化简称。几个机关联合发文,主办机关排列在前;以机关领导人名义发文,要同时冠以领导人职务。

6.成文日期。指公文发文的年月日,一般是公文的生效期。成文日期是公文生效和查考的重要依据,位于发文机关名称的右下方,年月日须完整。成文日期,以负责人签发日期为准;联合行文,以最后签发机关负责人的签发日期为准;电报,以发出日期为准,会议通过的公文,以会议通过的时间为准。

用阿拉伯数字将年、月、日标全,年份应标全称,月、日不编虚位(即1不编为01)。

7.印章。在公文成文时间上侧加盖机关印章,起证实公文合法效力和信用的作用,也是对公文生效负责的凭证。加盖印章,用红色,要求上不压正文,下“骑年盖月”。《党政机关公文处理工作条例》规定:“公文中有发文机关署名的,应当加盖发文机关印章,并与署名机关相符。有特定发文机关标志的普发性公文和电报可以不加盖印章。”印章务与正文同处一页,即不得在无正文的空白页上盖印,不得采取“此页无正文”的标志。

8.附注。指需要附加说明的其他事项。附注内容,有的是需要加以解释的名词术语;有的是确定公文发送范围和阅读传达对象——如“此件发至省军级”、“此件发至县团级”、“此件可口头传达到群众”等;有的则注明使用方法,如“此件可自行翻印”。

附注,一般居左空二字加圆括号编排在成文日期下一行。

(三)版记格式

版记格式包括抄送机关、印发机关和印发日期、印制份数、页码等。

1.抄送机关。是指除主送机关外,其他需要执行或知晓公文内容的机关,应当使用机关全称、规范化简称或者同类型机关统称。抄送机关不宜太多太滥,也不要漏报漏送。

2.印发机关和印发日期。一般编排在末条分隔线之上,印发机关左空一字,印发日期右空一字,用阿拉伯数字将年、月、日标全,年份应标全称,月、日不编虚位,后加“印发”二字。

3.页码。一般编排在公文版心下边缘之下,数字左右各方一条一字线;单页码居右空一字,双页码居左空一字。公文的版记页前有空白页的,空白页和版记页均不排页码。公文的附件与正文一起装订时,页码应当连续编排。

（四）用纸、印装格式

1. 用纸格式。公文用纸幅面规格，一般采用国际标准 A4 型（长 297 毫米、宽 210 毫米）。张贴等特殊形式的公文，如通知、通告等，其用纸大小根据实际需要确定。

2. 印装格式。公文排印，文字从左至右横写、横排。在民族自治地方，可以并用汉字和通用的少数民族文字（按其习惯书写排版）。公文一律左侧装订。

（附：公文格式见附录二）

二、行文规则

为了提高党政机关的工作效率，党政机关公文的行文必须遵循有关的行文制度和规律。对此，《党政机关公文处理工作条例》第四章作了具体明确的规定。下面，就行文关系、行文规则、行文注意事项，分别加以阐述说明。

（一）行文关系

行文关系根据隶属关系和职权范围确定。按明确而严格的行文关系行文，可以避免行文混乱，杜绝"公文旅行"，克服文牍主义和形式主义，提高工作效率。

一定的行文关系，规定和约束公文以一定方向运行，称为行文方向。按行文方向，公文可以分为上行文、平行文、下行文。

1. 上行文。指向上级机关报送的公文。如报告、请示。原则上，上行文主送一个上级机关。

上行文以逐级行文为主，必要时采取多级行文，在特殊情况下允许越级行文。逐级行文是指下级机关向直属上级机关的行文。多级行文是指下级机关同时向直属上级机关和更高一级的上级领导机关的行文，多级行文只有在问题重大、很有必要时使用。越级行文是指下级机关越过直属上级机关向更高一级行政机关直至国务院行文。一般情况下，下级机关不得越级请示和报告。只有在特殊情况下，诸如严重自然灾害、特大事故、突发重大事件，上级交办并指定越级上报的事项，与直属上级机关有争议而无法解决问题的情况下，可以越级行文。越级行文时，应当将公文同时抄送被越过的上级机关。

2. 平行文。是同级机关或不相隶属机关之间往来的公文。如知照性通知、议案、函等。

平行文不分系统、级别、地区，在通联事项、商洽工作、联系业务时可直接行文。它的好处是避免按系统传送而增加公文运转层次，提高办事效率。平行文是通联性和协商性公文，不能用作指挥事项。

3. 下行文。是向所属下级机关发送的公文。如命令(令)、决定等。根据需要，下行文可以分逐级行文、多级行文和直达行文。

逐级行文，即向所属下一级机关行文，用于传达指示、部署工作、通报情况、批复请示，以实施对下级机关的领导与指导。

多级行文，即同时向所属的几级下属机关行文。例如国务院的某一文件同时发到县级机关以上的各级行政机关。这种行文的好处是减少逐级转发的时间与手续，使文件精神得以迅速传达与贯彻。

直达行文，即领导机关将文件发至基层或直接传达到人民群众。

(二)行文规则

为使公文发挥其应有的法定效用，使行文畅通有序，应遵守以下几条行文规则：

1. 根据隶属关系行文。在党政系统中，各级机关都有自己特定的隶属关系。隶属关系是一种管辖与被管辖的关系。在同一党政系统中，上级机关对下级机关是一种管辖关系，相反是被管辖关系。

按隶属关系行文，对有隶属关系的上级机关行文，应使用上行文；对有隶属关系的下级机关行文，应使用下行文；同级机关和不相隶属机关之间，不存在隶属关系，一般应使用平行文。

2. 根据职权范围行文。各级党政机关应根据自己的职权范围行文，不得失职和越权，否则将会造成行文关系混乱。

根据职权范围行文，下级机关应向上级机关汇报工作，请示问题；但是属于下级机关职权范围内处理的事项，上级机关不应代替行文。下级机关的请示事项，如需以本机关名义向上级机关请示，应当提出倾向性意见后上报，不得原文转报上级机关。

党委、政府的部门向上级主管部门请示、报告重大事项，应当经本级党委、政府同意或者授权。各级党政机关的职能部门可以相互行文，可以向下级同一职能部门行文，也可根据本级机关授权和职权规定向下一级党政机关的相关业务部门行文。

党政各部门除以函的形式商洽工作、询问和答复问题、审批事项外，一般不得向下一级党政机关正式行文。

部门内设机构除办公厅(室)外，不得对外正式行文。

3. 行文应当确有必要，注重效用。行文要特别强调必要性，要注重公文的实际效用，坚决克服"文山"现象和效用不大的弊端。

（三）行文注意事项

1.不要多头主送和忽视抄送。公文行文应选准主送机关，因为这关系到公文能否得到及时的处理。上行文，一般只写一个主送机关，不要多头并送，以免受文机关责任不明，相互推诿，甚至使公文搁置沉压而延误工作。

公文在写明主送机关的同时，如需同时送其他机关，应当用抄送形式。但“请示”，不得抄送其下级机关，因为请示事项在未获上级机关批复前，还不能有效地办理。对下级机关的重要行文，可以抄送直接上级机关，使上级机关及时了解情况，予以指导。上级机关向受双重领导的下级机关的行文，必要时应同时抄送受文机关的另一个上级机关。

为控制文件数量，减少“文山”现象，抄送范围应加控制，不要滥抄滥送，可抄送可不抄送的则不要抄送。

2.一般应一文一事。公文行文要求一文一事，这是加快公文运转速度，提高办事效率的重要保证。一文一事合乎办事程序和公文运转要求。一文数事，不仅影响公文主旨的鲜明突出，而且在公文承办时因涉及多个部门而造成辗转、牵扯，影响办文的时效。此外，还不利于公文的立卷归档和查阅。“请示”应当一文一事；“报告”不得夹带请示事项。

3.同级机关可联合行文。行文内容如涉及几个机关，可以联合行文。根据《党政机关公文处理工作条例》第十七条规定：“同级党政机关、党政机关与其他同级机关必要时可以联合行文。属于党委、政府各自职权范围内的工作，不得联合行文。”联合行文应当明确主办部门。

4.关于报送“请示”、“意见”和“报告”。除上级机关负责人直接交办的事项外，不得以机关名义向上级机关负责人报送“请示”、“意见”和“报告”，不得以本机关负责人名义向上级机关报送公文。

5.注意特殊行文。有些公文经批准在报刊上全文发布，应视为正式公文行文，要依照执行。

三、公文语言的运用

公文语言是一种规范化的实用语言。要运用好公文语言，必须重视以下几个问题：

（一）公文语言的特点

1.实用性。公文语言是一种实用性语言，重在准确地传达发文机关意图，有效地处理实际公务。它不像文学语言那样，是描绘性的表现审美意象和艺术情感的。

2. 所指性。公文语言必须准确传达公文的实际内容和对象，它所用的语词概念及其内涵能被社会群体共同认可和统一理解，它所指的含义即实际事物的含义，具有词典上的意义。公文语言不是文学语言。文学语言具有“能指性”特点，即一个词往往不是一个词而是一个信息束，包括有引申义、想象义、比喻义等，能够传达丰富多样的审美信息，具有“言外之意”、“味外之旨”。

3. 陈述性。公文语言是一种朴朴实实、语意明确的陈述性语言，具有“显性”作用。其词、句运用呈线性逻辑组合关系，它用概括说明和直笔述说来交代事项。不像文学语言那样是一种具有“显象”功能的描绘性、情感性语言。

4. 规范性。公文语言是规范化的书面语言，严格遵循语法规则和组合规则。为使行文庄重，不用口语、方言、俗语。不像文学语言那样强调独创的个性化语言。

（二）公文语言的要求

1. 真实准确。这是公文语言的基本要求。真实是指公文的内容材料客观、可靠，不虚饰编造，人、时、地和统计数字等都确实无误，并以相应的语言加以表述。准确是指公文用词遣句既有明确的含义，又合乎语法规范，甚至标点符号都要十分妥帖。公文语言要准确地表达思想内容，必须辨别词义的轻重（如损失严重、损失惨重），词义范围的大小（如事情、事件、事故），词义的褒贬情感色彩（如果断——褒义词，决断——中性词，武断——贬义词）。公文语言做到既真实又准确，才能有权威性和说服力，才能有利于运行和执行。

2. 简明朴实。公文语言是一种陈述性、说明性语言而非描绘性语言，讲究简明朴实。简明是智慧的灵魂。为了提高办文效率和克服“文山”现象，公文应以最经济最有概括力的语言文字表述丰富的内容，言简意赅。公文语言要做到简明，一是要突出主旨和重点内容，力戒空话套话，防止穿靴戴帽。二是要要言不烦，干净利落，精练而无废话，避免冗繁重复的字、词、句、段。三是要做到明白晓畅，质朴无华，力避晦涩和令人费解的生僻词语；词义的明了要限于所说，不能模棱两可或混杂别的意思，做到叙事以自然的社会的关系为常规，说理以因果的逻辑的关系为常规。

3. 严谨庄重。公文语言的严谨，是指公文述事说理严密周全，前后贯连，合乎逻辑，力求达到天衣无缝，无懈可击。要谨防自相矛盾和疏漏。

公文语言的庄重，是说用词遣句端庄持重，无虚饰浮滑之弊。由于公文是处理公务所用，代某一机关立言，有法定权威性和行政约束力，因此用语要做到严肃庄重。

除了上述的三点要求，公文语言在运用中还要注意文字书写的规范，数字、标点符号书写的规范等问题。

（三）公文语言运用的方法

1. 词语选用因文而异。公文词语的选用严格受到语法逻辑的约束，一般应采用常规的方法，但又要因文而异。

首先，不同性质的公文，对词语和句式有不同的要求。指挥性公文如命令、指示、决定、通知等，由于政策性、指导性强，因此要多选用概括性词语，但要防止出现官僚主义、居高临下的生硬的词语。公布性公文如公告、通告等，由于周知性强，因此要选用说明性词语，文字简明扼要，力求通俗化。报请性公文如报告、请示等，由于是向上级机关报告、请示，因此要选用陈述性和说明性词语，恳切明白。通联性公文如函等，是机关之间联系工作、沟通信息用的，因此要选用商洽性、征询性词语，不亢不卑，以诚相待，措辞得体。

其次，在下行文中多用能愿动词和带动词性宾语的动词。公文原则性强，选用词语必须明确表示应该怎样，不应该怎样，因此要多用“要”、“可以”、“必须”、“应当”等能愿动词。也常用“加以”、“予以”、“给予”、“严加”、“严禁”等带动词性宾语的动词。如：“对于违反居民身份证管理的行为，情节较轻的，应当给予批评、教育；情节较重，构成违反治安管理行为的，依据《治安管理处罚条例》予以处罚。”

2. 广泛使用公文惯用语。公文惯用语，是公文中经过不断发展变化沿袭下来的习惯用语以及定型化、规范化的语言格式，保留一定的文言成分。

公文惯用语主要有：

（1）开端用语：根据、为（为了）、按照（依照、遵照）、兹因（兹有、兹定于）、欣值、顷接、现将、鉴于等。

（2）称谓用语：第一人称用本、我；第二人称用你、贵；第三人称用该、他等。

（3）引叙用语：前接（现接、近接）、近悉（欣悉、敬悉、惊悉）等。

（4）经办用语：经、兹经、业经、责成、现经、拟定等。

（5）承启用语：为此、据此、对此、有鉴于此、答复如下等。

（6）期请用语：请（恳请、拟请、即请）、希（恳希、务希、尚希）、望、盼（切盼）等。

（7）表态用语：同意、可行、不可、照办、迅即办理、现予转发等。

（8）结尾用语：此（复、令、布）、特此（通知、通告、公告、函复、函达）、为（要、盼、感、荷）、希（研究执行、贯彻执行、遵照办理、参照执行）、“以上报告，请审查”、“以上意见当否，请批复”、“敬请函复”、“此致敬礼”等。

3. 大量使用“的”字结构。“的”字结构是由词或词组加“的”构成，相当于一个名词。公文中的"的"字结构,大都由动词性词组加"的"构成,并常作介词"对"、"关于"的宾语,构成介词结构。例如:"地方各级人民政府所做的减税规定,都要逐项审查。凡违反税法规定和超越权限的,要立即纠正;在管理权限以内减免税不当的,也应停止执行。""对掺杂使假单位的主管人员和直接责任人员,以及支持、包庇、纵容掺杂使假行业的领导人与责任者,要给予行政处分;对情节严重构成犯罪的,要及时移送公安、司法机关依法查办。"

使用"的"字结构,使语言能产生简明的效果。

4.科学地选择句式和运用修辞手段。根据公文内容表达需要和语体特点,公文基本上采用主谓句。主谓句中有较多的长句,而长句的构成有几种方式:

(1)用介词结构作修饰语。通常有两种情况:一是标题中用介词结构,如《××××关于××××的通知》。二是正文中用介词结构。常用的介词有为了、对于、根据、依照、自从、在、由等,如"为了充分调动饭店职工的积极性,在不断提高服务质量、努力增加经济效益的前提下,要不断改善职工的福利待遇"。

多用介词结构,能够使句子表意更为严密。

(2)用并列成分。在公文句子的各个位置,可以用并列成分,使语言简约。如:"但最近几年来,在农村出现了重化肥轻有机肥、重用地轻养地、重产出轻投入的倾向。"

(3)用并列复句和递进复句。公文语言里的联合复句,两个或两个以上的分句之间不分主次,并以并列关系、递进关系的复句为多。并列关系的复句,分句之间分别说明几件事或几种情况,用关联词"既……又"来表示。递进关系的复句,后一分句比前一分句更进一层意思,用关联词"不但……而且"来表示。

公文的句型一般用陈述句、祈使句,不用感叹句、疑问句。

公文的语言运用,还需运用一定的修辞手段。但为了保证公文的准确性,避免虚浮失实,一般只用比喻、对比、排比、对偶等少量的修辞格,而不能用夸张、比拟、反语、双关、象征等修辞格。

第三节　决议　决定　命令(令)

一、决议

会议讨论通过的重大决策事项，用决议。

（一）决议的分类和特点

1. 决议的种类。根据决议涉及的内容范围，可分为公布性决议、批准性决议和阐述性决议。

公布性决议是为了公布某种法规、提案而写作的决议。

批准性决议是批准某事项或通过某文件的决议。如 2012 年 6 月 10 日《中国共产党浙江省第十三次代表大会关于十二届省纪委工作报告的决议》。

阐述性决议是对某些重大结论的具体内容加以阐述的决议。如中国共产党第十四届中央委员会第六次全体会议通过的《中共中央关于加强社会主义精神文明建设若干问题的决议》。

2. 决议的特点。

(1)程序性。决议必须经过会议讨论，并表决通过后才能形成，程序非常严格。

(2)权威性。决议的内容涉及重要决策事项，是在党和国家的高级领导机构的会议上研究讨论后形成，由党和国家的领导机关发布，代表着党和国家领导机关的意志。一旦发布，其下属的各级党和国家机关就必须严格遵守，坚决执行。

(3)指导性。决议是针对重大问题和重要事项做出的决策，其中所阐述的观点及对事项的评价对各级机关的思想、生活和工作具有指导意义。

（二）决议的格式和写法

决议一般由标题、通过时间、正文等组成。

1. 标题。一般由发文机关或会议名称、事由和文种构成，也有采用“事由＋决议”的形式。

2. 通过时间。指决议正式讨论通过的日期。一般放在标题下，在圆括号内注明会议名称及通过时间，有时也可省略会议名称。

3. 正文。一般由决议缘由、决议事项和结语组成。

决议缘由：是决议发布的根据，写明会议时间、会议名称和目的，概述会议审议决议事项的情况，要求简明扼要。

决议事项：分条列项、准确清晰地写出会议通过的决议事项，或会议对有关文件和事项作出的评价和决定，或会议对有关工作的安排部署和针对性措施等。

结语：可以承接上文内容，针对性地提出希望和执行要求，也可以自然结尾。

（三）写作注意事项

决议阐述的内容，必须是经过有关会议讨论通过的，要以事实为根据，以深刻和充分的分析为前提，切不可随意发挥。

【例文 1-1】

浙江省人民代表大会常务委员会关于
批准 2011 年省级地方政府债券预算调整方案的决议

（2011 年 9 月 30 日浙江省第十一届人民代表大会常务委员会第二十八次会议通过）

浙江省第十一届人民代表大会常务委员会第二十八次会议经过审查，决定批准省人民政府提出的 2011 年省级地方政府债券预算调整方案。

【例文 1-2】

中国共产党浙江省第十三次代表大会关于十二届省纪委工作报告的决议

（2012 年 6 月 10 日中国共产党浙江省第十三次代表大会第四次全体会议通过）

中国共产党浙江省第十三次代表大会批准中共浙江省第十二届纪律检查委员会的工作报告。

大会充分肯定十二届省纪委的工作。大会认为，省第十二次党代会以来，全省各级纪委在中央纪委和省委的坚强领导下，紧紧依靠全省各级党组织、广大党员干部和人民群众，坚持党要管党、从严治党，坚持反腐倡廉方针，全面履行党章赋予的职责，全力服务保障科学发展，持续深化作风建设，扎实推进具有浙江特点的惩治和预防腐败体系建设，切实加强教育、监督和廉洁自律工作，严肃查办违纪违法案件，认真纠正损害群众利益的不正之风，大力推进基层党风廉政建设工作创新，不断深化治本抓源工作，党风廉政建设和反腐败斗争取得了新的明显成效，为我省科学发展、社会和谐提供了有力保证。但必须清醒地认识到，腐败现象在一些领域仍然易发多发，反腐败斗争形势依然严峻、任务依然艰巨。

大会要求，全省各级纪委要高举中国特色社会主义伟大旗帜，坚持以邓小平理论和“三个代表”重要思想为指导，深入贯彻落实科学发展观，紧紧围绕“八八战略”和“创业富民、创新强省”总战略的深入实施，坚持标本兼治、综合治理、惩防并举、注重预防，以密切党同人民群众血肉联系为重点加强作风建设，以完善具有浙江特点的惩治和预防腐败体系为重点加强反腐倡廉建设，着力解决反腐倡廉建设中人民群众反映强烈的突出问题，着力解决党员干部在保持纯洁性方面存在的突出问题，大力发扬求真务实、改革创新的精神，努力开创我省党风廉政建设和反腐败斗争新局面，为建设物质富裕精神富有的社会主义现代化浙江提供有力保证。经过五年努力，反腐倡廉工作服务保障科学发展更加有力，各项重点工作有新的突破，具有浙江特点的惩治和预防腐败体系初步建成，腐败现象易发多发的势头得到有效遏制，党风政风不断好转，人民群众的满意度进一步提高，党的先进性和纯洁性得到充分体现。

大会强调，各级党委要把反腐倡廉建设摆在更加突出的位置，严格执行党风廉政建设责任制，坚持和完善反腐败领导体制和工作机制，巩固和发展全省上下共同推进反腐倡廉建设的良好局面。各级纪委要按照忠诚可靠、服务人民、刚正不阿、秉公执纪的要求，全面加强思想、组织、作风、能力建设；广大纪检干部要模范遵守纪律，自觉接受监督，坚决同腐败行为作斗争，始终做党的忠诚卫士、当群众的贴心人。

二、决定

对重要事项作出决策和部署，奖惩有关单位和人员，变更或者撤销下级机关不适当的决定事项，用决定。

决定与命令有相似之处，但命令级别规格高，内容也重要得多。命令的制发机关是人民代表大会和各级政府，决定则是任何机关、团体、企事业单位在自己职权范围内都可以作出的。

(一)决定的分类

决定按内容性质分，有指挥性决定、知照性决定。

1. 指挥性决定。对某些重要事项和重大行动作出决策部署，确定大政方针，提出要求措施，要求下级认真贯彻执行。这类决定，带有纲领性和规范性。如2011年10月18日，中共十七届六中全会审议通过的《中共中央关于深化文化体制改革、推动社会主义文化大发展大繁荣若干重大问题的决定》。

2. 知照性决定。对有关具体事项作出决定，知照下级及有关各方，起到通知、关照和依据作用。如召开重要会议、安排人事、设置或撤销机构、表彰或处分有关人员、撤销下级机关不适当的决定事项及某一具体事项或工作的决定。

(二)决定的格式和写法

决定的格式由标题、发文时间、正文组成。

1. 标题。与一般通用公文相同。

2. 发文时间。一般标注在标题的下方,也可标注在正文右下方发文机关下方。

3. 正文。指挥性决定的正文,一般包括决定缘由、决定事项、执行要求。

决定缘由:这是正文开头。是行文的根据、缘由或目的。由于指挥性决定事关重大,这部分需要提出问题、分析问题,用较长的文字阐述作出决定的原因或根据,为下面决定事项提供基础和前提。

决定事项:这是正文的主体。针对根据、原由部分所分析的问题,作出解决问题的决策部署,将决定事项分条标项或采用小标题方式具体叙写。要注意层次分明,用语严肃准确,决断有力,具有明显的政策性、原则性、法规性特点。

执行要求:即正文结尾。写执行要求与希望,也可对决定内容加以强调或补充。

知照性决定的正文,一般为决定缘由、决定事项两部分,不提执行要求。只在表彰性决定中以提希望、号召作为结尾。知照性决定,要求写得简要明确,一般不作分析议论,往往篇段合一。

【例文 1-3】

国务院关于加强食品安全工作的决定

国发〔2012〕20号

各省、自治区、直辖市人民政府,国务院各部委、各直属机构:

食品安全是重大的民生问题,关系人民群众身体健康和生命安全,关系社会和谐稳定。党中央、国务院对此高度重视,近年来制定实施了一系列政策措施。各地区、各部门认真抓好贯彻落实,不断加大工作力度,食品安全形势总体上是稳定的。但当前我国食品安全的基础仍然薄弱,违法违规行为时有发生,制约食品安全的深层次问题尚未得到根本解决。随着生活水平的不断提高,人民群众对食品安全更为关注,食以安为先的要求更为迫切,全面提高食品安全保障水平,已成为我国经济社会发展中一项重大而紧迫的任务。为进一步加强食品安全工作，现作出如下决定。

一、明确加强食品安全工作的指导思想、总体要求和工作目标

（一）指导思想。（略）

（二）总体要求。（略）

（三）工作目标。（略）

二、进一步健全食品安全监管体系

（四）完善食品安全监管体制。（略）

（五）健全食品安全工作机制。（略）

（六）强化基层食品安全管理工作体系。（略）

三、加大食品安全监管力度

（七）深入开展食品安全治理整顿。（略）

（八）严厉打击食品安全违法犯罪行为。（略）

（九）加强食用农产品监管。（略）

（十）加强食品生产经营监管。（略）

四、落实食品生产经营单位的主体责任

（十一）强化食品生产经营单位安全管理。（略）

（十二）落实企业负责人的责任。（略）

（十三）落实不符合安全标准的食品处置及经济赔偿责任。（略）

（十四）加快食品行业诚信体系建设。（略）

五、加强食品安全监管能力和技术支撑体系建设

（十五）加强监管队伍建设。（略）

（十六）完善食品安全标准体系。（略）

（十七）健全风险监测评估体系。（略）

（十八）加强检验检测能力建设。（略）

（十九）加快食品安全信息化建设。（略）

（二十）提高应急处置能力。（略）

六、完善相关保障措施

（二十一）完善食品安全政策法规。（略）

（二十二）加大政府资金投入力度。（略）

（二十三）强化食品安全科技支撑。（略）

七、动员全社会广泛参与

（二十四）大力推行食品安全有奖举报。（略）

（二十五）加强宣传和科普教育。（略）

（二十六）构建群防群控工作格局。（略）

八、加强食品安全工作的组织领导

（二十七）加强组织领导。（略）

（二十八）严格责任追究。建立健全食品安全责任制，上级政府要对下级政府进行年度食品安全绩效考核，并将考核结果作为地方领导班子和领导干部综合考核评价的重要内容。发生重大食品安全事故的地方在文明城市、卫生城市等评优创建活动中实行一票否决。完善食品安全责任追究制，加大行政问责力度，加快制定关于食品安全责任追究的具体规定，明确细化责任追究对象、方式、程序等，确保责任追究到位。

国务院

2012年6月23日

【例文1-4】

国务院关于2011年度国家科学技术奖励的决定

国发〔2012〕7号

各省、自治区、直辖市人民政府，国务院各部委、各直属机构：

为全面贯彻党的十七大和十七届六中全会精神，深入贯彻落实科学发展观，大力实施科教兴国战略和人才强国战略，促进科学技术事业发展和综合国力提升，国务院决定，对为我国科学技术进步、经济社会发展、国防现代化建设作出突出贡献的科学技术人员和组织给予奖励。

根据《国家科学技术奖励条例》的规定，经国家科学技术奖励评审委员会评审、国家科学技术奖励委员会审定和科技部审核，国务院批准并报请国家主席胡锦涛签署，授予谢家麟院士、吴良镛院士2011年度国家最高科学技术奖；国务院批准，授予"流体力学与量子力学方程组的若干研究"等36项成果国家自然科学奖二等奖，授予"有机发光显示材料、器件与工艺集成技术和应用"等2项成果国家技术发明奖一等奖，授予"后期功能型超级杂交稻育种技术及应用"等53项成果国家技术发明奖二等奖，授予"青藏高原地质理论创新与找矿重大突破"国家科学技术进步奖特等奖，授予"玉米单交种浚单20选育及配套技术研究与应用"等20项成果国家科学技术进步奖一等奖，授予"高性能移动分组核心网智能化技术创新及应用"等262项成果国家科学技术进步奖二等奖，授予德国数学家德乐思等8名外国专家中华人民共和国国际科学技术合作奖。

全国科学技术工作者要向谢家麟院士、吴良镛院士及全体获奖者学习，自觉弘扬求真务实、勇于创新的精神，以科教兴国为己任，坚持科学技术为经济社会发展服务、为人民服务，切实增强自主创新能力，为建设创新型国家、推动经济社会又好又快发展作出新的更大贡献。

国务院

2012年1月27日

【例文1-5】

国务院关于修改《机动车交通事故责任强制保险条例》的决定

（2012年3月30日中华人民共和国国务院令第618号发布）

国务院决定对《机动车交通事故责任强制保险条例》作如下修改：

第五条第一款修改为："保险公司经保监会批准，可以从事机动车交通事故责任强制保险业务。"

本决定自2012年5月1日起施行。

《机动车交通事故责任强制保险条例》根据本决定作相应的修改，重新公布。

（三）写作注意事项

1. 要有政策的依据。由于决定是对重大行动或重大事项作出安排，因此在制发时，必须依据国家的有关法律、政策，同时切合所属单位的具体情况。只有这样，才能作出正确的决定，并在实践中行得通，做得到。否则，就有可能制发带随意性的有违国家政策的"土政策"、"土规定"甚至错误的决定。

2. 行文严肃决断。决定的显著特点是带有指令性、规定性和约束性。作出的决定，有关单位及个人必须遵照执行。因此，决定的观点要明确，要反映领导机关的一致看法；决定事项要写得明确、决断，用语坚决肯定，不能模棱两可，抽象笼统，不能引起任何歧义或可作多样理解。

三、命令（令）

依照有关法律公布行政法规和规章，宣布施行重大强制性行政措施，批准授予和晋升衔级，嘉奖有关单位和人员，用命令（令）。

命令(令)属指挥性公文,具有法规的强制性和行政约束力。

(一)命令(令)的分类、特点

1.命令(令)的种类。命令(令)按作用分,主要有发布令、行政令、嘉奖令。

发布令:是依照有关法律公布行政法规和规章时使用的命令(令)。如2012年6月28日由总理温家宝发布的《中华人民共和国国务院令》(第621号),就是发布《机关事务管理条例》这一行政法规的。

行政令:是发布施行强制性行政措施时使用的命令(令)。如1990年6月29日《国务院关于进行第四次全国人口普查登记的命令》。

嘉奖令:即嘉奖有关单位及人员时使用的命令(令)。如1992年2月28日发布的《国务院、中央军委授予李鸿武同志"抗洪抢险模范民兵营长"荣誉称号的命令》。

2.命令(令)的特点。命令(令)属指挥性公文,具有强制性和严肃性等特点。

所谓强制性,是说命令(令)一经发布,有关下级机关和人员必须无条件地服从和执行,做到"令行禁止",不允许延误、干扰甚至违抗,否则将受到应有的处罚。

所谓严肃性,是说一方面命令(令)不能随意制发,也不能朝令夕改,它是"依照有关法律规定"制定和发布的,具有某种法律效力,相当严肃庄重。另一方面,是说它的内容极为严肃,绝不允许更改、变通,语气坚决有力。

(二)命令(令)的格式和写法

命令(令)一般由标题、发文字号或令号、正文、发文机关、发文时间等组成。

1.标题。行政令、嘉奖令一般使用发文机关、事由、文种三者齐全的标准式标题,如《国务院关于在我国统一实行法定计量单位的命令》。发布令一般省略事由,如《中华人民共和国国务院令》。

2.发文字号或令号。行政令、嘉奖令列发文字号。发布令只列令号。令号不以年度编号,而以领导人任期内发令顺序编号。

3.正文。一般由行令缘由、行令事项、执行要求组成。

行令缘由:即正文开头,是发布命令(令)的缘由、目的、根据、意义,要求写得简略精要。如发布令开头,一般是"根据×××会议的决定"或"经×月×日××会议讨论通过"。

行令事项:即正文主体,以准确肯定的语言写出强制性、决断性的规定。除嘉奖令需对嘉奖对象的主要事迹和精神略作中肯的分析评价,一般只写怎么做的硬性规定,而不作分析议论。

执行要求:即正文结尾,是对命令事项的补充说明或对受命者的希望、要求、嘱咐。有的行政令不写执行要求。

4.发文机关。一般由主要领导人个人名义签署发布。

5.发文时间。一般来说,发布、签发日期即为生效日期。发布令的发布日期、会议通过日期与生效日期不一致时,应分别标明。

【例文 1-6】

中华人民共和国国务院令

第 621 号

《机关事务管理条例》已经 2012 年 6 月 13 日国务院第 208 次常务会议通过,现予公布,自 2012 年 10 月 1 日起施行。

总理　温家宝

2012 年 6 月 28 日

【例文 1-7】

国务院　中央军委关于授予金春明同志
"雷锋式消防战士"荣誉称号的命令

国函〔2006〕31 号

公安部:

国务院、中央军委决定:授予辽宁省公安消防总队本溪市支队明山区大队特勤中队一班班长金春明"雷锋式消防战士"荣誉称号。

金春明,男,朝鲜族,1977 年 12 月出生,黑龙江省尚志市人,中共党员。金春明同志 1995 年 12 月入伍以来,始终以雷锋同志为榜样,视人民群众的利益高于一切,在平凡的岗位上作出了不平凡的业绩。他忠于职守,英勇顽强,不畏艰险,冲锋在前,共参加灭火救援战斗 1500 多次,抢救遇险群众 65 人,先后 11 次立功,7 次被评为优秀士兵,被本溪市公安局授予"忠诚卫士"荣誉称号,被公安部授予"模范消防战士"荣誉称号。他胸怀报效祖国和人民的志向,勤学苦练,奋发有为,练就了过硬本领,曾连续三年获得本溪市公安消防支队技能大比武冠军,先后被评为辽宁省公安消防部队"十大杰出官兵"、"十佳战斗班班长"和全国公安消防部队执勤岗位练兵"十佳技术能手"。他牢记为人民服务的宗旨,心系群众,爱民为民,以弘扬雷锋精神为己任,长期照顾孤寡老人，全力资助贫困学生，深受驻地人民群众的好评，曾先后8次被评为优秀共产党员，分别被共青团本溪市委员会和本溪市委精神文明建设指导委员会办公室授予“希望工程特殊贡献奖”和“学雷锋标兵”荣誉称号，先后荣获“辽宁省雷锋奖章”、“辽宁省青年五四奖章”和“中国青年五四奖章”，并被评为全国民族团结进步模范个人、军民共建社会主义精神文明先进个人。

金春明同志忠于党的事业，在生与死的考验中，敢于赴汤蹈火、冲锋陷阵，为保卫人民群众生命财产安全作出了突出贡献。他爱岗敬业，爱警习武，苦练本领，勇攀高峰，是新时期消防官兵的杰出代表。他自觉传承、大力弘扬雷锋精神，从警为民，乐于奉献，为人民抛洒一片爱心，是新时期青年的楷模。金春明同志以朴实无华、一心为民的高尚情操、勇攀高峰的进取精神、精湛过人的专业技能、冲锋在前的英雄气概、无私奉献的优秀品德，忠实地践行了“三个代表”重要思想和全心全意为人民服务的宗旨，用雷锋精神抒写了新时期革命军人爱民为民的壮丽诗篇。

国务院、中央军委号召全体公安民警、武警官兵和全军指战员以金春明同志为榜样，认真学习邓小平理论和“三个代表”重要思想，牢固树立和落实科学发展观，继承和发扬我党、我军优良传统，不断提高队伍的整体素质和战斗力，全心全意为人民服务，努力完成党和人民赋予的各项任务，为保障人民安居乐业和全面建设小康社会作出新贡献。

国务院总理　温家宝

中央军委主席　胡锦涛

2008年5月2日

（三）写作注意事项

1. 要有高度的责任感。命令（令）是最重要的指挥性公文。有些命令（令）虽以领导人名义发布，但它庄严地代表国家机构的权威，集中地体现党和政府制定的方针政策，因而拟写者应严肃认真，一丝不苟，高度负责。

2. 严格制发权限。命令（令）的制发权限非常严格。根据有关规定，国家领导机关和领导人，国务院各部委，县级以上各级人民政府，在他们本身权限范围内，可以制发命令。这里又有两点需要注意：一是并不是任何机关、团体、企事业单位都可制发命令；二是各级地方政府虽可在权限范围内制发命令，但往往在遇到紧急的特殊情况下才制发命令。一般情况下不用命令而用通知。

3. 行文庄重严肃，结构严谨，篇幅精短，语气斩钉截铁，无讨价还价的余地。

第四节　公报　公告　通告

一、公报

公报适用于公布重要决定或者重大事项。公报作为党的机关公文时，主要是党的中央机关用于发布重要决策；作为行政机关公文时，主要是国家和政府用以通报外国元首或政府首脑会谈的情况以及双方达成的协议。

（一）公报的特点

1.重要性。公报的发布机关级别很高，往往以中央或国家政府的名义。公报的内容，往往是党内外、国内外普遍关心和瞩目的重大事件或重要决定。

2.公开性。公报是公之于众的文件，普告天下，无需保密。

3.新闻性。公报的内容都是新近发生的事件或作出的决定，同时又是广大民众关心的事项，其制作和发布要及时迅速。

（二）公报的格式和写法

公报一般由标题、成文时间、正文等组成。

1.标题。常见的公报标题形式有三种。一是由发文机关或会议名称加文种组成，如《中共第十七届中央委员会第六次全体会议公报》；二是由发表公报的双方或多方国家的简称、事由、文种三部分组成；三是只写文种。

2.成文时间。用圆括号在标题下居中注明公报发布的年月日。

3.正文。通常由开头、主体和结尾组成。

开头：说明公报的来由，用简明精练的语言概述事件的核心内容，或会议、会晤、会谈等的基本情况。

主体：这是公报的核心内容，把会议主要解决的问题、重大事件的具体情况或重要决定的详细内容完整清晰地予以表述。

结尾：公报一般会有针对性地提出希望，发出号召。联合公报要在正文之后写明双方或多方签署人的身份和姓名，签署时间和地点。

（三）写作注意事项

公报有很强的新闻性，所以发布要迅速及时，且往往采用新闻笔法，行文简洁。以导语的形式把会议的时间、地点、与会者、议题、决议事项、会议意义等交代清楚。内容上要注意真实性、准确性和客观性。结构上要主次分明，重点突出。

【例文 1-8】

中国共产党第十七届中央纪律检查委员会第七次全体会议公报

（2012 年 1 月 10 日中国共产党第十七届
中央纪律检查委员会第七次全体会议通过）

中国共产党第十七届中央纪律检查委员会第七次全体会议，于 2012 年 1 月 8 日至 10 日在北京举行。出席会议的中央纪委委员 117 人，列席 336 人。

中央纪委常委会主持了会议。会议全面贯彻党的十七大和十七届三中、四中、五中、六中全会精神，高举中国特色社会主义伟大旗帜，以邓小平理论和“三个代表”重要思想为指导，深入贯彻落实科学发展观，回顾总结了 2011 年党风廉政建设和反腐败工作，科学分析了当前的反腐倡廉形势，研究部署了 2012 年任务。全会审议通过了贺国强同志代表中央纪委常委会所作的《统一思想认识，加大工作力度，坚定不移将党风廉政建设和反腐败斗争引向深入》的工作报告。

……

全会号召，全党同志要更加紧密地团结在以胡锦涛同志为总书记的党中央周围，振奋精神、开拓进取、团结奋斗、努力工作，不断取得党风廉政建设和反腐败斗争新成效，为推动经济社会又好又快发展、迎接党的十八大胜利召开作出应有贡献！

【例文 1-9】

首届中日韩农业部长会议联合公报

1. 2012 年 4 月 14—15 日，首届中日韩农业部长会议在韩国济州岛召开。中国农业部部长韩长赋、日本农林水产大臣鹿野道彦和韩国农林水产食品部长官徐奎龙出席会议。

2. 中日韩农业部长一致认为，农业不仅为人类健康和福祉提供粮食来源，还是保护农业用地和生物多样性的多功能重要产业。同时，三国部长齐聚一堂，通过加强三边合作为本国的可持续发展做出贡献。

3. 中日韩农业部长意识到，三国在持续推动农业生产、提高农业生产力、保障粮食安全、推动农业科技创新、应对自然灾害等挑战的同时，也面临着农业生产规模较小、耕地面积和农民数量减少、社会老龄化和环境退化等诸多困难。

4. 中日韩农业部长就粮食安全、动植物疫病防控、自然灾害应对、研究人员交流计划、经济伙伴关系以及区域和国际合作等问题进行了深入探讨，共同寻求解决办法，达成如下共识：

重点加强三方在东盟粮食安全信息系统、东盟与中日韩大米紧急储备和亚太粮食安全信息平台等区域和国际层面的粮食安全合作，同时，通过合办研讨会等方式交流与粮食安全相关的农业政策信息、促进研究人员交流、寻求联合研究契机。

共享口蹄疫和禽流感等亚洲多发动植物疫病的现状并交换相关信息，考虑建立一个疫病防控中心的可行性，共同应对动植物疫病。

分享有关自然灾害的信息，以共同避免和减缓自然灾害，克服灾害的影响，恢复农业生产。

评估三方在推动研究人员交流以及组织联合研究、讲习班和研讨会等方面的合作现状，就共同面临的问题交流信息。

推动粮食、农产品(和渔业)贸易，同时，通过可能建立的中日韩三方经济伙伴关系推动农业(和渔业)的可持续发展。

加强在粮农组织、二十国集团、东盟与中日韩(10＋3)和亚太经合组织等全球和区域论坛框架下的合作。

5. 中日韩三国农业部长热切期望，首届中日韩农业部长会议不仅能够促进中日韩各自国家的发展和进步，还能为东北亚地区的和平和世界繁荣做出贡献。

6. 中日韩农业部长同意，每年定期轮流召开中日韩农业部长会议。第二届中日韩农业部长会议将于2013年在日本举办。

二、公告

公告适用于向国内外宣布重要事项或者法定事项。

(一)公告的特点

公告的特点除公布性与知照性外，还有庄严性和缜密性。

1. 庄严性。是指公告发文机关级别很高，一般由国家权力机关或国家管理机关发布。内容涉及国家大事，如颁布宪法，公布国家领导人的重大国事和外交活动，国家主要领导人的健康状况，发布国家重大科研成果以及发射洲际导弹等。由于发布机关级别很高，内容又十分重要，因此必然体现出庄重性和严肃性。

2. 缜密性。是指公告用语的审慎、周密。公告是向国内外宣布重要事项或者法定事项，因此语言要审慎推敲，周密运用，做到凝练确切，以免有损国格和国威；但由于公告又具有新闻的公开性和知照性，因此又要求语气较为和缓。

（二）公告的格式和写法

公告一般由标题、正文、发文机关和日期等部分组成。

1. 标题。一般有三种情况：一种是使用发文机关、事由、文种三者齐全的标准式标题，如《最高人民法院、最高人民检察院关于不再追诉去台人员建国前罪行的公告》；一种是标题只由事由和文种组成，如《关于发行一九九四年二年期、三年期国库券的公告》，发文机关放在正文右下方，日期之前；还有一种是省略事由的标题，如《中华人民共和国人民代表大会公告》。

2. 正文。由公告缘由、公告事项、结尾组成。公告缘由即正文开头，说明发公告的缘由、目的或依据。公告事项即正文主体，郑重宣布重要事项或者法定事项，包括时间、地点、事件、决定、要求等内容。写作时重在对事项内容的叙述、说明。结尾一般以“特此公告”或“此告”等惯用尾语作结，也可不用尾语，但结尾不提执行要求。

【例文 1-10】

国务院公告

为表达全国各族人民对青海玉树地震遇难同胞的深切哀悼，国务院决定，2010 年 4 月 21 日举行全国哀悼活动，全国和驻外使领馆下半旗志哀，停止公共娱乐活动。

【例文 1-11】

关于证券经纪人佣金收入征收个人所得税问题的公告

国家税务总局公告

2012 年第 45 号

现将证券经纪人佣金收入征收个人所得税的问题公告如下：

一、根据《中华人民共和国个人所得税法》及其实施条例规定，证券经纪人从证券公司取得的佣金收入，应按照“劳务报酬所得”项目缴纳个人所得税。

二、证券经纪人佣金收入由展业成本和劳务报酬构成，对展业成本部分不征收个人所得税。根据目前实际情况，证券经纪人展业成本的比例暂定为每次收入额的40%。

三、证券经纪人以一个月内取得的佣金收入为一次收入，其每次收入先减去实际缴纳的营业税及附加，再减去本公告第二条规定的展业成本，余额按个人所得税法规定计算缴纳个人所得税。

四、证券公司是证券经纪人个人所得税的扣缴义务人，应按照《国家税务总局关于印发〈个人所得税全员全额扣缴申报管理暂行办法〉的通知》(国税发〔2005〕205号)规定，认真做好个人所得税全员全额扣缴报告工作。

五、本公告自2012年10月1日起执行。

特此公告。

国家税务总局

2012年9月12日

(三)写作注意事项

1. 公告一般通过新闻媒介公布，不采取张贴形式，不用发文字号，不列主送机关与抄送机关。

2. 公告是一种公文文种，与《现代汉语词典》中对公告的释义："向公众发出的通告"，有所不同。作为公文的"公告"，有明确而特定的含义，它是向国内外宣布重要事项或者法定事项，庄重严肃、切忌滥用。

3. 语言简练准确，语气较为平缓。

三、通告

通告适用于在一定范围内应当遵守或者周知的事项。

(一)通告的分类和特点

通告一般可分知照性通告和制约性通告。

1. 知照性通告。内容单一，篇幅短小，对公众的约束力很小，如《中国国际信托投资公司迁址通告》。

2. 制约性通告。政府部门公布的确保某一重要事项的执行，具有一定强制性和约束力的通告，如《民航总局、公安部关于民航安全问题的通告》。

通告具有知照性和规定性，希望社会有关单位和人员遵守、协助和支持。

通告与公告有着明显的区别：(1)发布单位不同。公告，因内容涉及需要向国内外宣布重要事项或者法定事项，一般由国家权力机关、国家管理机关或国家机构授权机构发布，级别很高；而通告，机关、团体、企事业单位都可以在自己职权范围内发布。(2)发布对象、范围不同。公告的对象、范围广泛,面向国内外人士;而通告的对象、范围,局限在社会各有关单位和人员。(3)发布形式不同。公告一般由新闻媒介发布;通告可以由新闻媒介发布,也可以张贴。

(二)通告的格式和写法

通告的格式,一般由标题、正文、发文机关和日期组成。

1. 标题。通告标题有四种形式:(1)由发文机关、事由、文种三者组成的标准式标题,如《国务院关于保障民用航空安全的通告》。(2)省略事由的标题,如《上海铁路新客站工程指挥部通告》。(3)省略了发文机关的标题,如《航行通告》、《关于禁止贩毒吸毒的通告》。(4)省略了发文机关与事由的标题,如《通告》。

2. 正文。一般由开头、主体、结尾构成。

正文开头:一般写发通告的缘由、依据或目的、意义。要求写得简括。如通告内容较多,在正文开头后面用一句"特通告如下"转折到主体。

正文主体:即通告事项,这些事项是具体的规定和要求等,是一定范围内有关单位和有关人员应周知或遵守的。要写得明确。事项不多的,可以一气呵成,不分段落;事项较多的,可以分段写或分条列项写。要注意条理性和严密性。

正文结尾:是对通告内容的强调或要求,有时指明执行时间。一般以"特此通告"的惯用尾语作结。也可以正文完了就完了,没有结尾。

3. 发文机关和日期。如在标题上没有标明发文机关的,可在正文右下方写上发文机关,并标注日期。

【例文 1-12】

北京市人民政府关于 2008 年北京
奥运会开幕式当天放假的通告

京政发〔2008〕37 号

2008 年 8 月 8 日晚 8 时,将举行第 29 届夏季奥林匹克运动会开幕式。经国务院批准,除保障国事活动、城市运行等必要的工作岗位外,在京中央和国家机关、企事业单位和社会团体,北京市机关、企事业单位和社会团体,8 月 8 日放假一天;本市行政区域内其他社会组织,可根据实际情况自主安排。

为让全市人民分享奥运的欢乐,放假前各有关单位要及早做好准备,妥善安排各项工作,保证社会生产生活正常进行。希望广大市民进一步增强"平安奥运”意识，绿色出行，自觉维护社会公共秩序，展现良好的文明素质和精神风貌。

特此通告。

北京市人民政府
2008年8月5日

（三）写作注意事项

1.通告内容要含义明确，切忌含糊不清。

2.由于通告专业性较强，可以适当运用专业性的名词术语，但要使人们容易理解。由于通告包含有请求理解、配合和支持的意思，因此措辞口气要和缓。

第五节　通知　通报　议案

一、通知

通知适用于发布、传达要求下级机关执行和有关单位周知或者执行的事项，批转、转发公文。

（一）通知的分类和特点

1.通知的分类。(1)指示性通知。又称指挥性通知，主要用于向下级机关布置工作，作出指示，但又不适宜用命令或指示时使用。用于下行。

(2)知照性通知。用于需要晓谕、关照的事项，如任免人员，机构设置的变更调整。用于下行、平行。

(3)转发性通知。转发上级机关和不相隶属机关的公文，批转下级机关的公文时所用的通知。

(4)事务性通知。内容一般是有关机关日常事务的通知，如向有关单位和人员通知需要办理具体事项的经办性通知、会议通知、入学通知、停水停电通知、节假日放假通知等。

2.通知的特点。

(1)应用的广泛性。通知可以用于指示工作、转发公文、传达有关事项、通报情况、任免人员等，其应用性相当广泛。

(2)法定的权威性。通知的精神，往往是国家的政策、法令的具体化，要求下级机关和有关人员贯彻执行和实施的，因此有较强的权威性。

(3)对象的专指性。通知大多是专门针对特定机关和有关人员发的,因此具有专指性特点。不像公告、通告那样具有泛指性。

(二)格式和写法

通知虽然种类较多,写法各异,但基本格式还是较为固定。一份通知,一般由标题、发文字号、主送机关、正文、发文机关、日期等组成。这些部分的写作要求,与一般通用公文基本相同。但是不同种类的通知,在具体格式和写法上又略有不同。

1. 指挥性通知。它的正文一般由通知缘由、通知事项、执行要求组成。

通知缘由:说明发通知的原因、目的或根据。一般较简明扼要地写发该通知的必要性或原因。然后用承启用语“特作如下通知”、“现将有关事项通知如后”、“特紧急通知如下”等,转入主体通知事项部分。

通知事项:主要部署工作任务,阐述工作意见、措施、办法以及注意的问题。一般分段或分条列项写,要求写得具体明确,便于贯彻执行。

执行要求:是正文结尾。一般用“以上通知,望认真执行”、“特此通知,希研究办理”等尾语作结。也可在分条列项中把事项和要求合写,条尽文止,不专用结尾段或尾语。

【例文 1-13】

关于取消和免收进出口环节
有关行政事业性收费的通知

财综〔2012〕71 号

海关总署、国家质量监督检验检疫总局,各省、自治区、直辖市财政厅(局)、发展改革委、物价局,新疆生产建设兵团财务局,发展改革委:

为落实《国务院办公厅关于促进外贸稳定增长的若干意见》(国办发〔2012〕49 号)的要求,现就取消和免收进出口环节有关行政事业性收费事项通知如下:

一、自 2012 年 10 月 1 日起,取消海关监管手续费。

二、自 2012 年 10 月 1 日起至 2012 年 12 月 31 日,对所有出入境货物、运输工具、集装箱及其他法定检验检疫物免收出入境检验检疫费(不包括对出入境人员预防接种和体检收取的费用,以及企事业单位承担与出入境检验检疫有关的商业性自愿委托检测和鉴定、出入境检疫处理、动物免疫接种工作收取的费用)。

三、取消和免收上述行政事业性收费后，中央财政将统筹安排相关部门的经费预算，保证其正常履行职责。

四、有关执收部门和单位要到国家发展改革委办理《收费许可证》注销手续，并到财政部办理票据缴销手续。有关行政事业性收费的清欠收入，按照财政部规定渠道全额上缴国库。

五、各地区和有关部门要严格执行本通知规定，对取消和免收的行政事业性收费，不得以任何理由拖延或者拒绝执行，不得以其他名目或者转为经营服务性收费方式变相继续收费。各级财政、价格主管部门要加强对落实本通知情况的监督检查，对不按规定取消或免收相关收费的，按有关规定给予处罚，并追究责任人员的行政责任。

财政部 国家发展改革委

2012 年 9 月 18 日

2. 知照性通知。它的正文一般由通知缘由、通知事项、结尾组成。

通知缘由：说明发通知的原因、目的或根据，不必分析，比指示性通知缘由更为直捷与简约。

通知事项：只告知需受文机关了解或知照的事项。

结尾：因不需要受文机关办理，所以不提执行要求。一般用“特此通知”作结。

【例文 1-14】

中共中央办公厅 国务院办公厅关于印发
《党政机关公文处理工作条例》的通知

中办发〔2012〕14 号

各省、自治区、直辖市党委和人民政府，中央和国家机关各部委，解放军各总部、各大单位，各人民团体：

《党政机关公文处理工作条例》已经党中央、国务院同意，现印发给你们，请遵照执行。

中共中央办公厅

国务院办公厅

2012 年 4 月 16 日

3.转发性通知。它程式固定,并带附件。

标题:一般采用标准式标题。为了避免转发性通知标题中"关于……关于"的过长问题,可在发文机关后以"批转"或"转发"或"印发"代替。如2011年9月17日《国务院办公厅转发统计局关于加强和完善服务业统计工作意见的通知》。在转发上级、同级或不相隶属机关的通知时,为避免出现"通知的通知",发文机关的文种(通知)可以省略。如《浙江省人民政府办公厅转发国务院办公厅关于进一步实施法定计量单位文件的通知》。

主送机关:由于转发性通知具有普发性特点,多用多级行文的方式,比如省政府的转发性通知,主送机关一般为"各市、县人民政府,省政府各直属单位。"

正文:转发性通知的正文,有两种结构形式。一种是单一的"转发通知",写被转发文件的名称及发文机关、转发机关的态度、要求。后面被转发的文件,作为通知的具体内容。

【例文1-15】

国务院关于批转促进就业规划
(2011—2015年)的通知

国发〔2012〕6号

各省、自治区、直辖市人民政府,国务院各部委、各直属机构:

国务院同意人力资源社会保障部、发展改革委、教育部、工业和信息化部、财政部、农业部、商务部制定的《促进就业规划(2011—2015年)》,现转发给你们,请认真贯彻执行。

国务院

2012年1月24日

另一种是,除"转发通知"外,后面加指示,对转发的文件精神加以撮要、补充、强调,以及提请注意的事项。如:

【例文 1-16】

国务院办公厅转发统计局关于加强和完善服务业统计工作意见的通知

国办发〔2011〕42 号

各省、自治区、直辖市人民政府，国务院各部委、各直属机构：

统计局《关于加强和完善服务业统计工作的意见》已经国务院同意，现转发给你们，请认真贯彻执行。

服务业是国民经济的重要组成部分。加快发展服务业，是推进经济结构调整、加快转变经济发展方式的必由之路。加强和完善服务业统计工作，对于准确反映服务业发展规模、效益、地区分布和行业分布情况，科学制定服务业发展战略规划，提高服务业管理水平，实现服务业又好又快发展，具有重要意义。

统计局要切实做好全国服务业统计的组织领导，加强对各地区、各有关部门服务业统计调查项目的管理协调，会同有关部门推进建立科学、统一、全面、协调的服务业统计调查制度和信息管理制度，抓好监督检查，确保工作落实。各地区、各有关部门要进一步统一思想，增强大局意识、责任意识，认真贯彻本通知要求，扎实做好本地区、本部门的服务业统计工作，不断提高服务业统计能力和统计数据质量。

国务院办公厅

2011 年 9 月 17 日

（三）写作注意事项

1. 通知事项部分，是要受文机关具体了解和办理的，因此要交代得一清二楚，十分明确。

2. 通知的内容要有很强的针对性，不管何种通知，要考虑到适应性，即针对或切合受文机关的实际情况。

3. 行文一定要迅速及时，准确简明。

二、通报

通报适用于表彰先进，批评错误，传达重要精神和告知重要情况。

根据这一概念，可知通报的目的和作用是表彰先进，批评错误，借以教育干部和群众，不断改进工作；同时还起传达重要精神和情况，互通信息的作用。

（一）通报的分类和特点

通报按内容分，有以下三种：

1. 表彰性通报。这种通报选择先进单位或先进个人，予以通报表彰。其目的是树立学习榜样，指导和推进工作。这种通报的正文内容，着重叙述先进典型值得人们学习效法的事迹，分析其精神实质，最后发出号召，提出要求，或者提出如何学习的意见，以增强通报的社会效果。

2. 批评性通报。这种通报选择犯有错误的典型（单位或个人），予以通报批评。其目的是通过揭露或批评，以儆效尤，防止类似问题的发生。这类通报的正文内容，着重阐述典型的错误或问题的事实，分析其原因和危害，然后作出处理的决定，指出人们应当从中吸取的教训。

3. 传达性通报。这是一种传达重要精神或情况的通报。将全局或某一方面重要情况予以通报，以引起下级机关或有关方面的注意和重视，同时采取必要的措施，更好地开展工作。这类通报的正文内容，一般要求讲清精神或情况，阐明有关道理。

通报的特点，最主要的是真实性、典型性和及时性。所谓真实性，就是通报的材料是经过核实的，完全真实，不能有丝毫的失实。所谓典型性，是指通报的事例或情况具有一定的普遍性、代表性和针对性，有典型教育或指导意义。所谓及时性，就是通报的时效性强，要及时通报，以发挥其效用。

（二）通报的格式和写法

1. 标题。通报的标题一般有三种：一是标准式标题，即由发文机关、事由、文种组成，如《浙江省人民政府关于表彰2011年全省粮食生产先进市县的通报》。二是省略发文机关，即由事由、文种组成，如《关于原海南省政府副秘书长李善有诬陷他人、腐化堕落和经济犯罪问题的通报》。三是只以"通报"二字作为标题。

2. 正文。通报正文一般由主要事实、事实评析、处理决定和要求三部分组成。

主要事实：概述事实发生的时间、地点、单位或人、经过、结果。要写得清楚，准确无误，要有一定的代表性和典型性；要简明扼要，抓住主要的，切忌细枝末节，面面俱到。

事实评析：对通报事实进行议论分析，指出事实的性质和产生的原因，阐明通报的意义。要注意实事求是，具体事具体分析，不要夸大或缩小；要观点突出，态度明朗，以弘扬正气，抵制歪风；对重要精神或情况，要抓住关键的实质性问题，以引起人们的重视。

处理决定和要求：针对通报事实所作的表扬或处理的决定，并引申出应当吸取的经验或教训，有的放矢地提出希望与要求。这部分写作要简略、概括、针对性强。

有的通报将表彰或处理决定放在正文开头部分，即将事实与决定一并叙写，接着再评析事实，提出希望和要求。

3. 发文机关和成文日期。通报的发文机关即发通报的单位，置于正文右下方，并标明日期。

【例文 1-17】

浙江省人民政府关于表彰 2011 年全省粮食生产先进市县的通报

浙政发〔2012〕6 号

各市、县（市、区）人民政府，省政府直属各单位：

2011 年各地认真落实粮食安全行政首长负责制，加大粮食生产扶持力度，扎实推进粮食生产功能区建设，深入开展粮食高产创建活动，不断创新粮食工作机制，在遭遇特大洪涝灾害等不利天气的情况下，粮食生产实现稳定增长，尤为可喜的是早稻单产居全国首位，晚稻单产创历史新高，有效保障了粮食安全。为鼓励各地继续重农抓粮，促进全省粮食生产稳定发展，决定授予粮食生产工作成绩突出的嘉兴市、绍兴市、衢州市、宁波市、金华市和桐庐县、宁波市鄞州区、象山县、瑞安市、长兴县、嘉兴市秀洲区、海盐县、上虞市、嵊州市、东阳市、永康市、衢州市衢江区、开化县、台州市椒江区、龙泉市等 5 个市、15 个县（市、区）"2011 年全省粮食生产先进市县"荣誉称号。同时，诸暨市、平湖市被国务院评为"全国粮食生产先进单位"，一并予以通报表彰。

希望受表彰的单位再接再厉，进一步加大粮食工作力度，努力推动粮食生产再上新台阶。各地要认真学习先进市、县（市、区）的经验，加大政策扶持力度，落实粮食增产措施，创新粮食工作机制，努力稳定和提高粮食产量，为保障全省粮食安全作出应有的贡献。

浙江省人民政府

2012 年 1 月 20 日

【例文 1-18】

国务院安委会办公室关于××省××市“2·18”重大道路交通事故情况的通报

安委办〔2012〕7 号

各省、自治区、直辖市及新疆生产建设兵团安全生产委员会：

2012 年 2 月 18 日 12 时左右，××省××集顺达交通运输集团道真华通运输有限公司所属的一辆号牌为贵 C86256 的中型普通客车（核载 19 人、实载 35 人），从××市××镇运载赶集归来的群众往石仁村方向行驶，当行至省道 S207 线 8 公里 400 米处时，失控驶离道路左侧，翻坠于路侧边沟里，造成 13 人死亡、22 人受伤。

依据有关规定，国务院安委会已对该起事故的查处实行挂牌督办，查处结果将及时向社会公布。据初步分析，事故原因为肇事客车在行驶过程中左前轮爆胎，导致车辆方向失控。事故暴露出部分地区运输企业安全生产主体责任不落实、客车严重超员、路面管控存在薄弱环节等突出问题。为深刻吸取事故教训，举一反三，切实加强道路交通安全工作，有效防范和坚决遏制类似事故的发生，特提出以下要求：

一、认真开展道路交通安全检查，及时排查治理安全隐患。各地区和各有关部门要按照《国务院安委会办公室关于认真贯彻落实国务院第六次全体会议和全国安全生产电视电话会议精神切实加强第一季度安全生产工作的通知》（安委办明电〔2012〕3 号）要求，针对春运结束后道路交通安全事故容易反弹的特点，进行再动员、再部署，切实增强做好道路交通安全工作的紧迫感和责任感，坚决克服春运结束后的松懈情绪，确保事故预防工作不放松。各地区要认真开展道路交通运输安全检查，查找道路交通安全监管中存在的主要问题，加大对重点地区、重点路段的道路交通安全隐患排查整治力度，强化事前督促和事后检查，务必把各项安全防范措施落实到位，确保道路运输安全。

二、进一步落实道路客运企业安全生产主体责任，加强对客运车辆的安全管理。各地区要严格落实《国务院关于进一步加强企业安全生产工作的通知》（国发〔2010〕23 号）和《国务院办公厅关于继续深入扎实开展“安全生产年”活动的通知》（国办发〔2012〕14 号）精神，进一步加大对道路客运企业的安全监管力度，落实企业安全生产主体责任。要严格把好道路客运企业市场准入关、营运车辆技术状况关和营运车辆驾驶员从业资格关；要大力推行客车运输企业安全告知制度，在车辆醒目位置粘贴包含客运公司名称、车辆号牌、驾驶员姓名、相关法律提示等信息的安全告示；要定期组织客运企业开展驾驶员培训教育，提高驾驶员的安全意识。对安全生产责任制不落实、安全隐患突出的客运企业，要立即责令限期整改；经整改仍达不到安全运营条件的，要依法收回线路牌，取消其客运经营资质。

三、进一步深化路面交通秩序管控，加大道路交通安全源头治理力度。各地区要督促相关部门依法履行道路交通安全管理职责，分工协作、多措并举，着力解决影响道路交通安全的深层次、源头性问题。要针对春运结束后，各地交通安全检查服务站减少，客货运车辆超员、超载等违法行为反弹的特点，进一步加大执法力度，依法从严查处超员、超速、疲劳驾驶等严重交通违法行为；对管控力量薄弱的县乡道路，要依靠县乡政府和农村基层组织等多方力量共同开展整治，净化道路交通环境。要加大宣传力度，确保交通安全宣传进农村、进社区、进企业、进学校、进家庭，进一步提高全民交通安全意识和法制意识。

四、严肃事故查处，严格责任追究。各有关地区要严格按照《生产安全事故报告和调查处理条例》（国务院令第 493 号）的规定，坚持“四不放过”和“科学严谨、依法依规、实事求是、注重实效”的原则，认真组织事故调查，查清事故原因，认定事故性质，总结事故教训，严肃追究事故责任，对在事故中负有领导、监督、管理责任的单位和人员，要依法依规严肃处理。要认真执行事故查处挂牌督办制度，确保事故按期结案，及时向社会公布调查处理结果，并跟踪督促事故责任和整改措施的落实。

国务院安全生产委员会办公室

2012 年 2 月 24 日

（三）写作注意事项

1. 通报表彰、通报批评都要十分慎重。通报的内容要反复核实，做到确凿可靠，不能有任何虚假成分。

2. 通报的内容要典型，要有分量，对缺乏典型意义的人、事，不要动不动就发通报。

3. 议论分析要恰当，要掌握分寸。对被表彰的人、事不要人为拔高，对被批评的人、事不要“无限上纲”。

4. 要抓准时机，通报发当其时，不能时过境迁迟迟才加发布。

三、议案

议案适用于各级人民政府按照法律程序向同级人民代表大会或人民代表大会常务委员会提请审议事项。

作为行政公文的议案，适用于国家各级机关，而不适用于国家各级职能机关、社会团体、企事业单位。其法定作者必须是“各级人民政府”，又必须是“按照法律程序”向“同级人代会或人大常委会提请审议事项”。不扣住这几层意思，任意发挥或妄加解释，都是不行的。

议案是国家各级人民政府依法定程序向国家各级权力机关提出，并需由国家权力机关审议、通过的某种方案或要求的一种公文文种。各级权力机关即各级人代会或人大常委会行使职权的最基本方式是审议各种议案，如能通过，才使议案具有法律效力。

议案的内容，可以有法律、法规和政策的；有经济计划与财政预算、决算方面的；有工作中的大事和人民群众急需解决的重要问题；有修改法律、法规和重大建设项目以及有关重要人事任免问题，不是随便什么问题都可以形成议案。

议案的作用主要有二：一是人代会或人大常委会审议和通过与否的依据。议案送本级人代会或人大常委会后，要经过讨论列入会议议程，再经审议、表决，其结果或被通过或被否决。没有各级人民政府提出的议案，同级人代会或人大常委会就失去了审议、表决的依据、前提和对象。二是被通过后的权威作用。各级人民政府提请审议的议案，经本级人代会或人大常委会超过半数通过，就产生特定的权威性和法定的效力，同级人民政府或下级人民政府机关以及所辖范围内的公众必须遵循执行，否则就是工作失职或违法。

（一）议案的特点

1. 法规性。所谓法规性，即法的规范性。它包含两方面的意思：一是议案的内容，大多涉及有关法律、法规以及政策性方面的重要问题，并不是随便什么事情、问题都可以形成议案。二是要按照法律程序。这个法律程序应限于同级，是各级人民政府向同级人代会或人大常委会提请审议；同时又是属于人民政府和同级人代会或人大常委会职权范围内的事项。

2. 集体性。所谓集体性，就是议案的提出是代表一级人民政府。尽管议案的内容可以由一级人民政府的某个职能部门起草成文，但议案的制作主体只能是各级人民政府，在提请人代会或人大常委会审议时，不能以人民政府的某个职能部门的名义，而是以一级人民政府的名义行文。

3. 提请性。所谓提请性，就是提出请求审议性。这是因为一方面人代会或人大常委会属于权力机构，在同级国家机关体系中居于首要地位。议案的内容，只有被人代会或人大常委会审议通过，才能生效或具体施行。另一方面，每一份议案，都应写上“现提请审议”的字样。议案具有建议性质，为使议案获得通过，要注意写清提请的必要性和可行性，要言之有理，并符合客观条件，切实可行。

4. 时效性。各级人民政府的议案，必须在同级人代会或人大常委会举行会议期间及时提出，否则不能列为议案。

（二）议案的格式和写法

议案一般由标题、主送机关、正文、落款、附件等组成。

1. 标题。完整的议案标题，由某级政府名称、事由、文种组成。如《国务院关于提请审议〈中华人民共和国消费者权益保护法（草案）〉的议案》。

2. 主送机关。即某级政府的同级人大或人大常委会。应顶格写，写全称。

3. 正文。即议案的核心部分。正文开头应说明提请此议案的根据、意义或目的。正文主体，应写清提请审议的内容事项。如内容较多，可以分段写，也可以以序数分条列项写。正文结尾写提请人大或人大常委会审议的要求。

4. 附件。是根据正文需要附加的材料，用作对正文提供参考的材料。位于正文左下方，落款之前左。

5. 落款。即制发此议案的一级政府的名称，或政府首长职务姓名。并标明日期，加盖公章。

【例文 1-19】

关于提请邵占维代理杭州市人民政府市长的议案

杭州市人民代表大会常务委员会：

根据《中华人民共和国地方各级人民代表大会和地方各级人民政府组织法》第四十四条有关规定，现提请邵占维副市长代理杭州市人民政府市长。

请予审议。

杭州市人大常委会主任会议

2010 年 7 月 21 日

（三）写作注意事项

1. 议案的标题要醒目、具体、明确。

2. 正文要规范。议案正文虽有种种写法，也可长可短，但提请审议的缘由、内容事项、请求三个层次要井然有序,要有规范性。例如1992年向全国人民代表大会提出的《国务院关于提请审议兴建长江三峡工程的议案》,用90%以上的篇幅来写议案提出的缘由,说明"三峡工程的兴建,对加快我国现代化建设进程,提高综合国力,具有重要意义",写明三峡工程的基本内容,着重指出"三峡工程建设是必要的,技术上是可行的,经济上是合理的,随着经济的发展,国力是可以负担的",同时写应当坚持的实施方针。接着写要求审议的事项内容:"建议将兴建三峡工程列入国民经济和社会发展十年规划,由国务院根据国民经济的实际情况和国家财力物力的可能,选择适当时机组织实施。"这部分写得简单明了。最后以"请审议"三字作结。正文部分的重点虽然放在开头缘由部分,但三个层次还是相当分明和规范。

3.语言要简明。议案的语言要简明扼要,切忌拖泥带水;同时要有针对性,防止脱离提请审议事项的其他废话的出现。

4.一案一事。议案内容应单一明了。一份议案只写一件事,不要写两件或数件事。要坚持"一案一事"的原则。

第六节　报告　请示

一、报告

报告适用于向上级机关汇报工作,反映情况,回复上级机关的询问。

报告是下级机关主动或应上级要求,向上级机关汇报工作,反映情况,答复上级机关询问的陈述性公文。

报告在撰制方面存在着事前行文、事中行文、事后行文的情况。汇报工作,大多为事后行文,也有事中行文,而无事前行文;反映情况,多为事中行文或事后行文,而无事前行文;答复询问,多为事后行文或事中行文;呈转性报告则应事前行文。

报告在撰文起因上存在主动行文、被动行文、半主动半被动行文的情况。按有关制度规定,下级机关常常要向上级报告,这是半主动半被动行文;下级机关凭自己的自觉性和责任感及时地向上级报告有关工作和情况,这是主动行文;答复上级机关询问,这是被动行文。

不管是事前、事中、事后行文或者是主动、被动、半主动半被动行文,报告都是下级机关向上级机关达情献策的重要上行公文。

（一）报告的分类和特点

报告是常用的上行公文，它多种多样。从内容、要求、性质的角度分，有以下几种。

1. 按内容分，有情况报告、答复报告、报送报告。

情况报告：是向上级机关汇报工作，反映情况的报告。这种报告，能使上级机关及时了解下级机关的情况，掌握各种活动和工作的动态，以便发现典型和问题，听取下级机关的工作意见和采纳合理的建议，进行及时的指导。

答复报告：是对上级机关所询问的问题作出答复的报告。

报送报告：是向上级机关报送文件或物件时，随文件或物件发送的报告。

2. 按要求分，有呈报报告、呈转报告。

呈报报告：是直接向上级机关汇报工作，反映情况的报告，不要求上级机关批转。

呈转报告：是向上级机关呈送，建议批准并转发有关地区或有关部门执行或参照执行的报告。

3. 按性质分，有综合性报告、专题性报告。

综合性报告：是向上级机关汇报全面工作或几方面工作情况的报告，内容具有综合性特点。

专题性报告：是向上级机关汇报某项工作、某个问题或某一方面情况的报告，内容具有单一性、专项性。专题性报告一事一报，迅速及时，比综合性报告使用频率要高。

报告的特点，主要有以下两点：

1. 陈述性。这是报告的最大特点。报告的汇报工作，反映情况，提出意见或建议，都采用说明、叙述的表达方式，因而是陈述性的。

2. 沟通性。报告虽是最常用的上行文，但对下级机关来说，它是“下情上传”的主要手段，以此取得上级领导的支持、指导；对上级机关来说，通过报告获得信息，了解下情，成为决策、指导和协调工作的依据。

（二）报告的格式和写法

报告一般由标题、主送机关、正文、发文机关和日期组成。

1. 标题。一般采用标准式标题。

2. 主送机关。即发文机关的直属上级机关。

3. 正文。一般由报告缘由、报告事项、结尾组成。

报告缘由：是报告的正文开头，交代报告的起因、原由，或说明报告的目的、主旨、意义。它承接标题中的事由，落笔入题。缘由要写得直捷、开宗明义，并用“现将有关情况报告如下”承启下文。

报告事项：即报告主体内容，一般写主要情况、措施与结果、成效与存在问题；有些还要写经验或教训，意见或建议，打算或安排。这部分内容较多，可以根据需要分条分项写，也可以分若干部分写，要求围绕主旨展开陈述。

报告结尾：一般用惯用尾语，如“特此报告”、“以上意见如无不妥，请批转各地区、各部门执行”、“以上报告，如有不当，请指正”等。

4. 发文机关和日期。与其他通用公文同。

【例文 1-20】

全国人民代表大会法律委员会关于《全国人民代表大会常务委员会关于修改〈中华人民共和国职业病防治法〉的决定(草案)》修改意见的报告

全国人民代表大会常务委员会：

常委会第二十四次会议于 12 月 26 日下午对关于修改职业病防治法的决定(草案)进行了分组审议，普遍认为，草案已经比较成熟，建议进一步修改后，提请本次会议表决通过。同时，有些常委会组成人员还提出了一些修改意见。法律委员会于 12 月 27 日下午召开会议，逐条研究了常委会组成人员的审议意见，对草案进行了审议。教科文卫委员会、国务院法制办的有关同志列席了会议。法律委员会认为，草案是可行的，同时，提出以下修改意见：

一、职业病防治法第十八条规定：“国家对从事放射、高毒等作业实行特殊管理。”有的常委委员提出，从目前情况看，我国职业病病人大部分是尘肺病人，而尘肺病基本都是高危粉尘所致，应对高危粉尘作业实行特殊管理。经研究，建议将这一条修改为：“国家对从事放射性、高毒、高危粉尘等作业实行特殊管理。具体管理办法由国务院制定。”

二、修改决定草案第二十四条第二款规定：“职业病诊断、鉴定机构需要了解工作场所职业病危害因素情况时，可以对工作场所进行现场调查，也可以向安全生产监督管理部门提出，安全生产监督管理部门应当在十五日内组织现场调查。”有的常委委员提出，“十五日”期限过长，建议适当缩短组织调查的时限。经研究，建议将“十五日”修改为“十日”。

三、职业病防治法第三十二条第一款对用人单位应当将职业健康检查结果如实告知劳动者作了规定。有的常委委员提出，法律上应当明确告知的形式，以免发生推诿扯皮，不利于劳动者权利保护。经研究，建议将这一规定修改为，用人单位应当将职业健康检查结果书面告知劳动者。

四、职业病防治法第五十四条第二款规定:“用人单位发生分立、合并、解散、破产等情形的,应当对从事接触职业病危害的作业的劳动者进行健康检查,并按照国家有关规定妥善安置职业病病人。”有的常委委员提出,这一规定太笼统,建议进一步明确用人单位的责任。经研究,建议将这一款修改为:“用人单位在发生分立、合并、解散、破产等情形时,应当对从事接触职业病危害的作业的劳动者进行健康检查,并按照国家有关规定妥善安置职业病病人。”

五、修改决定草案第二十九条第二款规定,地方人民政府根据本地区的实际情况,可以采取其他措施,使用人单位已经不存在或者无法确认劳动关系的职业病病人获得医疗救治。有的常委委员提出,这一规定力度不够,应当进一步加强对职业病病人的医疗救治工作。经研究,考虑到本法其他条文已明确规定,职业病病人变动工作单位,其依法享有的待遇不变,职业病病人的诊疗、康复费用及伤残的社会保障,按照工伤保险的规定享受职业病待遇,在此基础上,建议将这一款修改为,地方各级人民政府应当根据本地区的实际情况,采取其他措施,使上述职业病病人获得医疗救治。

此外,根据常委会组成人员的审议意见,还对修改决定草案作了个别文字修改。

修改决定草案建议表决稿已按上述意见作了修改,法律委员会建议本次常委会会议表决通过。

修改决定草案建议表决稿和以上报告是否妥当,请审议。

全国人民代表大会法律委员会

2011 年 12 月 30 日

（三）写作注意事项

1. 情况要确凿。报告中所反映的问题,汇报的情况,必须实事求是,尤其是典型事例和统计数字要十分精确,不能有虚假浮夸的成分或“水分”,不能瞒骗上级领导。

2. 重点要突出。各类报告的内容都要重点突出,主次分明,繁简适度,同时还要求点面结合。

3. 陈述有序。撰写报告要讲究陈述的有序性。做到有条有理,层次井然,逻辑严密。

4. 不得夹带请示事项。报告属陈述性公文,不要求上级回复,因此不得夹带请示事项,以免报告与请示两种文种混同不分。

二、请示

请示适用于向上级机关请求指示、批准。

请示与报告虽都是上行文，但它们属于两种不同的文种，它们之间有着明显的区别：

1. 性质不同。报告是陈述性公文，它反映情况，汇报工作，不要批复；请示是请求性公文，它要求上级机关批复。

2. 行文时间不同。报告的行文时间较为灵活，事前事后都可行文；请示必须事前行文，不能“先斩后奏”。

3. 表述要求不同。报告陈述工作情况，涉及内容较为广泛，行文也较长；请示要求一文一事，行文较短。报告中不能夹带请示事项；请示中可以陈述情况，但所陈述的情况，是作为请示事项的依据而存在。还有，两者尾语不同，报告的尾语如前述；请示的尾语一般用“以上请示当否，请批复”。此外，报告一般不用发文字号；请示一般都有发文字号。

总之，报告与请示是两种不同的文种，应该分开使用，不能混同起来。

（一）请示的分类和特点

请示根据目的来分，主要有：

1. 请求指示的请示。这种请示主要是在工作中遇到重要的疑难问题，或新情况新问题，需要请求上级机关作出指示或解释说明的；或对上级指示和有关政策不明确、有疑问和有不同理解，需要请求上级机关进一步明确的请示。

2. 请求审批的请示。这种请示是为了使某一事项的解决办法得到上级机关的审批认可的一种请示，即因权限关系，对涉及经济、物资、编制等问题自己不能作主，需要上级审批的请示。如《关于成立××公司的请示》、《关于××县撤县设市的请示》、《关于××建设项目需要资金的请示》等。

请示的特点，最主要的是请求性，凡请求上级机关指示、批准的，应用请示行文，不要用报告行文。其次是单一性，即要一文一事。

（二）请示的格式和写法

请示的标题、发文字号、发文机关和日期与一般通用公文相同。

请示的正文，一般由请示缘由、请示事项、请示要求组成。

请示缘由：是请示正文开头，简括地写请示原因、目的或依据。缘由部分可能因内容涉及面宽、问题复杂而占用较大篇幅，但要尽可能写得简括。同时，一份请示能否得到上级机关的同意或批准，关键在于请示的理由是否充足，是否言之有据，因此要用心写作，抓住实质。

请示事项：是正文主体，是要求上级机关给予指示、审核、批准的具体问题或所要求的具体事项。由于请示事项是上级机关给予答复和审批的直接依据，因此要写得具体明确，使上级机关明了事件，弄清要求，给予迅速批复。

请示要求：是正文结尾，向上级机关提出肯定性要求。一般用“当否，请批示”、“以上请示是否妥当，请批复”。

【例文 1-21】

关于要求批准绍兴市文物公司体制改革方案的请示

绍市文产〔2010〕9号

市文化体制改革领导小组：

为贯彻落实全国文化体制改革工作会议和全省文化局长会议精神，推进我市的文化体制改革，近期我局研究了绍兴市文物公司实施文化体制改革问题，决定对绍兴市文物公司进行体制改革，现上报有关改革方案。

一、绍兴市文物公司现状

绍兴市文物公司为我局下属自收自支事业单位，承担着国有文物保管、收购和流通等职能。根据前几年文化体制改革的要求，已经进行了公司登记，按企业化管理要求在运作，只是人员仍保留事业编制，其劳动人事关系按照事业单位在运作。目前正式编制 13 人，实际在编 10 人。

二、改革方案

1. 绍兴市文物公司进行事改企改革。将绍兴市文物公司由自收自支事业单位转制为国有独资企业。对公司现有资产（指房屋、办公设施等固定资产和流动资产，不包括库存文物、划拨土地价值）进行评估，修改公司章程，并向工商管理部门办理重新注册登记，规范运作。

2. 按现代企业制度要求组建绍兴市文物公司领导班子。根据《公司法》规定的公司组织结构，要求公司成立 5 人董事会和 5 人监事会，并报经局党委批复同意后正式成立。

3. 公司职工安置实行“老人老办法、新人新办法”政策。公司现有事业编制职工保留事业编制身份和待遇，其他职工按国有企业员工的劳动保障政策执行。

以上改革方案当否，请批复。

绍兴市文化广电新闻出版局

2010 年 12 月 9 日

（三）写作注意事项

1.请示的问题，必须是工作中亟待解决的重要问题，理由必须充足，不要把一般问题或矛盾上交，不要给上级领导出难题。

2.坚持一文一事，撰写请示，一定要一文一事，避免一文数事或在报告中夹带请示事项，以免需要批复的事项因涉及多个机关分别辗转办理而延时误事。

3.拟准主送机关。请示要根据隶属关系主送一个上级机关，不要多头请示。多头请示容易出现因职责不明而相互推诿，无法及时批复，或因几头批复意见不一，造成请示单位无所适从。

4.要逐级请示。请示一般不得越级行文，如遇特殊情况需要越级行文时，应将请示同时抄报给越过的上级机关，但不能抄发给下级机关。

第七节　批复　意见

一、批复

批复适用于答复下级机关请示事项。

批复与请示是党政机关公文中唯一一对相互对应的文种。

（一）批复的分类和特点

批复根据请示的不同内容，可以分为相应不同的种类：

1.对请求帮助解决问题的批复。这类批复，针对下级机关提出的难以解决的政策界限问题和没有明文规定的疑难问题，作出具体的解释或答复，表明意见和态度。

2.对请求批准事项的批复。这类批复主要针对下级机关请求批准的事项，进行认可或审批，带有手续性。

批复的特点：

1.针对性。批复是针对下级机关请示的批答公文，有请必复。没有请示，批复就没有对象，没有针对性，也就不存在批复。

2.权威性。上级机关所作的批复，体现领导意图和领导权威，能够解决或审批下级机关请示事项和问题。请示一经批复，下级机关必须遵行。

3.鲜明性。批复对请示事项作批答，表意准确，态度鲜明。

（二）批复的格式和写法

批复由标题、发文字号、主送机关、正文、发文机关和日期等组成。

1. 标题、发文字号。与一般通用公文要求相同。

2. 主送机关。即来文请示的下级机关。

3. 正文。由批复引据、批复内容、批复尾语三部分组成。

批复引据：即正文起首语，是批复的起因与依据。主要说明因什么来文而批复，如“你单位×月×日《关于××××的请示》收悉”。批复引语较为固定。

批复内容：针对请示事项给以具体明确的答复。请示什么问题，就答复什么问题。这部分应写明态度和意见，这种态度和意见，有三种写法：一是予以同意或批准；二是如不同意或不批准，需要说明理由或根据；三是“基本同意”、“原则上同意”，则要写明修正意见或补充处理办法。批复内容要写得简要明确，便于执行，要避免阐发议论。

批复尾语：一般用“此复”、“特此批复”惯用尾语作结，也可省略尾语。结尾不提执行要求。

【例文 1-22】

国务院关于同意将浙江省嘉兴市
列为国家历史文化名城的批复

国函〔2011〕10 号

浙江省人民政府：

你省《关于要求审批嘉兴市为国家历史文化名城的请示》（浙政〔2009〕73 号）收悉。现批复如下：

一、同意将浙江省嘉兴市列为国家历史文化名城。嘉兴市历史悠久，文化底蕴丰厚，历史遗存丰富，城市建设特色突出，红色文化价值独特。

二、你省及嘉兴市人民政府要根据本批复精神，按照《历史文化名城名镇名村保护条例》的要求，正确处理城市建设与历史文化遗产保护的关系，明确保护的原则和重点，编制好历史文化名城保护规划，并纳入城市总体规划，划定历史文化街区、文物保护单位、历史建筑的保护范围及建设控制地带，制订严格的保护措施。在历史文化名城保护规划的指导下，编制好重要保护地段的详细规划。在规划和建设中，要注重体现传统文化特色和地方传统风貌，不得进行任何与历史文化名城环境和风貌不相协调的建设活动。

三、你省和住房城乡建设部、国家文物局要加强对嘉兴市国家历史文化名城规划、保护工作的指导、监督和检查。

国务院

2011年1月24日

（三）写作注意事项

1. 坚持一请示一批复的原则。批复要针对请示，一文一批复。

2. 要及时。接到请示后，上级机关要及时作出批复。如若拖延时间，就会贻误工作甚至造成重大经济损失，那就是失职。

3. 态度要明确，行文要简洁。对下级机关送来的请示，要明确表态，不可含糊其辞，模棱两可；也不可答非所请。用词要简洁、准确，语气决断。

二、意见

意见适用于对重要问题提出见解和处理办法。

（一）意见的特点

1. 见解性和规定性并存。一部分意见是提出见解，带有非肯定性、非指令性成分。一部分意见是提出处理办法，则具有法规性、指挥性，例如《关于党政机关县（处）级以上领导干部廉洁自律补充规定的实施和处理意见》，是中央纪委第五次全体会议提出“补充规定”后，中央纪委制订的实施和处理的意见。该《意见》提出的“不准违反规定建私房”、“不准违反规定参加集资建房”、“不准违反规定使用军警车号牌及外籍车号牌”等，就具有法规的规定性和指挥性。还有一部分意见，即提出见解又提出处理办法，则具有见解性和规定性并存的特点。

2. 上行下行皆可。意见的行文方向较为灵活，上行、下行皆可。1993年至1996年《国务院公报》共刊登意见57篇，其中上行意见47篇，下行意见10篇，可见行文方向的灵活性。这一点，与党政公文中只能上行的“报告”是有差异的。

3. 行文机关的多样性。意见行文机关没有限制。上述《国务院公报》中的57篇意见中，上行意见行文机关都是政府职能部门，下行意见则有党委、人大机关等。另外，上行意见还可以由领导机关转发（批转），而不像请示那样只能批复。

（二）意见的格式和写法

意见一般由标题、签署、正文组成。

1.标题。意见的标题一般由发文机关、事由和文种构成，如国务院办公厅2012年2月6日印发的《国务院办公厅关于加快发展海水淡化产业的意见》，或省略发文机关，如2012年7月2日国家文物局发布的《关于进一步做好文物拍卖标的审核工作的意见》。

2.签署。在标题正下方用括号标明行文机关名称和年、月、日。如有落款，标题正下方的签署可以省略。

3.正文。意见正文包括开头和主体。

正文开头，是"提出见解和处理办法"的缘由、目的或根据。如《国务院办公厅关于加快发展海水淡化产业的意见》，开头就指出了制发该意见的目的和现实意义。一般来说，正文开头往往采用"为了……特提出如下意见"、"根据……现提出以下意见"的写法。

正文主体是核心内容部分，一般采用序号式来写，用"一"、"二"、"三"、"四"等序号，把有关意见列出来。写作时要注意逻辑关系和连贯性，同时要力求简洁明确。

【例文1-23】

国务院办公厅关于加快发展海水淡化产业的意见

国办发〔2012〕13号

各省、自治区、直辖市人民政府，国务院各部委、各直属机构：

我国是淡水资源缺乏的国家，人均水资源拥有量低，且时空分布不均。发展海水淡化产业，对缓解我国沿海缺水地区和海岛水资源短缺，促进中西部地区苦咸水、微咸水淡化利用，优化用水结构，保障水资源持续利用具有重要意义，有利于培育新的经济增长点，推动发展方式转变。"十一五"期间，我国海水淡化能力快速增长，已具备进一步发展的条件。为加快发展海水淡化产业，经国务院同意，现提出以下意见：

一、总体思路和发展目标

(一)总体思路。(略)

(二)发展目标。(略)

二、重点工作

(一)加强关键技术和装备研发。(略)

(二)提高工程技术水平。(略)

(三)培育海水淡化产业基地。(略)

(四)组建海水淡化产业联盟。(略)

(五)实施海水淡化示范工程。(略)

(六)建设海水淡化示范城市。(略)

(七)推动使用海水淡化水。(略)

三、政策措施

(一)加大财税政策支持力度。(略)

(二)实施金融和价格支持政策。(略)

(三)完善法规标准。(略)

(四)加强监督管理。(略)

(五)强化宣传培训。(略)

四、组织协调

发展海水淡化产业是一项系统工程,建立由发展改革委牵头,科技部、工业和信息化部、财政部、环境保护部、住房城乡建设部、水利部、卫生部、税务总局、质检总局、能源局、海洋局等有关部门参加的海水淡化产业发展部际协调机制,发展改革委负责综合协调和指导推动,各有关部门按照职责分工做好工作,加强统筹协调,综合发挥各相关部门作用共同推进海水淡化产业健康快速发展。

国务院办公厅

2012 年 2 月 6 日

(三)意见的写作注意事项

1. 使用于重要问题。意见是对重要问题提出见解和处理办法,不宜使用于具体事务性事项甚至细小琐碎的问题。

2. 要注意条理性。意见提出的见解或处理办法应一点一点序列,条理清晰。

第八节　函　纪要

一、函

适用于不相隶属机关之间商洽工作、询问和答复问题;请求批准和答复审批事项。

(一)函的分类和特点

函按照应用的范围分,主要有:

1. 商洽函。用于不相隶属机关之间商洽工作,联系参观、学习,邀请讲学或业务指导,干部、人才调动等。

2. 答询函。用于机关和部门之间相互询问和答复问题。有些不明确问题向有关机关和部门询问,用询问函;对有关部门询问的问题作出解释答复,用答复函。但下级机关对上级机关的询问,如涉及内容重大,应以"报告"行文,不宜用"函"。

3. 请批函。是向有关主管部门请求批准和答复审批事项的函。请批函与请示有所区别:向上级机关请求批准,用请示;向不相隶属机关和主管部门请求批准,用请批函。

在实际运用中,函可分为公函与便函两种。公函的内容比较重要,行文郑重,具有完整的公文格式;便函大多用于一般的事务性工作,没有完整的公文格式,但仍用于公务而不能用于私事。

函的特点:

1. 简便轻捷。由于函的内容大多简约直捷,形式精短,因而在商洽工作、联系有关事项时十分简便和及时迅速。

2. 行文多向灵活。函用于不相隶属机关之间,有时也用于上行和下行,也就是上下左右皆可行文,不受行文方向的限制,显示出行文自由灵活的特点。

3. 语言质朴自然。函的语言大多是陈述性、说明性的,质朴无华,明白晓畅,语气恳切平和,不像指挥性、法规性公文那样带有强硬性。

(二)函的格式和写法

函的格式:一般包括标题,发文字号、主送机关、正文、发文机关和日期。

1. 标题。发函的标题一般为《关于××××的函》,复函的标题一般为《关于××××的复函》。正式的信函,不管是发函还是复函,应在标题下方右侧标注发文字号。

2. 主送机关。写机关全称,顶格写。复函的主送机关即为来函单位。

3. 正文。一般由开头、主体、结尾组成。

开头:如是发函,开头简述发函的缘由和目的;如是复函,应以引述来函日期、发文字号作起首语。如"你单位×年×月×日《关于××××的函》收悉"或"贵部××〔20××〕×号来函收悉"。

主体:是函的事项部分。如是发函,要写清楚商洽、询问或请求的主要事项；如是复函，要针对来函事项逐一郑重作答。答复要求具体明确，不能不置可否或答非所问。

结尾：即函的结语。发函一般用"盼复"、"即请回复"、"专此函达"、"请予支持，并盼复"等；复函一般用"此复"、"专此函复"等。

4. 发文机关和日期。发函的落款，写发函单位和日期，加盖公章；复函写复函单位名称、日期，加盖公章，有的还写明抄送单位名称。

【例文 1-24】

关于浙江伟明环保股份有限公司上市环保核查情况的函

环函〔2011〕354 号

中国证券监督管理委员会：

根据浙江伟明环保股份有限公司《关于申请首次公开发行股票环境保护核查的请示》（浙伟股〔2010〕97 号），我部按照《关于对申请上市的企业和申请再融资的上市企业进行环境保护核查的通知》（环发〔2003〕101 号）、《关于进一步规范重污染行业生产经营公司申请上市或再融资环境保护核查工作的通知》（环办〔2007〕105 号）、《关于进一步严格上市环保核查管理制度加强上市公司环保核查后督查工作的通知》（环发〔2010〕78 号）和《关于进一步规范监督管理严格开展上市公司环保核查工作的通知》（环办〔2011〕14 号）要求，对该公司组织进行了上市环保核查。

本次核查范围为该公司所属的 10 家生产企业，具体情况见附件。经浙江省和江苏省环境保护厅初审，以及我们组织的核查与社会公示，我部原则同意浙江伟明环保股份有限公司通过上市环保核查。

为促进该公司继续提高环保工作水平，根据核查情况，该公司应进一步加强环保管理工作，完善并执行环境监测计划，确保污染物长期稳定达标排放；进一步完善环境风险应急预案；确保危险废物得到合法安全处置；及时、完整、真实、准确地披露企业环境信息。

附件：浙江伟明环保股份有限公司核查范围内企业概况

中国环境保护部

2011 年 12 月 14 日

【例文 1-25】

浙江省物价局关于"鲜嫩美"牌和"浙盐蓝海星"牌食盐价格的复函

浙价资〔2011〕353 号

省盐务管理局：

你局《关于要求核定 160 克蓬莱雪晶盐日晒自然盐等盐产品价格的函》（浙盐局函〔2011〕167 号）悉。经研究，函复如下：

一、同意核定"鲜嫩美"牌和"浙盐蓝海星"牌等不同规格食盐产品价格，具体价格详见附件，自 2011 年 12 月 10 日起试行 1 年，执行期满 30 日前应报我局重新核定价格。

二、各地盐业公司在推广多品种盐的同时，必须保证普通复合膜小包装食盐正常供应，以方便消费者自主选择。

三、请你局督促有关销售单位切实做好明码标价和宣传解释工作。

附件：1."鲜嫩美"牌蓬莱雪晶盐等食盐价格表

2."浙盐蓝海星"牌健康平衡盐等食盐价格表

浙江省物价局

2011 年 11 月 3 日

（三）写作注意事项

1.内容要单一明确。函要一函一事，内容单一集中。这样，受函单位便于处理，有助于提高工作效率。同时，要把商洽、询问、请求的事项写明确，切忌模糊、笼统，以免误解或往来查询，延时误事。

2.态度要诚恳，用语要得体。发函一般要求对方关照、支持，因此态度要诚恳，语气要平和；即使是上级机关向所属下级机关的发函，也不要居高临下，盛气凌人，也应以平等商洽的口吻来写。复函用语要明快，以诚待人，不要显得生硬和冷漠。

二、纪要

适用于记载会议主要情况和议定事项。

纪要可以上报下达，即一方面向上级机关汇报会议情况，让有关领导了解会议进程、具体内容和结果；另一方面向与会单位或下属单位传达会议精神和会议情况，以便贯彻执行，指导工作。此外，纪要对其他有关单位起互通情报，互相交流的作用。

(一)纪要的分类和特点

按形式来分,一般分为工作会议纪要、座谈会纪要。

1. 工作会议纪要。这是会议讨论有关工作,作出决定或决议后而形成的纪要。

内容比较集中,议程比较单一的工作会议纪要,一般只把会议概况、会议宗旨、讨论和决议事项加以概括和说明。

内容较复杂,议程较多的工作会议纪要,如各级机关、企事业单位领导同志的办公会议、例会,讨论日常行政事务工作,议题较多;有些跨地区、跨行业的联席会议,协调各方面工作,解决彼此相关的问题,形成会议纪要时,就要把作出的决定或决议,按讨论顺序或重要程度,逐项概述或分成若干部分概述。

2. 座谈会纪要。这是召开座谈会之后而形成的会议纪要。座谈会常常是为专门研究解决某一重要问题而召开的,带有较强的专题性、专门性。如"文艺座谈会纪要"、"教书育人座谈会纪要"、"××省工商局长座谈会纪要"等。这类纪要,侧重于讲话、发言的内容的记述,可以按发言的先后顺序,把各人的发言要点整理出来,也可以按发言内容归类,前面设置小标题加以统领。除标明发言人姓名、身份或职务外,还要对会议的结论加以一定的阐述,具有说理性。

纪要的特点:

1. 纪要性。纪要是在会议记录的基础上,通过分析综合,摘其要点,舍其芜杂,按一定逻辑顺序整理而成的。不是事无大小,有闻必录,而要突出一个"要"字,突出会议的主要内容与精神。

2. 记载性。根据《党政机关公文处理工作条例》所下的定义,纪要适用于"记载"会议主要情况和议定事项。有些会议的重要情况、决定和决议,或由于某种原因,或由于与出席会议的地点距离太远,无法查找会议的原始记录,那就要以纪要所载录的内容为准,所以记载性也是会议纪要的一大特点。

3. 周知性。纪要有的要求传达并贯彻执行;有的虽不要求贯彻执行,但也要通报给有关领导和有关人员以及一定范围的群众,因而具有周知性特点。

纪要与会议决议虽然比较接近,但又有明显区别:第一,决议内容一般都是重大问题,重要事项;纪要内容可以是重大问题、重要事项,也可以是日常的宽泛的具体工作。第二,决议形成必须经过审议表决这一法定程序方能生效;而纪要是对会议内容概括的要点与精神,而且可以反映个别人或少数人的意见。第三,决议一般只写某一方面或特定的问题;而纪要可以同时写几个方面的多项内容。

(二)纪要的格式和写法

纪要一般由标题、正文组成。

标题:一般由会议名称和文种组成。如 2012 年年 1 月 16 日印发的《南昌县人民政府常务会议纪要 7》。

正文:一般由开头、主体、结尾组成。

正文开头:是对有关会议情况的概述。要交待会议的时间、地点、主持人、与会人员、会议宗旨等。这部分要写得简要、概括,使人了解会议的基本情况。

正文主体:是会议纪要的核心内容部分,以说明性文字反映会议研究的问题,会议讨论的情况或意见,会议作出的决定,对今后工作的安排等。主体内容可以采用综合报道式、分层分条叙述式的写法;座谈会纪要,可采用发言记录式写法,即按会上发言的顺序或几个方面问题的有关发言的顺序,把每个人的意见要点写出来。

正文结尾:一般提出希望、号召,要求与会者或有关单位认真贯彻会议精神;也可提出具体的措施与要求;还可没有结尾。

【例文 1-26】

南昌县人民政府常务会议纪要 7

2012 年元月 16 日下午,县长×××在县综合楼第三会议室主持召开了县政府第 7 次常务会议。出席会议的有:(名单略)。列席会议的有:(名单略)。

一、会议审议并原则同意县政府办提交的《2012 年政府工作报告》(讨论稿)、县发改委提交的《南昌县 2011 年国民经济和社会发展计划执行情况与 2012 年国民经济和社会发展计划草案的报告》(讨论稿)和县财政局提交的《南昌县 2011 年财政预算执行情况和 2012 年财政预算草案的报告》(讨论稿)。

二、会议审议并原则同意县财政局提交的《南昌县 2012 年民生工程安排意见》(讨论稿)。

三、会议审议并原则同意县林业局提交的《关于推进全县“森林城乡、花园南昌”建设有关事项的请示》。

四、会议听取了县教体局提交的《关于加强学生接送车辆管理的工作方案》和《关于加强全县校园安全管理工作的实施意见》的汇报。

五、会议审议并原则通过县行政服务中心提交的《关于提请研究〈关于进一步规范政府投资工程建设项目招标投标活动的实施意见〉的请示》。

六、会议审议并原则同意县环保局提交的《关于要求调整建筑施工噪声超标排污费标准的请示》。

（三）写作注意事项

1. 看记录。起草会议纪要，要认真收集会议的有关文件和材料，认真地阅读会议记录。这一方面是为了保证会议纪要反映会议情况的真实性，另一方面也是为会议纪要写作确立主题和选择材料。

2. 抓要点。会议纪要，是记其要点。会议纪要不能照搬会议文件和会议记录，而要摘要而写，突出重点。切忌巨细不分，甚至以次要内容冲淡了会议的主要精神。

3. 讲条理。会议纪要要对会议讨论的问题、议程、发言内容、决定等分层次、分类别、分顺序加以归纳，这样不仅能使纪要笔墨经济，而且使人感到内容明确，条理清晰。

【附录一】

党政机关公文处理工作条例

中办发〔2012〕14号

第一章　总　　则

第一条　为了适应中国共产党机关和国家行政机关（以下简称党政机关）工作需要，推进党政机关公文处理工作科学化、制度化、规范化，制定本条例。

第二条　本条例适用于各级党政机关公文处理工作。

第三条　党政机关公文是党政机关实施领导、履行职能、处理公务的具有特定效力和规范体式的文书，是传达贯彻党和国家方针政策，公布法规和规章，指导、布置和商洽工作，请示和答复问题，报告、通报和交流情况等的重要工具。

第四条　公文处理工作是指公文拟制、办理、管理等一系列相互关联、衔接有序的工作。

第五条　公文处理工作应当坚持实事求是、准确规范、精简高效、安全保密的原则。

第六条　各级党政机关应当高度重视公文处理工作，加强组织领导，强化队伍建设，设立文秘部门或者由专人负责公文处理工作。

第七条　各级党政机关办公厅(室)主管本机关的公文处理工作，并对下级机关的公文处理工作进行业务指导和督促检查。

第二章　公文种类

第八条　公文种类主要有：

(一)决议。适用于会议讨论通过的重大决策事项。

(二)决定。适用于对重要事项作出决策和部署、奖惩有关单位和人员、变更或者撤销下级机关不适当的决定事项。

(三)命令(令)。适用于公布行政法规和规章、宣布施行重大强制性措施、批准授予和晋升衔级、嘉奖有关单位和人员。

(四)公报。适用于公布重要决定或者重大事项。

(五)公告。适用于向国内外宣布重要事项或者法定事项。

(六)通告。适用于在一定范围内公布应当遵守或者周知的事项。

(七)意见。适用于对重要问题提出见解和处理办法。

(八)通知。适用于发布、传达要求下级机关执行和有关单位周知或者执行的事项，批转、转发公文。

(九)通报。适用于表彰先进、批评错误、传达重要精神和告知重要情况。

(十)报告。适用于向上级机关汇报工作、反映情况，回复上级机关的询问。

(十一)请示。适用于向上级机关请求指示、批准。

(十二)批复。适用于答复下级机关请示事项。

(十三)议案。适用于各级人民政府按照法律程序向同级人民代表大会或者人民代表大会常务委员会提请审议事项。

(十四)函。适用于不相隶属机关之间商洽工作、询问和答复问题、请求批准和答复审批事项。

(十五)纪要。适用于记载会议主要情况和议定事项。

第三章　公文格式

第九条　公文一般由份号、密级和保密期限、紧急程度、发文机关标志、发文字号、签发人、标题、主送机关、正文、附件说明、发文机关署名、成文日期、印章、附注、附件、抄送机关、印发机关和印发日期、页码等组成。

(一)份号。公文印制份数的顺序号。涉密公文应当标注份号。

(二)密级和保密期限。公文的秘密等级和保密的期限。

涉密公文应当根据涉密程度分别标注“绝密”“机密”“秘密”和保密期限。

(三)紧急程度。公文送达和办理的时限要求。根据紧急程度,紧急公文应当分别标注"特急""加急",电报应当分别标注"特提""特急""加急""平急"。

(四)发文机关标志。由发文机关全称或者规范化简称加"文件"二字组成,也可以使用发文机关全称或者规范化简称。联合行文时,发文机关标志可以并用联合发文机关名称,也可以单独用主办机关名称。

(五)发文字号。由发文机关代字、年份、发文顺序号组成。联合行文时,使用主办机关的发文字号。

(六)签发人。上行文应当标注签发人姓名。

(七)标题。由发文机关名称、事由和文种组成。

(八)主送机关。公文的主要受理机关,应当使用机关全称、规范化简称或者同类型机关统称。

(九)正文。公文的主体,用来表述公文的内容。

(十)附件说明。公文附件的顺序号和名称。

(十一)发文机关署名。署发文机关全称或者规范化简称。

(十二)成文日期。署会议通过或者发文机关负责人签发的日期。联合行文时,署最后签发机关负责人签发的日期。

(十三)印章。公文中有发文机关署名的,应当加盖发文机关印章,并与署名机关相符。有特定发文机关标志的普发性公文和电报可以不加盖印章。

(十四)附注。公文印发传达范围等需要说明的事项。

(十五)附件。公文正文的说明、补充或者参考资料。

(十六)抄送机关。除主送机关外需要执行或者知晓公文内容的其他机关,应当使用机关全称、规范化简称或者同类型机关统称。

(十七)印发机关和印发日期。公文的送印机关和送印日期。

(十八)页码。公文页数顺序号。

第十条 公文的版式按照《党政机关公文格式》国家标准执行。

第十一条 公文使用的汉字、数字、外文字符、计量单位和标点符号等,按照有关国家标准和规定执行。民族自治地方的公文,可以并用汉字和当地通用的少数民族文字。

第十二条 公文用纸幅面采用国际标准A4型。特殊形式的公文用纸幅面,根据实际需要确定。

第四章 行文规则

第十三条 行文应当确有必要,讲求实效,注重针对性和可操作性。

第十四条 行文关系根据隶属关系和职权范围确定。一般不得越级行文,特殊情况需要越级行文的,应当同时抄送被越过的机关。

第十五条 向上级机关行文,应当遵循以下规则:

(一)原则上主送一个上级机关,根据需要同时抄送相关上级机关和同级机关,不抄送下级机关。

(二)党委、政府的部门向上级主管部门请示、报告重大事项,应当经本级党委、政府同意或者授权;属于部门职权范围内的事项应当直接报送上级主管部门。

(三)下级机关的请示事项,如需以本机关名义向上级机关请示,应当提出倾向性意见后上报,不得原文转报上级机关。

(四)请示应当一文一事。不得在报告等非请示性公文中夹带请示事项。

(五)除上级机关负责人直接交办事项外,不得以本机关名义向上级机关负责人报送公文,不得以本机关负责人名义向上级机关报送公文。

(六)受双重领导的机关向一个上级机关行文,必要时抄送另一个上级机关。

第十六条 向下级机关行文,应当遵循以下规则:

(一)主送受理机关,根据需要抄送相关机关。重要行文应当同时抄送发文机关的直接上级机关。

(二)党委、政府的办公厅(室)根据本级党委、政府授权,可以向下级党委、政府行文,其他部门和单位不得向下级党委、政府发布指令性公文或者在公文中向下级党委、政府提出指令性要求。需经政府审批的具体事项,经政府同意后可以由政府职能部门行文,文中须注明已经政府同意。

(三)党委、政府的部门在各自职权范围内可以向下级党委、政府的相关部门行文。

(四)涉及多个部门职权范围内的事务,部门之间未协商一致的,不得向下行文;擅自行文的,上级机关应当责令其纠正或者撤销。

(五)上级机关向受双重领导的下级机关行文,必要时抄送该下级机关的另一个上级机关。

第十七条 同级党政机关、党政机关与其他同级机关必要时可以联合行文。属于党委、政府各自职权范围内的工作,不得联合行文。

党委、政府的部门依据职权可以相互行文。部门内设机构除办公厅(室)外不得对外正式行文。

第五章 公文拟制

第十八条 公文拟制包括公文的起草、审核、签发等程序。

第十九条　公文起草应当做到：

（一）符合国家法律法规和党的路线方针政策，完整准确体现发文机关意图，并同现行有关公文相衔接。

（二）一切从实际出发，分析问题实事求是，所提政策措施和办法切实可行。

（三）内容简洁，主题突出，观点鲜明，结构严谨，表述准确，文字精炼。

（四）文种正确，格式规范。

（五）深入调查研究，充分进行论证，广泛听取意见。

（六）公文涉及其他地区或者部门职权范围内的事项，起草单位必须征求相关地区或者部门意见，力求达成一致。

（七）机关负责人应当主持、指导重要公文起草工作。

第二十条　公文文稿签发前，应当由发文机关办公厅（室）进行审核。审核的重点是：

（一）行文理由是否充分，行文依据是否准确。

（二）内容是否符合国家法律法规和党的路线方针政策；是否完整准确体现发文机关意图；是否同现行有关公文相衔接；所提政策措施和办法是否切实可行。

（三）涉及有关地区或者部门职权范围内的事项是否经过充分协商并达成一致意见。

（四）文种是否正确，格式是否规范；人名、地名、时间、数字、段落顺序、引文等是否准确；文字、数字、计量单位和标点符号等用法是否规范。

（五）其他内容是否符合公文起草的有关要求。

需要发文机关审议的重要公文文稿，审议前由发文机关办公厅（室）进行初核。

第二十一条　经审核不宜发文的公文文稿，应当退回起草单位并说明理由；符合发文条件但内容需作进一步研究和修改的，由起草单位修改后重新报送。

第二十二条　公文应当经本机关负责人审批签发。重要公文和上行文由机关主要负责人签发。党委、政府的办公厅（室）根据党委、政府授权制发的公文，由受权机关主要负责人签发或者按照有关规定签发。签发人签发公文，应当签署意见、姓名和完整日期；圈阅或者签名的，视为同意。联合发文由所有联署机关的负责人会签。

第六章 公文办理

第二十三条 公文办理包括收文办理、发文办理和整理归档。

第二十四条 收文办理主要程序是：

（一）签收。对收到的公文应当逐件清点，核对无误后签字或者盖章，并注明签收时间。

（二）登记。对公文的主要信息和办理情况应当详细记载。

（三）初审。对收到的公文应当进行初审。初审的重点是：是否应当由本机关办理，是否符合行文规则，文种、格式是否符合要求，涉及其他地区或者部门职权范围内的事项是否已经协商、会签，是否符合公文起草的其他要求。经初审不符合规定的公文，应当及时退回来文单位并说明理由。

（四）承办。阅知性公文应当根据公文内容、要求和工作需要确定范围后分送。批办性公文应当提出拟办意见报本机关负责人批示或者转有关部门办理；需要两个以上部门办理的，应当明确主办部门。紧急公文应当明确办理时限。承办部门对交办的公文应当及时办理，有明确办理时限要求的应当在规定时限内办理完毕。

（五）传阅。根据领导批示和工作需要将公文及时送传阅对象阅知或者批示。办理公文传阅应当随时掌握公文去向，不得漏传、误传、延误。

（六）催办。及时了解掌握公文的办理进展情况，督促承办部门按期办结。紧急公文或者重要公文应当由专人负责催办。

（七）答复。公文的办理结果应当及时答复来文单位，并根据需要告知相关单位。

第二十五条 发文办理主要程序是：

（一）复核。已经发文机关负责人签批的公文，印发前应当对公文的审批手续、内容、文种、格式等进行复核；需作实质性修改的，应当报原签批人复审。

（二）登记。对复核后的公文，应当确定发文字号、分送范围和印制份数并详细记载。

（三）印制。公文印制必须确保质量和时效。涉密公文应当在符合保密要求的场所印制。

（四）核发。公文印制完毕，应当对公文的文字、格式和印刷质量进行检查后分发。

第二十六条 涉密公文应当通过机要交通、邮政机要通信、城市机要文件交换站或者收发件机关机要收发人员进行传递，通过密码电报或者符合国家保密规定的计算机信息系统进行传输。

第二十七条　需要归档的公文及有关材料，应当根据有关档案法律法规以及机关档案管理规定，及时收集齐全、整理归档。两个以上机关联合办理的公文，原件由主办机关归档，相关机关保存复制件。机关负责人兼任其他机关职务的，在履行所兼职务过程中形成的公文，由其兼职机关归档。

第七章　公文管理

第二十八条　各级党政机关应当建立健全本机关公文管理制度，确保管理严格规范，充分发挥公文效用。

第二十九条　党政机关公文由文秘部门或者专人统一管理。设立党委（党组）的县级以上单位应当建立机要保密室和机要阅文室，并按照有关保密规定配备工作人员和必要的安全保密设施设备。

第三十条　公文确定密级前，应当按照拟定的密级先行采取保密措施。确定密级后，应当按照所定密级严格管理。绝密级公文应当由专人管理。

公文的密级需要变更或者解除的，由原确定密级的机关或者其上级机关决定。

第三十一条　公文的印发传达范围应当按照发文机关的要求执行；需要变更的，应当经发文机关批准。

涉密公文公开发布前应当履行解密程序。公开发布的时间、形式和渠道，由发文机关确定。

经批准公开发布的公文，同发文机关正式印发的公文具有同等效力。

第三十二条　复制、汇编机密级、秘密级公文，应当符合有关规定并经本机关负责人批准。绝密级公文一般不得复制、汇编，确有工作需要的，应当经发文机关或者其上级机关批准。

复制、汇编的公文视同原件管理。复制件应当加盖复制机关戳记。翻印件应当注明翻印的机关名称、日期。汇编本的密级按照编入公文的最高密级标注。

第三十三条　公文的撤销和废止，由发文机关、上级机关或者权力机关根据职权范围和有关法律法规决定。公文被撤销的，视为自始无效；公文被废止的，视为自废止之日起失效。

第三十四条　涉密公文应当按照发文机关的要求和有关规定进行清退或者销毁。

第三十五条　不具备归档和保存价值的公文，经批准后可以销毁。销毁涉密公文必须严格按照有关规定履行审批登记手续，确保不丢失、不漏销。个人不得私自销毁、留存涉密公文。

第三十六条　机关合并时，全部公文应当随之合并管理；机关撤销时，需要归档的公文经整理后按照有关规定移交档案管理部门。

工作人员离岗离职时，所在机关应当督促其将暂存、借用的公文按照有关规定移交、清退。

第三十七条　新设立的机关应当向本级党委、政府的办公厅（室）提出发文立户申请。经审查符合条件的，列为发文单位，机关合并或者撤销时，相应进行调整。

第八章　附　　则

第三十八条　党政机关公文含电子公文。电子公文处理工作的具体办法另行制定。

第三十九条　法规、规章方面的公文，依照有关规定处理。外事方面的公文，依照外事主管部门的有关规定处理。

第四十条　其他机关和单位的公文处理工作，可以参照本条例执行。

第四十一条　本条例由中共中央办公厅、国务院办公厅负责解释。

第四十二条　本条例自2012年7月1日起施行。1996年5月3日中共中央办公厅发布的《中国共产党机关公文处理条例》和2000年8月24日国务院发布的《国家行政机关公文处理办法》停止执行。

【附录二】

党政机关公文格式（GB/T 9704—2012）

1　范围

本标准规定了党政机关公文通用的纸张要求、排版和印制装订要求、公文格式各要素的编排规则，并给出了公文的式样。

本标准适用于各级党政机关制发的公文。其他机关和单位的公文可以参照执行。

使用少数民族文字印制的公文，其用纸、幅面尺寸及版面、印制等要求按照本标准执行，其余可以参照本标准并按照有关规定执行。

2　规范性引用文件

下列文件对于本标准的应用是必不可少的。凡是注日期的引用文件，仅所注日期的版本适用于本标准。凡是不注日期的引用文件，其最新版本（包括所有的修改单）适用于本标准。

GB/T 148　印刷、书写和绘图纸幅面尺寸

GB 3100　国际单位制及其应用

GB 3101　有关量、单位和符号的一般原则

GB 3102(所有部分)　量和单位

GB/T 15834　标点符号用法

GB/T 15835　出版物上数字用法

3　术语和定义

下列术语和定义适用于本标准。

3.1　字　word

标示公文中横向距离的长度单位。在本标准中，一字指一个汉字宽度的距离。

3.2　行　line

标示公文中纵向距离的长度单位。在本标准中，一行指一个汉字的高度加3号汉字高度的7/8的距离。

4　公文用纸主要技术指标

公文用纸一般使用纸张定量为60g/m^2～80g/m^{2}的胶版印刷纸或复印纸。纸张白度80%～90%，横向耐折度≥15次，不透明度≥85%，pH值为7.5～9.5。

5　公文用纸幅面尺寸及版面要求

5.1　幅面尺寸

公文用纸采用GB/T 148中规定的A4型纸，其成品幅面尺寸为：210mm×297mm。

5.2　版面

5.2.1　页边与版心尺寸

公文用纸天头(上白边)为37mm±1mm，公文用纸订口(左白边)为28mm±1mm，版心尺寸为156mm×225mm。

5.2.2　字体和字号

如无特殊说明，公文格式各要素一般用3号仿宋体字。特定情况可以作适当调整。

5.2.3　行数和字数

一般每面排22行，每行排28个字，并撑满版心。特定情况可以作适当调整。

5.2.4 文字的颜色

如无特殊说明，公文中文字的颜色均为黑色。

6 印制装订要求

6.1 制版要求

版面干净无底灰，字迹清楚无断划，尺寸标准，版心不斜，误差不超过1mm。

6.2 印刷要求

双面印刷；页码套正，两面误差不超过2mm。黑色油墨应当达到色谱所标BL100%，红色油墨应当达到色谱所标Y80%、M80%。印品着墨实、均匀；字面不花、不白、无断划。

6.3 装订要求

公文应当左侧装订，不掉页，两页页码之间误差不超过4mm，裁切后的成品尺寸允许误差±2mm，四角成90°，无毛茬或缺损。

骑马订或平订的公文应当：

a)订位为两钉外订眼距版面上下边缘各70mm处，允许误差±4mm；

b)无坏钉、漏钉、重钉，钉脚平伏牢固；

c)骑马订钉锯均订在折缝线上，平订钉锯与书脊间的距离为3mm～5mm。

包本装订公文的封皮（封面、书脊、封底）与书芯应吻合、包紧、包平、不脱落。

7 公文格式各要素编排规则

7.1 公文格式各要素的划分

本标准将版心内的公文格式各要素划分为版头、主体、版记三部分。公文首页红色分隔线以上的部分称为版头；公文首页红色分隔线（不含）以下、公文末页首条分隔线（不含）以上的部分称为主体；公文末页首条分隔线以下、末条分隔线以上的部分称为版记。

页码位于版心外。

7.2 版头

7.2.1 份号

如需标注份号，一般用6位3号阿拉伯数字，顶格编排在版心左上角第一行。

7.2.2 密级和保密期限

如需标注密级和保密期限，一般用3号黑体字，顶格编排在版心左上角第二行；保密期限中的数字用阿拉伯数字标注。

7.2.3　紧急程度

如需标注紧急程度，一般用3号黑体字，顶格编排在版心左上角；如需同时标注份号、密级和保密期限、紧急程度，按照份号、密级和保密期限、紧急程度的顺序自上而下分行排列。

7.2.4　发文机关标志

由发文机关全称或者规范化简称加“文件”二字组成，也可以使用发文机关全称或者规范化简称。

发文机关标志居中排布，上边缘至版心上边缘为35mm，推荐使用小标宋体字，颜色为红色，以醒目、美观、庄重为原则。

联合行文时，如需同时标注联署发文机关名称，一般应当将主办机关名称排列在前；如有“文件”二字，应当置于发文机关名称右侧，以联署发文机关名称为准上下居中排布。

7.2.5　发文字号

编排在发文机关标志下空二行位置，居中排布。年份、发文顺序号用阿拉伯数字标注；年份应标全称，用六角括号“〔〕”括入；发文顺序号不加“第”字，不编虚位（即1不编为01），在阿拉伯数字后加“号”字。

上行文的发文字号居左空一字编排，与最后一个签发人姓名处在同一行。

7.2.6　签发人

由“签发人”三字加全角冒号和签发人姓名组成，居右空一字，编排在发文机关标志下空二行位置。“签发人”三字用3号仿宋体字，签发人姓名用3号楷体字。

如有多个签发人，签发人姓名按照发文机关的排列顺序从左到右、自上而下依次均匀编排，一般每行排两个姓名，回行时与上一行第一个签发人姓名对齐。

7.2.7　版头中的分隔线

发文字号之下4mm处居中印一条与版心等宽的红色分隔线。

7.3　主体

7.3.1　标题

一般用2号小标宋体字，编排于红色分隔线下空二行位置，分一行或多行居中排布；回行时，要做到词意完整，排列对称，长短适宜，间距恰当，标题排列应当使用梯形或菱形。

7.3.2　主送机关

编排于标题下空一行位置，居左顶格，回行时仍顶格，最后一个机关名称后标全角冒号。如主送机关名称过多导致公文首页不能显示正文时，应当将主送机关名称移至版记，标注方法见7.4.2。

7.3.3　正文

公文首页必须显示正文。一般用3号仿宋体字，编排于主送机关名称下一行，每个自然段左空二字，回行顶格。文中结构层次序数依次可以用“一、”“(一)”“1.”“(1)”标注；一般第一层用黑体字、第二层用楷体字、第三层和第四层用仿宋体字标注。

7.3.4　附件说明

如有附件，在正文下空一行左空二字编排“附件”二字，后标全角冒号和附件名称。如有多个附件，使用阿拉伯数字标注附件顺序号(如“附件：1. ××××”)；附件名称后不加标点符号。附件名称较长需回行时，应当与上一行附件名称的首字对齐。

7.3.5　发文机关署名、成文日期和印章

7.3.5.1　加盖印章的公文

成文日期一般右空四字编排，印章用红色，不得出现空白印章。

单一机关行文时，一般在成文日期之上、以成文日期为准居中编排发文机关署名，印章端正、居中下压发文机关署名和成文日期，使发文机关署名和成文日期居印章中心偏下位置，印章顶端应当上距正文(或附件说明)一行之内。

联合行文时，一般将各发文机关署名按照发文机关顺序整齐排列在相应位置，并将印章一一对应、端正、居中下压发文机关署名，最后一个印章端正、居中下压发文机关署名和成文日期，印章之间排列整齐、互不相交或相切，每排印章两端不得超出版心，首排印章顶端应当上距正文(或附件说明)一行之内。

7.3.5.2　不加盖印章的公文

单一机关行文时，在正文(或附件说明)下空一行右空二字编排发文机关署名，在发文机关署名下一行编排成文日期，首字比发文机关署名首字右移二字，如成文日期长于发文机关署名，应当使成文日期右空二字编排，并相应增加发文机关署名右空字数。

联合行文时，应当先编排主办机关署名，其余发文机关署名依次向下编排。

7.3.5.3　加盖签发人签名章的公文

单一机关制发的公文加盖签发人签名章时，在正文（或附件说明）下空二行右空四字加盖签发人签名章，签名章左空二字标注签发人职务，以签名章为准上下居中排布。在签发人签名章下空一行右空四字编排成文日期。

联合行文时，应当先编排主办机关签发人职务、签名章，其余机关签发人职务、签名章依次向下编排，与主办机关签发人职务、签名章上下对齐；每行只编排一个机关的签发人职务、签名章；签发人职务应当标注全称。

签名章一般用红色。

7.3.5.4　成文日期中的数字

用阿拉伯数字将年、月、日标全，年份应标全称，月、日不编虚位（即1不编为01）。

7.3.5.5　特殊情况说明

当公文排版后所剩空白处不能容下印章或签发人签名章、成文日期时，可以采取调整行距、字距的措施解决。

7.3.6　附注

如有附注，居左空二字加圆括号编排在成文日期下一行。

7.3.7　附件

附件应当另面编排，并在版记之前，与公文正文一起装订。“附件”二字及附件顺序号用3号黑体字顶格编排在版心左上角第一行。附件标题居中编排在版心第三行。附件顺序号和附件标题应当与附件说明的表述一致。附件格式要求同正文。

如附件与正文不能一起装订，应当在附件左上角第一行顶格编排公文的发文字号并在其后标注“附件”二字及附件顺序号。

7.4　版记

7.4.1　版记中的分隔线

版记中的分隔线与版心等宽，首条分隔线和末条分隔线用粗线（推荐高度为0.35mm），中间的分隔线用细线（推荐高度为0.25mm）。首条分隔线位于版记中第一个要素之上，末条分隔线与公文最后一面的版心下边缘重合。

7.4.2　抄送机关

如有抄送机关，一般用4号仿宋体字，在印发机关和印发日期之上一行、左右各空一字编排。“抄送”二字后加全角冒号和抄送机关名称，回行时与冒号后的首字对齐，最后一个抄送机关名称后标句号。

如需把主送机关移至版记，除将“抄送”二字改为“主送”外，编排方法同抄送机关。既有主送机关又有抄送机关时，应当将主送机关置于抄送机关之上一行，之间不加分隔线。

7.4.3　印发机关和印发日期

印发机关和印发日期一般用4号仿宋体字，编排在末条分隔线之上，印发机关左空一字，印发日期右空一字，用阿拉伯数字将年、月、日标全，年份应标全称，月、日不编虚位(即1不编为01)，后加“印发”二字。

版记中如有其他要素，应当将其与印发机关和印发日期用一条细分隔线隔开。

7.5　页码

一般用4号半角宋体阿拉伯数字，编排在公文版心下边缘之下，数字左右各放一条一字线；一字线上距版心下边缘7mm。单页码居右空一字，双页码居左空一字。公文的版记页前有空白页的，空白页和版记页均不编排页码。公文的附件与正文一起装订时，页码应当连续编排。

8　公文中的横排表格

A4纸型的表格横排时，页码位置与公文其他页码保持一致，单页码表头在订口一边，双页码表头在切口一边。

9　公文中计量单位、标点符号和数字的用法

公文中计量单位的用法应当符合GB 3100、GB 3101和GB 3102(所有部分)，标点符号的用法应当符合GB/T 15834，数字用法应当符合GB/T 15835。

10　公文的特定格式

10.1　信函格式

发文机关标志使用发文机关全称或者规范化简称，居中排布，上边缘至上页边为30mm，推荐使用红色小标宋体字。联合行文时，使用主办机关标志。

发文机关标志下4mm处印一条红色双线(上粗下细)，距下页边20mm处印一条红色双线(上细下粗)，线长均为170mm，居中排布。

如需标注份号、密级和保密期限、紧急程度，应当顶格居版心左边缘编排在第一条红色双线下，按照份号、密级和保密期限、紧急程度的顺序自上而下分行排列，第一个要素与该线的距离为3号汉字高度的7/8。

发文字号顶格居版心右边缘编排在第一条红色双线下，与该线的距离为3号汉字高度的7/8。

标题居中编排，与其上最后一个要素相距二行。

第二条红色双线上一行如有文字，与该线的距离为3号汉字高度的7/8。

首页不显示页码。

版记不加印发机关和印发日期、分隔线，位于公文最后一面版心内最下方。

10.2　命令(令)格式

发文机关标志由发文机关全称加“命令”或“令”字组成，居中排布，上边缘至版心上边缘为20mm，推荐使用红色小标宋体字。

发文机关标志下空二行居中编排令号，令号下空二行编排正文。

签发人职务、签名章和成文日期的编排见7.3.5.3。

10.3　纪要格式

纪要标志由“×××××纪要”组成，居中排布，上边缘至版心上边缘为35mm，推荐使用红色小标宋体字。

标注出席人员名单，一般用3号黑体字，在正文或附件说明下空一行左空二字编排“出席”二字，后标全角冒号，冒号后用3号仿宋体字标注出席人单位、姓名，回行时与冒号后的首字对齐。

标注请假和列席人员名单，除依次另起一行并将“出席”二字改为“请假”或“列席”外，编排方法同出席人员名单。

纪要格式可以根据实际制定。

11　式样

A4型公文用纸页边及版心尺寸见图1；公文首页版式见图2；联合行文公文首页版式1见图3；联合行文公文首页版式2见图4；公文末页版式1见图5；公文末页版式2见图6；联合行文公文末页版式1见图7；联合行文公文末页版式2见图8；附件说明页版式见图9；带附件公文末页版式见图10；信函格式首页版式见图11；命令(令)格式首页版式见图12。

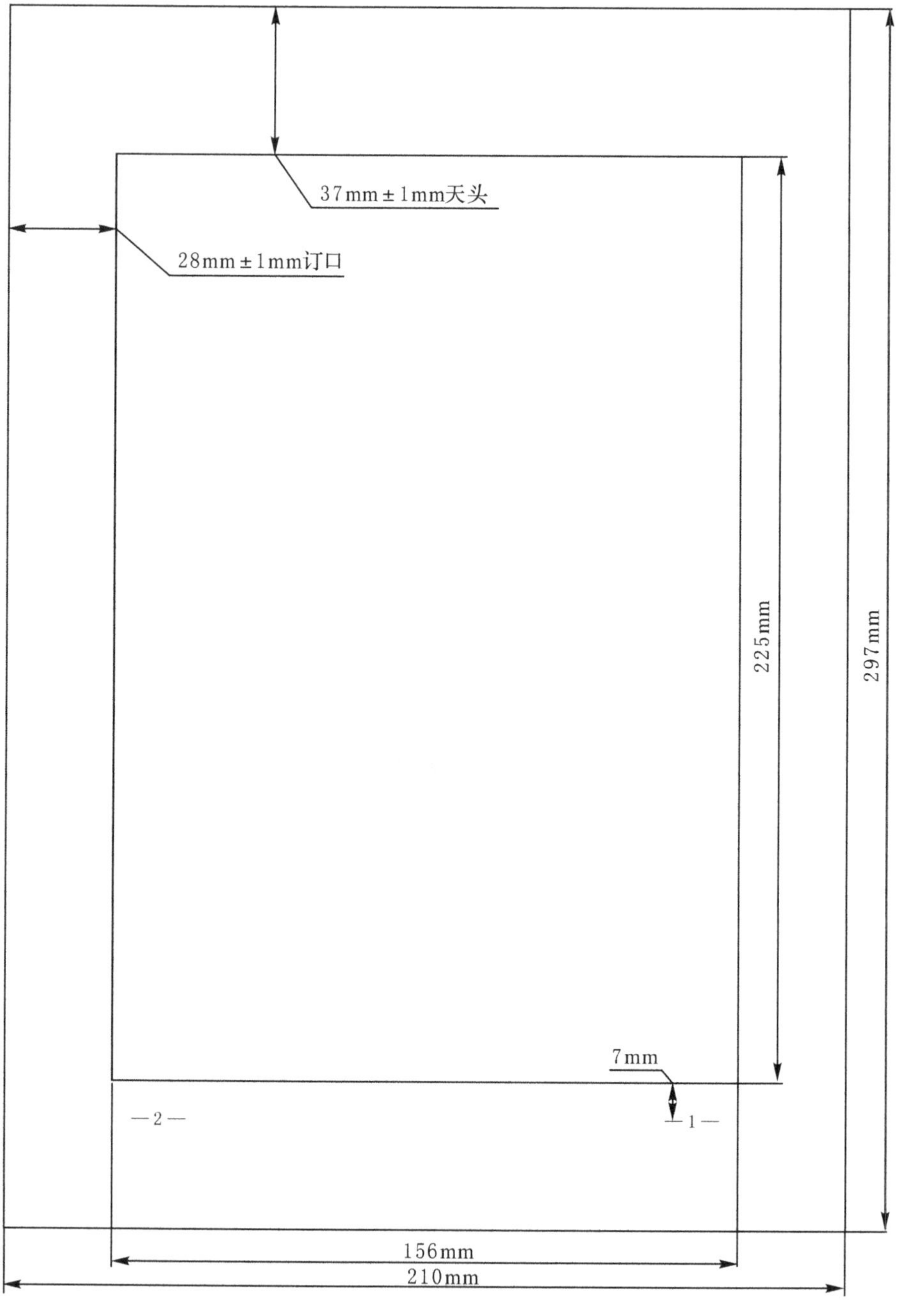

图 1　A4 型公文用纸页边及版心尺寸

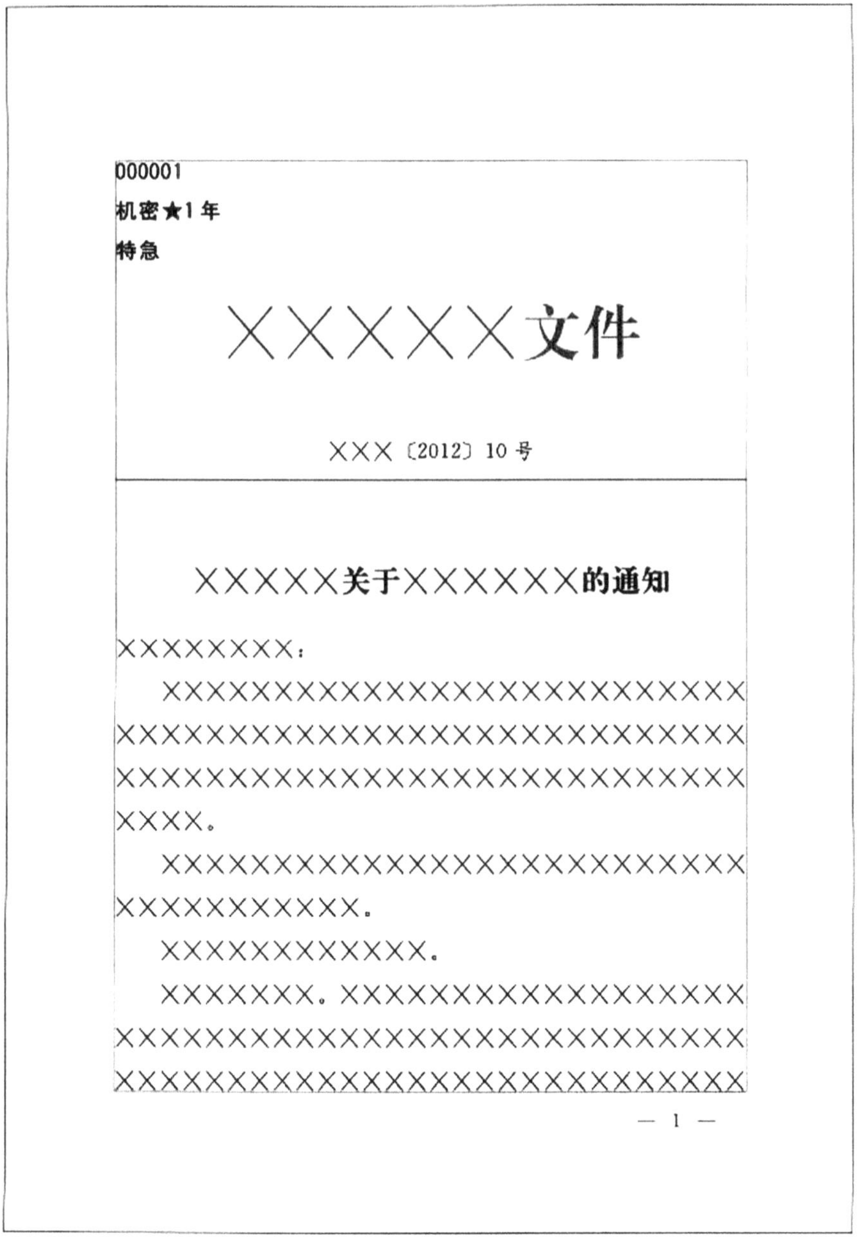

000001

机密★1年

特急

XXXXX文件

XXX〔2012〕10号

XXXXX关于XXXXXX的通知

XXXXXXXX：

XXXXXXXXXXXXXXXXXXXXXXXXXX
XXXXXXXXXXXXXXXXXXXXXXXXXXXX
XXXXXXXXXXXXXXXXXXXXXXXXXXXX
XXXX。

XXXXXXXXXXXXXXXXXXXXXXXXXX
XXXXXXXXXXX。

XXXXXXXXXXXX。

XXXXXXX。XXXXXXXXXXXXXXXXXX
XXXXXXXXXXXXXXXXXXXXXXXXXXXX
XXXXXXXXXXXXXXXXXXXXXXXXXXXX

— 1 —

图 2　公文首页版式

注：版心实线框仅为示意，在印制公文时并不印出。

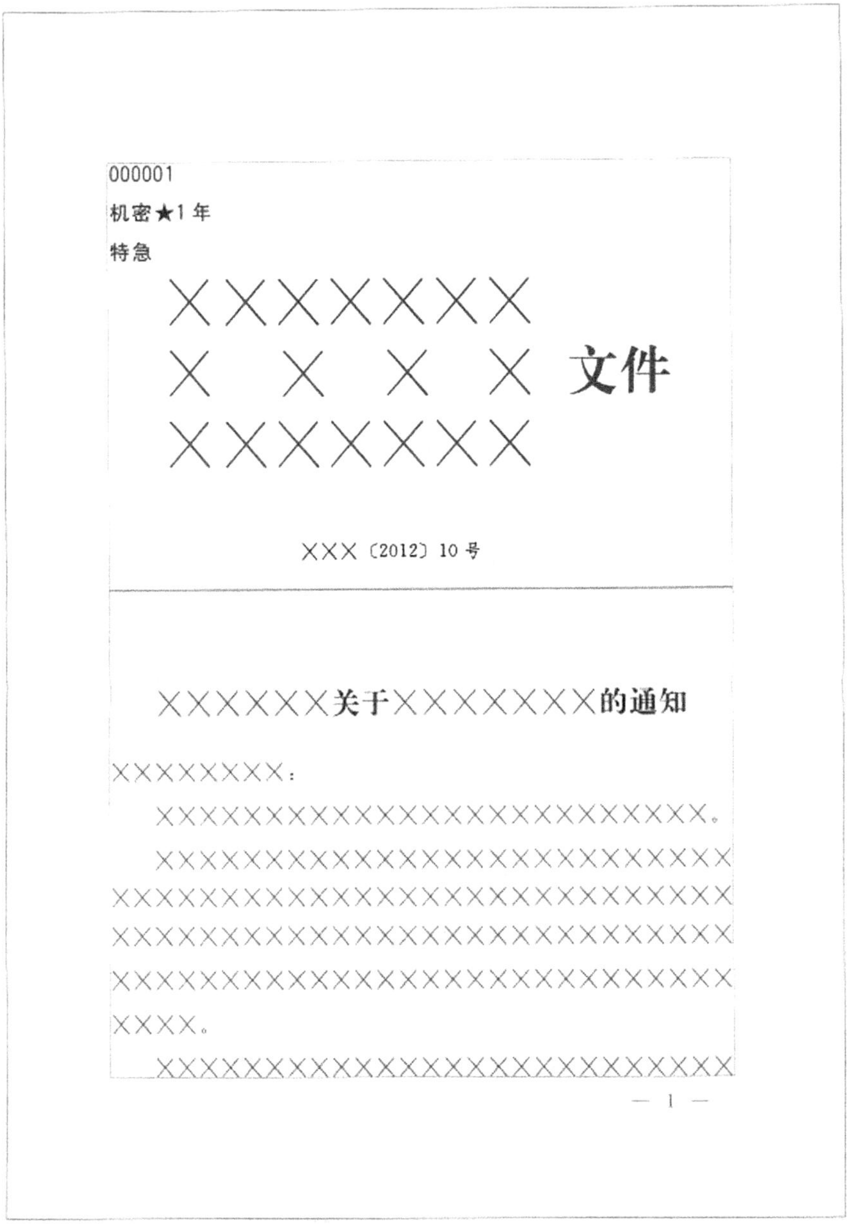
000001
机密★1年
特急

×××××××
×　×　×　× 文件
×××××××

×××〔2012〕10号

××××××关于×××××××的通知

××××××××：

××××××××××××××××××××××××××。

××××××××××××××××××××××××××××
××××××××××××××××××××××××××××
××××××××××××××××××××××××××××
××××××××××××××××××××××××××××
××××。

××××××××××××××××××××××××××××

— 1 —

图3　联合行文公文首页版式1

注：版心实线框仅为示意，在印制公文时并不印出。

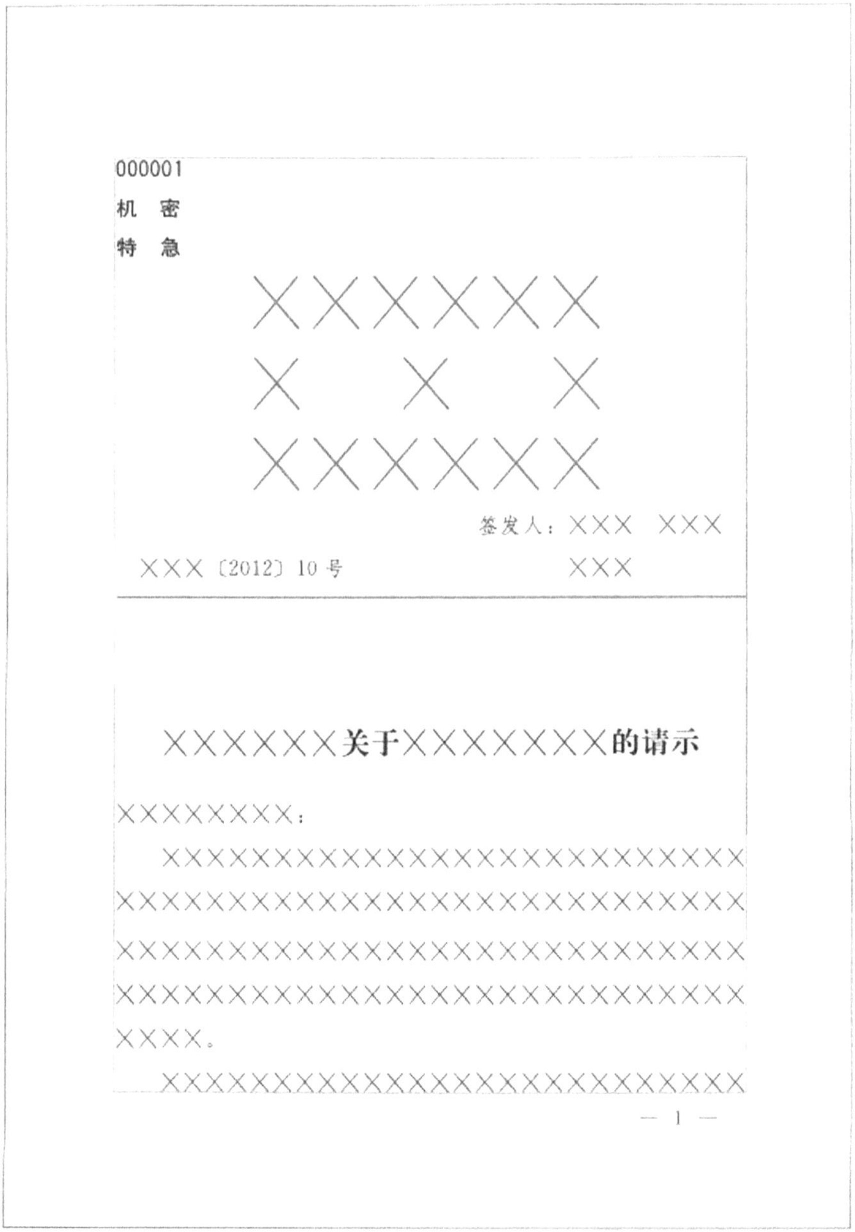

图4　联合行文公文首页版式2

注：版心实线框仅为示意，在印制公文时并不印出。

××××××××××××××××。

　　××。

2012年7月1日

（×××××）

抄送：××××××××，××××××，×××××，×××××，×××××。

×××××××××　　2012年7月1日印发

— 2 —

图5　公文末页版式1

注：版心实线框仅为示意，在印制公文时并不印出。

XXXXXXXXXXXXXXX。

XXXXXXXXXXXXXXXXXXXXXXXXXXXXXXXXXXXXXXXXXXXXXXXXXXXXXXXXXXXXXX。

XXXXXXXXXXX

2012年7月1日

(XXXXX)

抄送：XXXXXXXX，XXXXXX，XXXXX，XXXXX，XXXXX。

XXXXXXXXX 2012年7月1日印发

— 2 —

图6 公文末页版式2

注：版心实线框仅为示意，在印制公文时并不印出。

××××××××××××××。

××。

2012年7月1日

（×××××）

抄送：××××××××，××××××，×××××，×××××，×××××。

×××××××××　　2012年7月1日印发

— 2 —

图 7　联合行文公文末页版式 1

注：版心实线框仅为示意，在印制公文时并不印出。

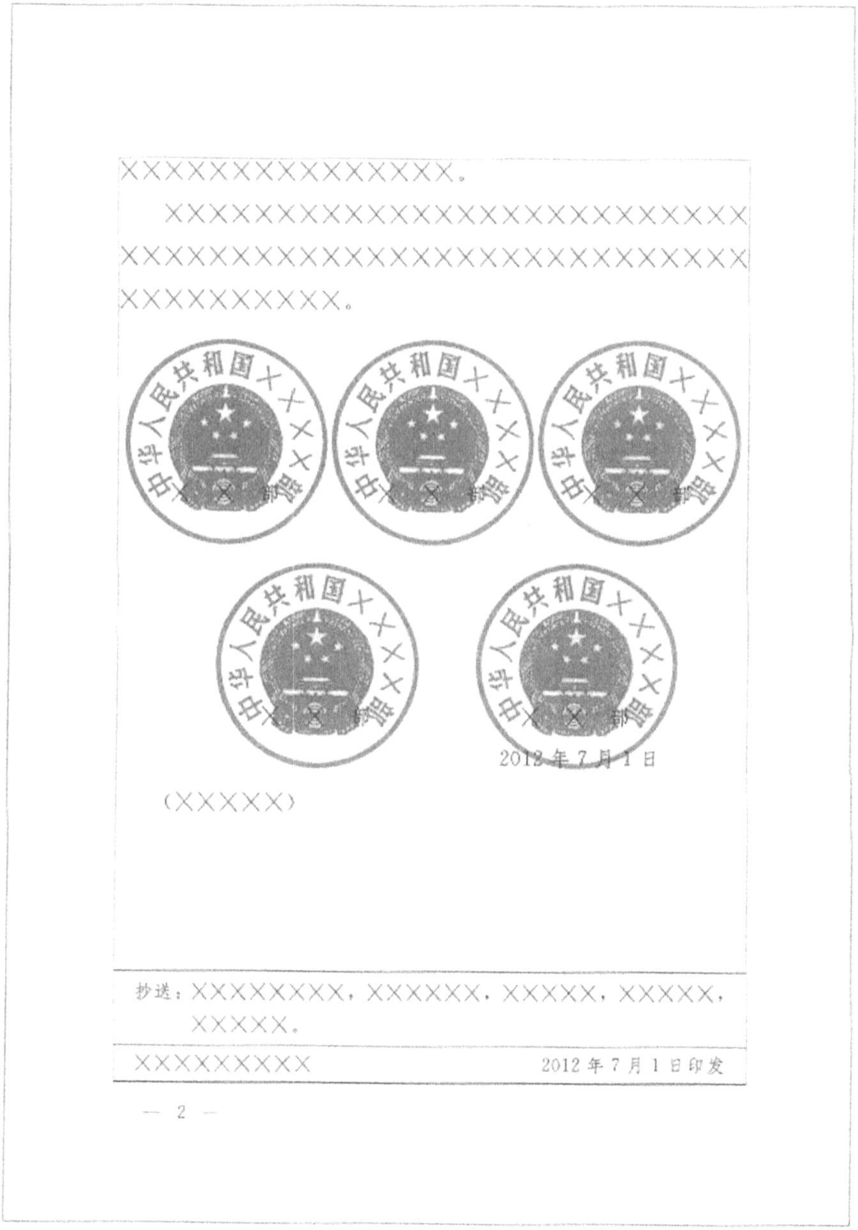
××××××××××××××。

××。

中华人民共和国×××部　中华人民共和国×××部　中华人民共和国×××部

中华人民共和国×××部　中华人民共和国×××部

2012年7月1日

(×××××)

抄送：××××××××，××××××，×××××，×××××，×××××。	
×××××××××	2012年7月1日印发

— 2 —

图8　联合行文公文末页版式2

注:版心实线框仅为示意,在印制公文时并不印出。

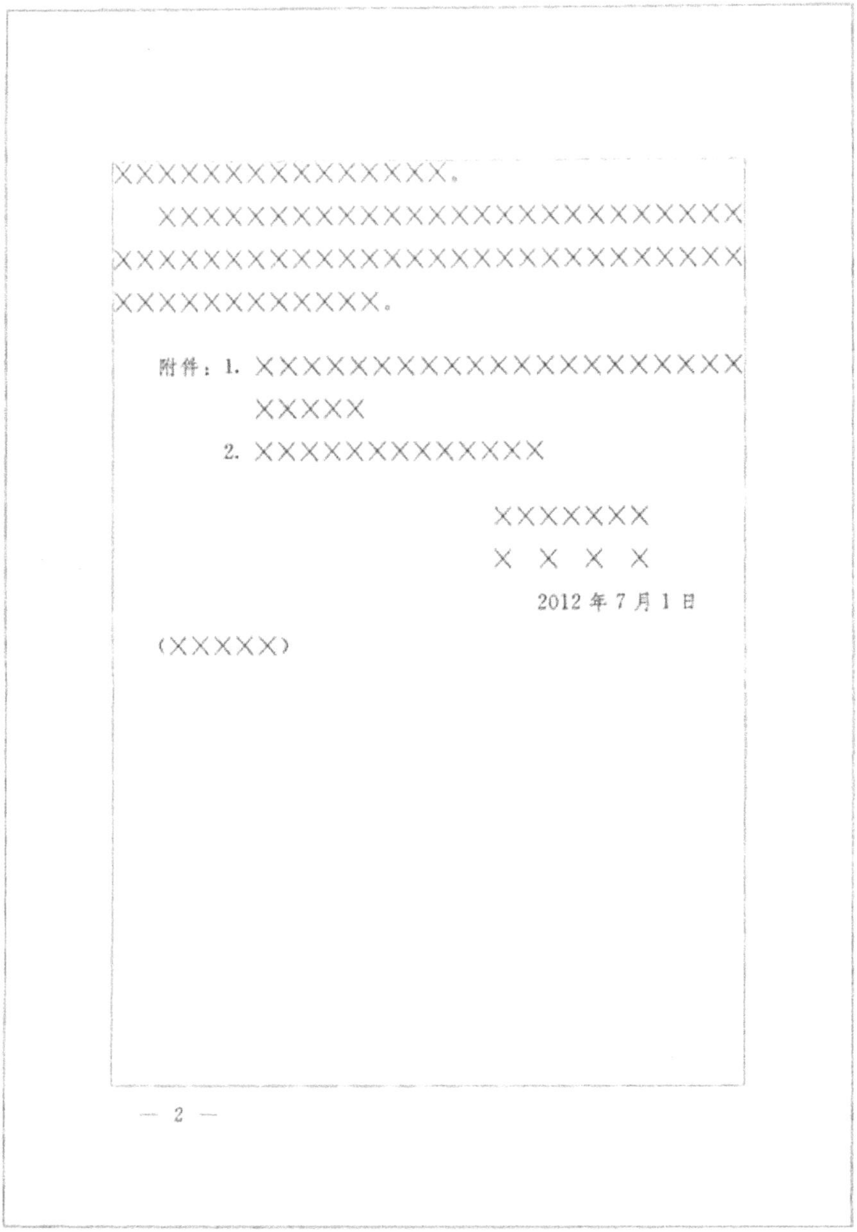

图9　附件说明页版式

注:版心实线框仅为示意,在印制公文时并不印出。

附件 2

XXXXXXXXXXXXX

　　XXXXXXXXXXXXXXXXXXXXXXXXXX
XXXXXXXXXXXXXXXXXXXXXXXXXXXX
XXX。

　　XXXXXXXXXXXXXXXXXXXXXXXXXX
XXXXXXXXXXXXXXXXXXXXXXXXXXXX
XXXXXXXXXXXXXXXXXXXXXXXXXXXX
XXXXXXXXXXXXXXXXXXXXXXXXXXXX
XXXXXXXXXXXXXXXXXXXXXXXXXXXX
XXXXXXXXXXXXXXX。

抄送：XXXXXXXX，XXXXXX，XXXXX，XXXXX，
　　　XXXXX。

XXXXXXXXX　　2012年7月1日印发

— 4 —

图 10　带附件公文末页版式

注：版心实线框仅为示意，在印制公文时并不印出。

中华人民共和国×××××部

000001　　　　　　　　　　　　　　　×××〔2012〕10号

机　密

特　急

×××××关于×××××××的通知

××××××××：

××××××××××××××××××××××××××
××××××××××××××××××××××××××××
××××××××××××××××××××××××××××
××××××××××××××××××××××××××。

××××××××××××××××××××××××××
××××××××××××××××××××××××××××
××××××××××××××××××××××××××××
×××××××××××××××××××××××××。

××××××××××××××××××××××××××
××××××××××××××××××××××××××××
××××××××××××××××××××××××××××
××××××××××××××××××××××××××××
××××××××××××××××××××××××××××
××××××××××××××××××××××××××××
××××××××××××××××××××××××××。

图 11　信函格式首页版式

注：版心实线框仅为示意，在印制公文时并不印出。

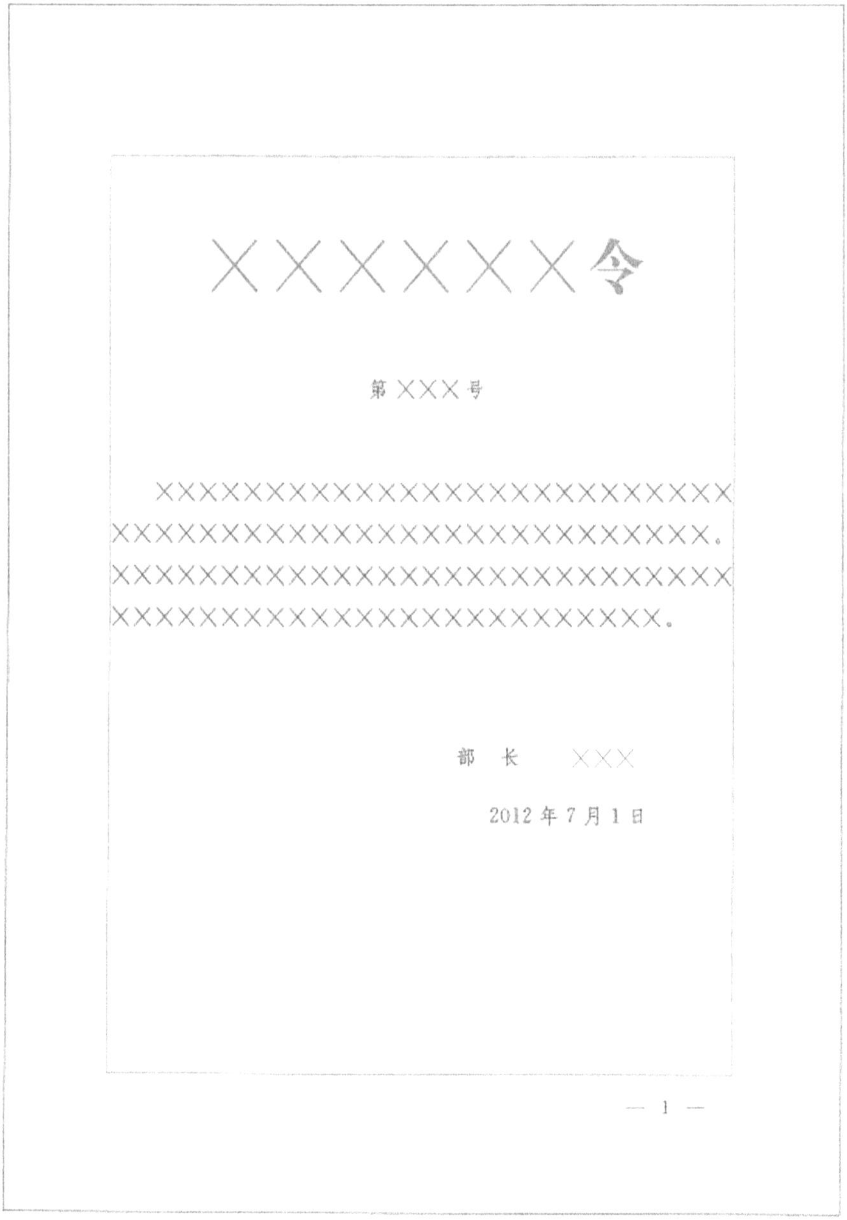

图12　命令(令)格式首页版式

注:版心实线框仅为示意,在印制公文时并不印出。

第二章 事务文书

第一节 概述

一、事务文书的涵义与特点

（一）事务文书的涵义

事务文书是党政机关、社会团体、企事业单位处理日常事务，用来沟通信息、总结经验、探究问题、指导工作的一类文体。

事务文书用于处理公务，也属于广义公文的范畴，但它与党政公文不同，在实际使用运行中，它不能作为公文的文种来单独行文。如一个计划、一篇总结、一份调查、一则简报，都不能独立发文，如要制成文件，它也只能以某种通用公文的文种形式来行文（如用通知、通报等形式），成为一件公文中的附件。

事务文书的应用范围十分广泛，它的制文机关不像党政公文那样有严格的法定性限制，而是各机关、团体、单位均可使用；它的行文方向也比党政公文灵活得多，无固定的上行、下行或平行的区别，有些甚至可以通过传播媒介向社会广泛宣传（如调查报告、经验总结等）；它的内容可以反映情况，交流经验，也可以研究问题，部署工作。它应用的广泛性、灵活性、多样性，使它在公务活动中发挥着重要的作用。

（二）事务文书的特点

1. 指导性。事务文书是用来处理实务的应用文体。它针对现实情况或工作中的问题，进行报道、总结或研究，目的是为了推动实际工作，解决实际问题，使党政的方针政策得以贯彻落实，因此，它对实际工作具有现实的指导意义。一篇总结，回顾过去，认识事物规律，是为了指导今后更好地开展工作；一篇调查报告，反映情况或问题，有助于提高决策的科学性与可行性，对面上的工作也有普遍指导作用；一个计划，更是为了使今后的工作按一定的目标任务而正常开展。

事务文书这种指导性特点较之党政公文尤见突出。党政公文的制文法定性和党政约束力甚至强制性较为明显，而事务文书更多的是在指导的意义上给人以积极的启示与正确的认识，让人在了解实际情况的基础上，明确工作方向与工作重点。

2.真实性。事务文书的指导性以真实性为前提，离开真实性，也就谈不上指导意义，甚至会误导或反导。

事务文书反映的是当前工作中的新情况、新经验、新问题。客观世界不断发展变化，新事物层出不穷，要对工作具有指导性，就必须作出真实的反映。信息准确，情况真实，材料无误，典型经验合乎规律，观点揭示普遍原则，表达实事求是，都是真实性的表现。事务文书不能虚构杜撰、弄虚作假，不能任意变动事实的客观存在，这一特点与新闻报道类文体颇有共同性。唯其真实，才能使工作中明白情况，把握动向，制定正确的决策。这种真实性，既来自作者严肃的写作态度与思想作风，也来自作者深入细致的调查研究工夫。那种蓄意欺骗舆论或凭想当然而添枝加叶的虚假浮夸的反映，只会贻误工作，损害四化建设事业，是万万要不得的。

3.灵活性。较之公务文书，事务文书的体式更加自由灵活。在结构形式上，一般并没有规范化的体例格式；在表达方法上，它也更加多样化，叙述、议论、说明常常结合使用，个别文体(如调查报告)，还允许作适当的必要的描写；在语言运用上，它更富生动性，显得活泼多姿。党政公文的语言讲究庄重平实，不追求形象化与艺术性，形成独特的公文语体，事务文书的语言则可以适当注意生动活泼、形象风趣，如可以运用群众语言、口语俗语，可以在真实反映的前提下，讲究语言表达的艺术效果等。不过，事务文书表达的生动活泼、形象生动，仍有别于文学作品的艺术形象创造，不能搬用文学的艺术再现的手法与笔调来写作事务文书。

二、事务文书的类别

事务文书包括的文体种类很多，大体有以下几类：

(一)报道类文书

这类事务文书重在反映事实情况或事物发展变化过程，以述介为主，交流信息，互通情报，在叙述事实中包含或引出结论，如简报、情况调查等。

(二)探究类文书

这类文书重在研究工作经验或问题，探讨规律，以扬长避短，推动今后工作。它表现从感性到理性的认识深化过程，有一定的分析概括，有明确的建设性意见或看法。如总结、工作研究、经验调查等。

（三）预计类文书

这类文书重在部署工作，预测方向，对未来的工作进行安排，对工作的进程、目标、任务、措施等作总体的构想，使日常工作或管理有序化，有利于掌握工作主动权，如计划、预测报告、可行性报告等。

（四）记录类文书

这类文书主要作用是录以备考，对已发生的事实、已有的材料作简要的记述或摘录，以备将来应用之需，带有一定的资料性、文献性。如大事记、摘编、文书目录等。

（五）规章类文书

用于制定规章制度，对有关人员的行为作出规范要求。如章程、条例、办法、规定、细则、守则等。

（六）司法类文书

涉及诉讼事件所用的文书，如党政诉讼文书。

本章限于篇幅，择要介绍几种常用的事务文书。

三、事务文书的写作要求

（一）深入调查研究

事务文书要反映新情况、新动向、新经验、新问题，就要求作者必须深入实际，加强调查研究。调查研究是事务文书写作的基本功。

通过调查研究，掌握丰富的可靠材料。材料的真实性是事务文书的活力所在，真实可靠的材料来源于对实际情况的了解。社会生活的丰富性，实际工作的深入开展，尤其要求作者及时掌握鲜活的材料。那些典型材料、概括材料、背景材料，应尽可能地搜集积累。只有深入实际，才有可能明情况、知变化、定决策，才有可能发挥事务文书的指导性功能与务实作用。事务文书写作的起点与关键就在于搞好调查研究。

要获得真实典型的材料，可采用一些有效的调查方法。常用的调查方法有个别访问（采访当事人、知情者）、开座谈会、抽样调查、问卷调查等。在调查前，作好必要的准备（如订个调查计划，预拟调查提纲等）；在调查中，端正态度与作风，与被调查者真诚交流，还要善于启发引导，力求材料的客观准确。

通过调查研究，帮助作者正确地认识世界，发现客观规律。通过调查研究，不仅可占有丰富真实的材料，同时，对材料进行分析综合，从大量的现象中，把握客观事物的本质，使作者的认识得以深化。这样，事务文书才不致停留于材料的堆砌与现象的罗列，而是经过一番去粗取精、去伪存真、由表及里的研究工夫，使文章主题突出，内容有针对性，对实际工作也才有普遍指导意义。

(二)掌握方针政策

事务文书对实际工作的推动作用，离不开政策原则的指导，它是党和国家的方针政策在有关的实际工作中的具体体现。作者必须理解有关的政策精神，并运用政策原则去分析、解剖、评价、指导具体工作，这样，判别是非正邪，提倡什么，反对什么，才有正确的政策依据，并通过情况反映与经验总结，使政策得以进一步贯彻落实。没有政策观念，事务文书的写作也就失去了正确的政治方向。当然，现实情况在不断发展变化，党和国家的方针政策是马列主义基本原理与我国实际情况相结合的产物，变动发展的现实也要求有关的政策不断完善。党的十一届三中全会以来，深化改革，扩大开放，建设有中国特色的社会主义的各项政策，既是新时期新形势的产物，又指导当前实际工作的开展，事务文书的作者必须认真学习与理解。

(三)表达准确简明

事务文书的表达风格是准确简明。真实的材料，正确的观点，通过确切质朴的语言表达出来。表达方式以叙述、说明、议论为主，语言以质实、准确、简要为基本特征，力戒一切套话、空话、假话，力避浮饰虚华。真实切事，辞约旨丰，是事务文书表达的基本要求。概念准确明白，用词贴切，表意直截了当，推理合乎逻辑，结论显豁而符合实际，叙事概要而主次分明，都是表达准确简明的体现。文学性的想象创造，形象含蕴、精细描摹，事务文书一般应当避免。

(四)注意结构体式

事务文书虽不像党政公文那样有规范化的固定格式，但各种事务文书亦有一些共同的结构特征，例如开门见山、条理清楚、层次分明、结尾简练等等；各种事务文书又有各自的结构要素或结构形式，如简报的报头、调查报告的开头、主体、结尾，计划的目标、任务、措施、步骤诸要素的组成，总结的情况、成绩、体会、做法及今后努力方向诸项内容的安排，一些文体的标题与落款的形式等等，都有大体的要求。所以事务文书的结构体式是“定体则无，大体须有”的。作者应正确掌握这些体式，使之准确明晰地反映有关内容。

第二节 计 划

一、计划的含义、特点和作用

(一)计划的含义

计划是机关、团体、单位或个人对将要进行的实践活动预作构想安排的常用文体。

计划的制订,既要体现一定的政策要求与上级指示的精神,又要结合制订者在一定时期内自身的实际情况。计划是在一定目标指引下,推进自身实践活动的发展的产物。

计划一经制定,就对制订者具有指导性与约束力。它虽不是正式公文,但对于集体制订者来说,计划在该集体范围内就要求人人切实执行与努力完成。有些计划经主管领导部门批准,还具有一定的权威性,具有法定的正式文件的效力。如《××市建设十年规划》,若经上级有关部门或有关法定会议批准通过,就如同正式文件,在该市得遵照执行。个人计划虽不具有法定文件的效力,但对制订者来说,具有自控性,指导今后的实践活动。总之,计划是未来实践的指南,不应是敷衍应付的一纸空文。

计划有许多别称,"规划"、"方案"、"安排"、"设想"、"打算"、"要点"等等,都是一些时限不同、类型不同、内容范围大小不同的计划名称。如"规划"一般适用于长远的设想,"安排"则是短期内对要完成的工作的具体部署,"打算"具有初拟性,"要点"具有纲要性等等。这些不同名称一般在计划的标题中就显示出来。

(二)计划的特点

1. 目的性。是指计划都有明确的目的。计划都是为达到某种目标、完成某项任务而制订的。有预期的目的,才有明确的努力方向。一份计划的终极效果就在目的是否实现中得到集中反映。盲目的计划必然失去指导行动的作用。

2. 预见性。是指计划具有前导性。计划都是先于要进行的实践活动而制订的,它要预期考虑到做什么,如何做,实施过程中可能会遇到什么情况或问题以及采取哪些相应的对策等等。

3. 可行性。是指为实现预期目标,必须有切实可行的措施与方法。这些措施方法又能切合制订者自身的实际，可以保证目标的实现。目标远大而措施不实的计划，将难以具体执行，甚至只流于夸夸其谈。

（三）计划的主要作用

1. 提高自觉性，避免盲目性。有了计划，就有了工作目标和依据，增强了自觉实践的意识，有利于掌握工作的主动权。

2. 调动积极性，保证工作任务的完成。计划一经制定实行，目标明确，任务落实，有利于制订者群体团结一致，为实现既定目标而努力，有利于发挥集体智慧，千方百计完成各项任务。

3. 有利于上级、群众的督促、检查。计划是对实践活动的成果进行检验或总结的依据。在工作进程中或工作任务完成后，是否实现了预期目标，就以计划为依据。同时，有了计划，也有利于取得有关单位和人员的支持与协作。

二、计划的类型

按性质分，有综合性计划与专项性计划。综合性计划具有全面性，包含各方面的工作内容与要求，如社会发展规划，国民经济发展计划，一个部门、单位对一个时期内工作的全面安排等。专项计划具有专题性、单一性，是就某一方面工作或某项活动作出安排，如某某共青团支部开展学雷锋活动的计划，一门课程的教学计划等。

按内容分，有工作计划，生产计划、学习计划、科研计划、销售计划等。这些计划的内容大都与各单位、行业的业务工作密切相关。

按时间分，有长期规划、年度计划、季度计划、月份计划、短期活动计划等。

按范围分，有党和国家计划、系统或部门计划、单位计划、班组科室计划、个人计划等。

按形式分，有条文式计划、表格式计划。

按发文需要来分，有普通计划与文件计划。文件计划是因要上报或下发，借一定的公文文种形式、按一定行文关系发出。

一份具体计划，往往兼及各类名称。如个人一个学期的学习计划，既是个人计划，又是专项计划，也是半年计划。

三、计划内容的四要素

计划内容包括四项要素：制订的依据、目标、措施办法、步骤。

制订计划的依据是计划产生的导因，它一般包含两方面内容：一是指导思想，如政策根据、上级指示精神、制订计划的目的等；二是基本情况概述，如制订计划前的现状或有关的背景情况的简要述介。这两方面内容都是为了说明为什么要制定这个计划及制定的意义，在于解决“为何要做”的问题。

目标是指明“做什么”的问题，它包括本计划要实现的最终目标，要完成的总任务和各项具体任务，提出明确的要求等内容。这是计划中属于主导地位的要素，没有目标，就等于失去奋斗方向，有了目标，才可能考虑调动各种积极因素，才想方设法采取切实有效的措施来保证目标的实现。

措施与办法是实现目标的具体保证，它解决“如何做”的问题，提出具体的实施方法与做法，诸如动员哪些力量，排除哪些困难，创造哪些条件，采取哪些手段，通过哪种途径，怎样明确与落实责任等等。如果说目标是计划的主导，那么，措施与办法就是计划实施的关键。缺乏具体措施与办法的计划，是空头计划，如同只想过河而不准备船只或架桥，就难以到达彼岸一样。

步骤是工作程序和时间上的安排与要求，是解决“何时做”、“何时做完”的问题。要实现一定的目标，在工作进程中常有一定的阶段性，各项工作有先后、轻重、主次之分，哪些先干，哪些后干，哪些是重点，哪些属一般兼顾，在不同的阶段分别采取哪些有效措施等。步骤明确，计划执行起来才会井然有序。

上述计划内容的四要素不一定在所有计划中都是齐备不缺的。有的表格式计划，就只有期限与数据，如《××厂××年第一季度生产计划表》，省略了计划依据与措施办法；有的内容很简单，时限很短，篇幅又不长的计划，计划依据部分也可一语带过，或不作独立的一个组成部分。不过，时限较长、涉及工作内容又较复杂、工作面较多的计划，一般都具备这四要素，尤其是目标与措施这两个核心要素决不可省略。

上述的计划内容四要素，也正集中体现了计划具有指导性、预见性、可行性的特点。正是根据对现状的分析和有关政策及上级指示精神，提出了未来工作的设想，并有为实现一定目标的具体打算与安排，才使计划具有这些基本特点。

四、计划的结构体式

计划一般由标题、正文与落款三部分组成。

（一）标题

标题即计划的名称。全称标题由单位名称、适用时限、计划内容、计划种类四部分组成，如《××省教委××××年工作要点》。文件式计划一般采用此类标题。也有些标题省略了其中某些要素，如《××××年度工作意见》，就省略了单位名称，只在落款处写明制定单位。个人计划的标题只有时限、内容、种类三个要素。如果计划是未定稿或未经最后批准的，则在标题后面加上“草案”、“讨论稿”等字样，并加上括号。

（二）正文

正文是计划的具体内容，包含前述计划内容的四项要素，其结构安排大体呈如下序列：

1. 前言。前言是正文第一段，不必标明“前言”二字。它说明制订计划的指导思想，概括基本情况，指出制定的政策依据，或说明制订的缘由。这部分文字简要。例如《××羊毛衫染织厂厂长质量管理计划》的开头：

为适应现代化工业生产和国内外市场的需要，企业必须以产品质量求生存，而我厂产品质量和质量管理的现状，不能满足对外出口的要求。为使产品质量达到国际市场的标准和国家部颁标准，使用户满意，并在国内外市场上立于不败之地，特制定本计划。

这段前言就概括了生产的现状，说明在市场竞争的新形势下抓产品质量的必要性，指出了制订计划的缘由。

2. 目标与任务。提出工作事项及要达到的数量、质量的要求。一般先写总目标、总任务及完成时限，然后分别写各项的具体任务。例如《××市治理南运河建设带状公园三年规划》的第二部分就标明“主要任务”，先总说：“要经过三年的治理，把南运河建成‘清水常流、绿树成荫、景点相连、道路畅通、景色秀丽’的带状公园”，这一远景就是经三年治理后要实现的目标，也是治理的总任务。接着分写了四项具体任务：“全面整治河道”、“沿河充分绿化”、“改造建设六大公园”、“打通拓宽沿河道路”。每项具体任务下又分别提出了各项指标，如“清淤 10 万立方米”，“植树 15 万株，栽植草坪 20 万平方米，种花 20 万株”，“修建园路、护堤，引水护堤，兴建公园设施，达到建成开放”，“将原 7～9 米宽的道路，拓宽到 12 米，打通中断道路，达到道路畅通，市政设施基本完善”等等，都写得很明确，做到了心中有数。分项的指标、任务是总目标、总任务的具体化，体现了对工作项目的设想与要求。

3. 措施、办法与步骤。这部分主要是为了保证目标、任务的落实，一般包括分工项目、主管责任、配合协作关系，有关的工作制度、具体的规定、执行任务的办法、对策以及工作进度、程序等等内容。措施要具体，分工要明确，步骤要有序，条理要清楚，是这部分的写作关键。例如前述治理南运河的第三部分是“完成任务的措施”，先提出落实任务的总原则是：“发动全市人民和各企事业单位以及驻军，实行任务包干，限期完成”，接着写了几条“具体分工”及有关措施：河道清淤主要由驻军承担，清理占地由所属三个区组织落实，打通道路、污水截流、管道铺设由规划建设局组织专业队伍施工，沿河绿化和景点、游园建设，按划分区段，分别落实到各局和各大厂矿、企事业单位包干完成。再接着写了治理工程的日程安排，明确了各时间阶段应该完成的任务。这些措施、步骤就显出计划制订者心中有序，有决心有办法来治理南运河，做到了分工明确，责任清楚，措施切实，安排有序。措施与办法不是凭空想象而来，而是基于现状的分析，对可行性的切实估计而产生的，这部分的内容一定要切实，具体可行。计划的目标任务、措施步骤是计划结构中的主体部分。

4.结语。计划的结尾包括检查办法、执行希望或必要的补充说明等内容。也不一定每份计划都要有个单独结尾。

（三）落款

在正文右下方写上制订者名称，在制订者下方写明制订日期，如作为文件外发者，还要加盖公章。

计划正文结构的先后安排序列，并非刻板不变，不一定都把目标任务与措施步骤分作两部分来写。有的计划把这两者综合起来写，提出一项任务，就接着写完成此项任务所要采取的方法步骤，然后再写另一项任务及方法步骤，具体安排形式可以视内容需要而变通。不论采用何种结构方式，一份计划都应围绕“为何做”、“做什么”、“怎样做”、“何时做完”这四方面来写。

五、计划的写作要求

（一）要以科学发展观为指导，贯彻党和国家的方针政策

机关、团体、企事业单位制订计划都是为了推进工作，推动建设事业的发展，它应以科学发展观为指导，有利于进一步贯彻落实党和国家的各项方针政策，必须顾全大局，正确处理国家与集体、全局与局部、长远与目前的关系。计划制订者要认真掌握有关的方针政策，使计划内容符合政策要求，体现国家和人民的根本利益。

（二）要坚持实事求是的原则

计划是为了指导未来的实际工作而制定的，必须根据自身的实际情况，分析自身存在的各种条件，提出新目标、新任务，提出解决问题的办法。如果脱离实际，目标定得过高，即使经过努力也难以实现，这会挫伤群众的积极性；如果目标定得过低，毫不费力便可达到，那样的计划也毫无意义。因此，制订计划既要有理想的追求，又要脚踏实地，要有严肃的科学的态度。有些计划明知做不到，也要夸大其辞，只是为了说得好听，或者是为了赶时髦浪头，而不问自身实际情况，这是浮夸虚假作风的表现，万万要不得。实事求是的原则还要求

制订计划既有严格要求和有一定实施难度的目标任务，同时又留有适当余地，充分考虑到各种有利或不利的因素，尽可能估计到执行过程中会出现的困难，甚至是某些突发性的难以防范补救的因素。这样做多方面的周详考虑，在计划执行中就可充分掌握主动权。

（三）内容要具体明确

计划制定后是要切实执行的，它不是为了应付检查的官样文章。因此，它的内容决不能抽象笼统，决不能只说些空话套话。它应该使执行者明白做什么，如何去做，它的任务要明确，措施要落实，方法要具体。

（四）表达要简明准确，有条有理

计划较多运用说明性语言，要避免长篇大论，避免精雕细刻地叙述情况或前景，力求各项说明具体而又简要明确，概念明白，数据准确，各项任务与各种措施要按一定工作类别或时限，逐条写清楚，做到层次分明，条理清楚。要考虑好结构方式，使内容安排有序化。

【例文 2-1】

教育部 2012 年工作要点

2012 年教育工作的总体要求是：全面贯彻落实党的十七大和十七届三中、四中、五中、六中全会精神，以邓小平理论和“三个代表”重要思想为指导，深入贯彻落实科学发展观，深入贯彻实施教育规划纲要，坚持优先发展教育，全面实施素质教育，全面落实国家教育重大项目和改革试点，牢牢把握稳中求进的工作总基调，进一步解放思想，着力深化改革，积极促进公平，全面提高质量，切实维护稳定，推动教育事业科学发展，以优异成绩迎接党的十八大胜利召开。

一、加强改进党的建设，着力维护教育系统和谐稳定

1. 切实提高党的建设科学化水平。（略）

2. 进一步加强和改进德育工作。（略）

3. 大力加强教育督导和督查。（略）

4. 切实维护学校安全与稳定。（略）

5. 着力提高科学民主决策和服务水平。（略）

二、深化改革，完善教育事业科学发展的体制机制

6. 确保 4% 目标如期实现。（略）

7. 积极稳妥推进考试招生制度改革。（略）

8. 大力支持和依法管理民办教育。(略)

9. 加快建设现代学校制度(略)

10. 大力推进依法治教。(略)

11. 扩大教育对外开放。(略)

12. 切实推进人民群众关心的教育热点难点问题的解决。(略)

13. 深入推进国家教育体制改革试点。(略)

三、转变教育发展方式,全面推进教育事业科学发展

14. 着力推进内涵式发展。(略)

15. 积极发展学前教育。(略)

16. 推进义务教育均衡发展、布局优化。(略)

17. 推动普通高中多样化发展。(略)

18. 大力发展职业教育。(略)

19. 促进高等教育特色发展。(略)

20. 加快发展继续教育。(略)

四、全面提高教育质量,着力提升人才培养水平

21. 健全基础教育质量保障体系。(略)

22. 完善职业教育人才培养体系。(略)

23. 全面提高高等教育质量。(略)

24. 提升高校科学研究水平。(略)

25. 全面加强体育,深入开展全国亿万学生阳光体育运动。(略)

26. 全面加强艺术教育。(略)

27. 着力提高教师素质,筹备召开全国教师大会。(略)

28. 大力推动教育信息化。(略)

29. 加强语言文字工作。(略)

五、促进教育公平,切实保障广大人民群众接受教育的权利

30. 加快发展农村教育。(略)

31. 加强民族教育。(略)

32. 关心和支持特殊教育。(略)

33. 完善国家助学体系。(略)

34. 着力做好高校毕业生就业工作。引导高校毕业生到中西部地区、基层、中小企业就业。配合有关部门实施好高校毕业生"到村任职"、"三支一扶"等基层就业项目。配合有关部门推进"基层农技推广特设岗位计划"。做好征集高校毕业生入伍工作。加强高校创新创业教育,加强就业指导课程建设,以更大力度支持高校毕业生自主创业，完善创业扶持政策。全面推广“全国大学生就业信息服务一体化系统”。采取“一对一”帮扶等有效办法，做好困难学生就业工作。配合有关部门，强化对离校未就业高校毕业生的就业服务和就业援助。

这份计划的指导思想、总体要求、目标任务和方法措施都写得比较明确，根据教育系统的工作情况与特点，就教育的管理建设、完善机制、转变方式、提高质量、促进公平五个方面表述了2012年的工作设想与安排，层次分明，基本上包含了“为何做”、“做什么”、“怎样做”三部分内容。本篇采用文件式标题，结尾不专设一段。

第三节　总　结

一、总结的涵义与特点

（一）总结的涵义

总结是对以往的实践活动进行回顾检查、分析评价，并从中得到规律性认识，以指导今后实践的应用文体。

从认识发展过程来看，总结是感性认识向理性认识的升华，是对事物的现象与变化的过程作规律性的揭示。从这个意义上，可以说总结就是实践的本质的概括，它体现了实践——认识——再实践的认识发展规律。总结的主要作用，也正在于通过实践，提高认识，主动地掌握事物的发展规律，以指导今后实践活动更深入地开展。

（一）总结的特点

1. 实践性。任何总结都是自身实践活动的产物，实践是总结的客观基础。工作、生产、学习的情况、过程、成绩、教训，都是总结的第一性依据。离开自身一定的实践活动，也就无从进行总结。很强的实践性，正是总结的鲜明的文体特点。

2. 概括性。总结不只是停留于表象的回顾，着眼于实践活动情况与过程的复述，而是要从现象中探求事物发展变化的必然性。换言之，它不满足于回答“做了什么”的问题，而是要进一步揭示“做了什么”之中的本质。总结正是从纷纭复杂的现象中，进行分析综合，概括出事物存在和变化的规律。所以，总结不是记录实践的流水账，而是对实践的认识的提高与飞跃。

3.指导性。回顾过去，是为了指导今后，这是总结的目的与意义之所在。通过实践活动，提高了认识，把握了本质，发现了规律，在今后的实践中就可以扬长避短，发扬成绩，改正缺点，吸取教训，把工作做得更好。所谓"前事不忘，后事之师"，总结正具有着眼于未来实践的深化与优化的特点。

总结要回顾情况，对实践活动要作必要的叙述与报告，但它又不同于调查报告。一是内容范围不同。总结反映的是主体自身的实践活动；调查报告一般是反映报告者自身以外的情况。二是写作目的不同。总结主要是为了主体自身求得规律性的认识，以指导今后自身的实践；调查报告则通过对调查客体的反映，以点带面，以个别指导一般，目的在于推动全局工作。三是时限不同。总结是在实践活动告一段落以后而写的，是事后之作；调查报告既可事后写，也可以在某项工作或活动进行中，发现新情况，新问题，及时作出反映。四是人称不同。总结要用第一人称写作；调查报告一般用第三人称写作。

总结对以往的实践活动要作分析综合，探求规律，有一定的议论说理因素，但它又不同于议论文。一是表达方法不同。议论文以议论为主；总结的表达方法是叙述、说明、议论兼有，而且叙述与说明占很大比重，可以说总结是一种兼具记叙文、说明文、议论文的一些特点的文体。二是观点、材料的来源与范围不同。总结的材料主干是自身活动范围内的情况，观点也只能从自身的有关材料中得出；议论文的观点与材料则不受此限制，它的观点不一定是自身活动的概括，可以来自作者对自然界、社会生活中的某种认识与感受，它的材料选择范围有更广阔的天地，可以是自身的经验，也可以是客观世界的任何事实或事理。三是确立观点的方法不同。议论文必须用逻辑手段，进行严密的推理、论证，总结则不一定都有一个论证过程，它可以从实践中直接概括出观点。

通过上述比较，可以看出总结既不属于记叙文范畴，也不属于议论文范畴，是一种具有交叉性的独特文体。

二、总结的类型

总结有不同的分类标准，与计划的分类大体相似。按内容分，有工作总结、思想总结、学习总结、生产总结等；按范围分，有部门总结、单位总结、班组总结、个人总结等；按时间分，有年度总结、季度总结、月份总结、阶段总结等；按性质分，有综合性总结与专题性总结。任何内容、范围、时限的总结都可以写成综合性的或专题性总结。掌握综合性总结与专题性总结的特点与写法，在写作中更具有实际意义。

综合性总结又叫全面总结，是单位、部门或个人对一定时间内所进行的实践活动作全面的总结。它的内容涉及面较广，具有整体性、全局性特点。如某学校的年度工作总结，包括加强政治思想教育、建设师资队伍，提高教学质量、开展科研活动，提高管理水平、加速体制改革等内容，就反映了该校一年来变化发展的总体面貌。综合性总结尽管涉及各项工作，内容涵盖面很广，但仍须围绕中心，突出重点，切忌面面俱到，蜻蜓点水，方方面面平均用力，又都不深不透。同时，对各方面工作的回顾分析，又要注意点面结合，既有典型事例，又有面上情况的概括，既有活动过程、成绩的反映，又有重要经验的概括。此外，综合性总结由于内容较为复杂丰富，更要注意条理清楚，层次分明，做到杂而不乱，广而不散，使结构整体严谨，前后有机统一。

专题性总结又叫单项总结，是对某项工作或活动、某方面经验或问题进行专门性的总结。它内容集中单一，时间跨度一般较短。如某团委开展青年志愿者服务活动总结，某街道半年来开展为残疾人献爱心活动总结，某学生暑期参加社会调查的心得等等，都是专题性总结。专题性总结可以是常规性总结，即定期就某方面活动进行总结，如每个季度进行生产安全工作小结；也可以是非常规性总结，即不定期的总结，它以某项活动的起讫时间为准，何时发现问题，何时完成某项任务，何时处理好某个偶发事件，就及时进行总结，不一定等到年终或季末再进行总结。专题性总结应求精求实，与中心事项无关的应略而不顾，材料更要求具体切实，不能笼统空洞，要突出单项工作的特点与经验，主干鲜明。

三、总结的内容与结构

总结的结构由标题、正文、落款三部分组成。

总结的正文由开头、主体、结尾三部分组成。正文的内容要素包括基本情况或总体评估，成绩、经验教训、体会、做法，存在问题与今后努力方向等几个方面。

（一）标题

标题是总结的名称。一般有以下几种写法：

1. 文件式标题。一般由单位名称、时限、总结种类三者构成。如《××市××局××××年工作总结》，这类标题较为严肃，综合性总结或向上级呈报的总结较为常用。

2. 文章式标题。在一行标题中概括总结的主要内容或基本观点，标题中不出现“总结”字样。如《加强科学管理是企业发展的关键》、《更新观念，培养开拓型人才》等。这类标题概括准确、简明切实。

3. 多行式标题。一般由正题与副题组成。正题揭示观点或概括内容，副题标明单位或时限或工作方面。如《实行民主管理，促进领导体制改革——××厂落实职代会审议权的经验》、《坚持党的领导，促进文艺繁荣——××省××××年文艺工作回顾》等。

4. 提问式标题。如《我们是如何实行教学与科研相结合的?》提出问题要切中，引人深思。

总结的标题一般不宜只写“小结”、“总结”、“个人体会”、“一点心得”等字样，而应对总结的内容或观点具有一定的提示性。

（二）正文

正文的开头部分是总结的前言，基本要求是开门见山，切入内容，明确简要，类似于消息的导语。开头的内容包括概要述介基本情况（时间、地点、背景、工作进程、总体收获等）与对以往工作的基本估价。如《党员教育的四种有效方式》的开头：“三月初以来，××县直属机关党委在党员教育活动中，改变了过去那种‘一人讲，众人听’的做法，采用多种形式对党员进行教育，收到了良好的效果。”就交代了活动概况并作出取得了良好效果的总体估价。也有些总结在开头用数据或有代表性的群众语言来说明基本情况与总体收获。

正文的主体部分是总结的血肉所在，不仅篇幅比重较大，而且思想容量丰富。它要求观点与材料统一，有点面情况，有分析概括，善于把实践提高到理性高度来认识。这部分内容包括取得的成绩、经验教训，有哪些体会，如何做法等方面。在写法上，要做到纲举目张，观点明确而突出，材料典型而充实，叙述与说明、议论相结合，有理有例，虚实相兼，既不琐碎繁冗，又不浮泛空洞。取得了哪些成绩，要分析原因，得到了哪些经验，要揭示性质。总之，这部分既应求实，以见出总结者的自身工作特点，又应上升提高，使总结具有指导意义。

正文的结尾部分写存在的问题与今后的打算。人类的认识永无止境，每次实践活动也并非都完美无缺，明确存在的问题与今后努力的方向，正是为了发扬成绩，纠正缺点，以利于实践活动推进到一个新的阶段。这部分内容也应切实，有什么问题就说什么问题，有几分错误就说几分错误，必须防止那种文过饰非、言不由衷的弊端。有些总结谈成绩眉飞色舞，谈问题则只是抽象地说“我们的工作与人民的期望、兄弟单位的工作相比还有很大差距”，而“差距”究竟在哪里，则避而不谈，使人不明所以。有些总结则不顾实际情况，即使存在问题很多，也套用诸如“存在的问题与成绩相比，是支流与主流，一个指头与九个指头的关系”一类的话。这些空套话、应付话都是无实事求是之意的表现。写今后的改正意见与努力方向也应切合实际，真正有助于解决问题。结尾部分一般篇幅不多，以简要概括为宜。

（三）落款

在正文结束后写上总结者名称与日期。单位名称在标题中或在标题下已出现的，正文后可不必重复再署。标题中无单位名称的，署名可在标题下，也可在正文后。个人总结如向上呈报的，署名一般在正文后，如公开发表的，一般署在标题下。单位向上呈报的文件式总结，落款处还应加盖公章。

（四）总结的结构形式

总结的结构形式最常见的有以下几种：

1. 三分式。即按内容要素先后分成三大部分：一是综述情况与基本收获，二是说明主要成绩、经验教训、体会、做法，三是指出问题，明确今后打算。

2. 纵贯式。按照实践活动的进程，随着阶段的推进，分别写出各阶段的成绩、经验、体会、做法，这是以时间顺序作为结构线索，体现事物的发展过程及各发展阶段的特点。如首都钢铁公司落实责任制工作总结，先是写制订考核标准，接着写严格按标准考核，最后写据考核结果实行奖惩。制订——考核——奖惩，就体现了工作进程，时序阶段从先到后十分清楚。

3. 并列式。这是一种横式结构形式，即按实践内容的逻辑关系，将材料分成几个方面，各方面都集中表现某一观点或经验，各方面又有相对独立的完整意义。例如一份《发扬开拓精神，做好秘书工作》的总结分三部分，说明要做开拓型秘书，一要钻研业务，解放思想；二要做排头兵，参与决策；三要掌握信息，扩大视野。这三方面并非以工作进程先后为结构序列，而是以工作内容的性质特征进行安排。这类结构形式常以几个小标题来概括出几个小观点或几方面内容，或在各个逻辑层次的发端用纲领性语言揭示要旨，它们与全文中心形成分与总的关系。

四、总结写作的注意要点

（一）要做好写作前的必要准备

要写好总结，在起草前就要做好许多准备工作。这些准备主要包括以下一些方面：

1. 了解情况，掌握材料。材料是总结写作的基础，是总结内容的客观依据。不熟悉情况，手中无材料，写总结就如同无米之炊，对客观规律就无从探求。因此，在动笔前要通过各种方式的调查和各种渠道，尽可能获取丰富的第一手材料，积累有关的资料。这种搜集与积累，尽可能做到具体详尽。典型事例、面上情况、历史背景、有关的信息与文字记录、群众的语言等等，都应广泛占有，了然于胸。

2. 熟悉政策，明确方向。总结要以党和国家的方针政策为指导，动笔前应认真学习、领会有关的政策，了解有关文件或上级指示的精神，特别是要掌握与本职工作或总结内容相关的政策。总结希望工程的开展，要了解教育方针；总结招用民工来发展企业生产的情况，要懂得就业政策与劳动法，等等。有了政策指导，总结才会有正确的方向，有了政策理论的武装，总结才可能从感性向理性提高，从现象向本质深化。通常所说的“吃透两头”，一头就是指掌握实际情况，另一头就是指掌握有关方针政策与上级指示的精神，两者缺一不可。

3. 主动倾听有关领导或群众的意见。文秘人员为单位起草总结，事先尤须注意此点。兼听则明，在不断听取各方面意见的过程中，会有助于明确中心，开拓思路，形成构思框架，亦有助于取舍材料，分清主次，辨明表象与本质。

（二）要进行科学的分析概括

掌握事实的、理论的材料只是总结写作的第一步，接着还需对实际情况进行科学分析，对原材料进行整理，去粗取精，去伪存真，认识事物的性质、特点，确立中心思想，明确要反映的基本内容。在表达上，特别要注意善于从实际情况中揭示规律，概括观点。总结不是情况报告，它不能只是罗列现象，记录数据、介绍实例，它要透过个别来揭示一般。总结写得好坏，关键常在此点。例如，有两篇同是谈影院提高上座率的总结，一篇只是情况汇报，列举了放映场次、售票数等一些数据，上座率提高是写出来了，但原因何在，取得了什么经验，做了哪些工作，均未作透析，未能触及规律。另一篇既有实例数据，又概述了工作情况，并从中概括出几点认识：加强影片宣传吸引了观众；针对不同对象，主动组织适应各类观众要求的影片及灵活安排放映场次；主动走向学校、农村，开拓放映市场，等等，就显得较为深刻，有具体经验，亦有触及本质的认识，对指导今后工作有启发意义。

（三）实事求是

要有老老实实的思想作风与工作作风，要用辩证的观点来分析问题。对成绩与缺点、经验与教训要一分为二。不能报喜不报忧，只讲“过五关、斩六将”的战果，不讲“走麦城”的败绩，不能搞先验论，工作还未做，总结已写好；更不能为了冒功邀名，杜撰成绩与经验。总结写作中的这些虚假作风，应坚决克服。

（四）语言要准确、简练、生动

总结的语体质朴简明，一般不用精雕细刻的描绘性语言，不用倾吐情怀的抒情笔调，而是以简明的叙述、准确的说明、精当的分析来反映实践的情况与本质。那种堆砌辞藻、浮华矫饰的表达应该避免。例如有一篇总结这样开头："日子如行云流水，一年时间弹指将过，我选择了这个有风的下午，展望一年起伏的心境，希望对自己的工作作出公允的评判。"这完全是散文的笔调。另一篇是一位大学毕业生刚参加工作不久的自我总结："工作不久，所得甚多。所得之一是世面确见了不少，比之工作前埋头书堆的苦况，坐办公室似乎到了另一极端，呆坐整天无所事事，这也是一种世面，它令我悻悻然，愤愤然。"这是小品杂感的语气。这些都有华而不实之弊。此外，总结可以适当吸取群众的语言，有些群众语言形象通俗，一语中的，能说明问题，具有生命力，适当运用可使总结语言更生动活泼。

【例文 2-2】

教育部关工委 2011 年工作总结

2011 年是"十二五"规划的开局之年，全面落实教育规划纲要的关键之年，也是教育部关工委成立 20 周年。全国教育系统关工委以科学发展观为指导，坚持育人为本、德育为先，以庆祝中国共产党成立 90 周年为契机，广泛深入开展丰富多彩的纪念活动，用社会主义核心价值体系教育青少年；深入贯彻落实《中共教育部党组关于加强全国教育系统关心下一代工作委员会建设的意见》（教党〔2009〕20 号，以下简称《意见》），以县和高校二级关工委为重点，进一步加强基层关工委建设；结合教育部关工委成立 20 周年，认真总结经验，探索规律，表彰先进，开创了全国教育系统关心下一代工作的新局面。

一、以部关工委成立 20 周年为契机，总结经验，探索规律，推动关心下一代工作深入发展（略）

二、坚持育人为本，德育为先，围绕纪念建党九十周年组织开展丰富多彩的主题教育活动（略）

三、深入贯彻《意见》，基层建设进一步加强

2011 年，全国教育系统关工委以县和高校二级关工委建设为重点，采取分类指导、典型引路和培训交流等多种方式积极推动《意见》的贯彻落实，关工委基层建设不断加强。

1. 深入贯彻基层建设现场会精神，分层推进夯实基础。（略）

2. 以培训考察为途径，加强骨干队伍建设。（略）

3. 以地方、高校协作组为纽带，促进省际、校际交流（略）

四、抓住重点，搭建平台，品牌工作进一步提升

1. 召开特邀党建组织员工作经验交流视频会，推动特邀党建组织员队伍建设（略）

2. 以家长学校为抓手，积极开展家庭教育研究与实践（略）

3. 发挥老教师优势传帮带青年教师，青蓝工程建设进一步推进（略）

4. 关注弱势群体，为贫困地区困难学生做好事办实事（略）

五、深入调研，广泛宣传，关工委的影响力进一步增强

1. 召开专题会议，推动信息宣传工作（略）

2. 巩固宣传阵地，加强支持与指导（略）

3. 利用各种方式，宣传推广典型经验（略）

4. 开展调查研究，加强理论指导

……

回顾一年来的工作，主要呈现以下特点：一是主动作为，争取领导的重视和支持。中央领导同志周永康、刘延东分别在关工委报送的江苏省宜兴市《积极开展“四帮一”教育活动　有效预防和减少青少年违法犯罪》材料上作出重要批示。（周永康批示：“这是一种十分有效的教育方式，实打实地把预防和减少青少年违法犯罪工作落到实处，见到实效，有推广意义。”刘延东批示：“‘四帮一’教育活动，对于教育引导转化未成年帮教对象效果很好。请认真落实永康同志批示精神，以切实有效方式推广此经验。”）；中国关工委主任顾秀莲和袁贵仁部长、李卫红副部长亲自出席20周年大会并对关工委工作给予充分肯定。召开全国高校特邀党建组织员工作经验交流视频会，杜玉波副部长出席会议并讲话。二是狠抓基层，各地教育关工委以县和高校院系关工委建设为重点，推动基层建设不断完善。三是突出重点，以特邀党建组织员、青蓝工程、家庭教育等为代表的教育系统关工委品牌工作进一步提升。四是深入调研，为领导决策做好参谋助手。江苏省教育厅关工委提交的《关于高校学生心理健康状况与心理健康教育的调研报告》引起刘延东同志重视并作出重要批示：“要重视加强大学生心理健康教育工作，请结合各地好经验和好做法，进一步完善工作机制，加强师资队伍建设，发挥关工委等各方面的积极作用，形成合力，加强预防和干预，为大学生心理健康构筑安全屏障。”部关工委提交的《关于我国家庭教育现状、问题和政策建议的报告》受到顾秀莲、袁贵仁同志充分肯定，并作出重要批示。（袁贵仁批示：“家庭教育是六中全会特别提到的一个方面，如何统筹学校教育与家庭教育、社会教育的结合，是我们应当并需要采取一些切实措施的重要课题。调研报告中的意见建议值得重视，国外经验（包括发展中心、家长委员会的国外调研）值得借鉴。请借这次学习贯彻六中全会的契机，把这个问题很好梳理、深入研究一下。"；顾秀莲批示："这个调研报告很好，既反映全国当前家庭教育的状况，又介绍国外经验，同时提出政策和建议，唯有认真抓落实，整合资源，明确任务，推广好经验。关工委抓典型推动，会有成效。"）

在肯定工作成绩的同时要清醒地看到，我们的工作中还存在一些困难和不足，全国各地关工委工作开展还不平衡。例如，有的省份《意见》落实不到位，县级、高校院系关工委组织机构不健全，"五老"队伍作用发挥不充分；有的关工委办公场地、经费等基本条件保障未落实，长效机制建设有待加强；有的关工委工作重点不突出，活动不经常，效果不明显。对这些问题，需要在今后的工作实践中认真研究，积极探索，逐步加以解决。

这篇总结回顾了教育系统关工委 20 年来的工作，概述了教育部关工委 2011 年工作的基本情况和工作特点，展示了切实可行的做法和富有成效的经验，肯定成绩的同时也清醒地看到存在的问题。主体部分材料充实，又能从实践中归纳提升，得到了规律性的认识。本篇总体采用三分式的结构形式，主体部分又采用并列式，分别从五个方面阐述了做法和经验，正文的前言、主体、结尾三部分层次清楚，格式较规范。

第四节　调查报告

一、调查报告的含义、特点与作用

（一）调查报告的含义

调查报告是对客观事物进行调查研究，将所获得的成果反映出来的书面报告。这里所说的"客观事物"，主要是指社会群体生活的客观存在，不包括自然现象与某些特殊的个人存在。因此，自然科学实验报告、个人先进事迹的报道、解决个人存在问题的报道之类，不属于本节所述的范围。

调查研究是报告的前提，报告是调查研究的结晶，没有调查研究，也就不会产生调查报告。从调查报告的产生过程或内容构成来看，调查报告一般包含三个要素:信息材料(事实的客观存在);分析研究;分析研究的结论。可以这样说:客观事实是调查报告产生的基础;运用正确的立场、观点、方法,对客观存在进行分析研究,是调查报告的灵魂;通过分析研究,得出结论,掌握规律,回答与解决现实问题,是调查报告的基本职能。

(二)调查报告的基本特点

1. 真实性。调查报告是以事实为基础的文体,它以真实的材料为依据来透析客观存在的本质。社会信息的可靠,材料的准确,是调查报告的生命所在。如果材料失实,也就难以得出正确的结论。调查报告的真实性特点,就要求作者深入调查,实事求是地反映客观对象,决不弄虚作假,不以偏概全,不凭推测想象来编撰与处理信息。

2. 客观性。调查报告对社会存在的反映是客观的,不以主观好恶来判别是非,不以个人的感情色彩来改变事实的存在,而要尊重事实,由事实本身出发来认识规律,这是调查报告的力量所在。调查者在调查研究过程中,当然有一定的主观认识,或者有事先的调查设计与预定意愿,但客观事实往往会突破调查者的预想框框,甚至与预愿大相径庭,这就不能以主观倾向来改变事实。实践第一性的原则要在调查报告中充分体现,只有这样,调查报告反映的规律性结论才有普遍指导意义,才有利于工作决策。

3. 科学性。这是指提供的信息具有科学价值,结论具有科学性,符合实践的规律,揭示事物的本质。这就有必要对获取的各种信息,进行优化选择。例如关于人民生活水平的提高,有些数据可能说明不了问题,有些数据则不能科学地反映实际提高的情况。有些虽有事实为依据,但又不能据此得出普遍性结论。有一篇调查报告据某些地方落实生猪收购政策,促进了养猪业的发展的事实,提出在全国所有地方都要大力发展养猪事业的号召。其实,这项政策在不吃猪肉的回族自治区就不适用,是否大力养猪,在其他地方也有个因地制宜的问题。因此,在一切地方都要发展养猪业这一结论是不科学的。

调查报告的科学性还有赖于调查方法的科学性。方法不当,即使获得真实材料,这材料也不一定能准确反映本质。例如抽样调查,如果抽样不科学,信息与结论均可能失真,缺乏典型意义。

4. 叙议结合。调查报告以事实(信息)报道为基础,就必然以叙述为基本的表达手段,对有关情况、典型事例、事物的发展过程等等作必要的述介,而且叙述性文字在调查报告中占主要篇幅。但是叙述情况又不是调查报告的写作目的。调查报告的职能是要回答与解决现实问题,它不只是社会现象的记录,而是要通过对现象的分析研究,探求事物的本质,引出有普遍意义的结论,这就决定了调查报告必然采取议论的方法。尽管这种分析研究的议论性文字不如叙述性文字那样多，但从现象中精研其理，发现规律，却在调查中居主导地位。因此，调查报告既不是记叙文，也不是议论文，它是叙议结合的、介乎新闻报道与评论文章之间的一种体裁，既要像新闻那样叙述清楚准确，又具有评论文章分析得当，说理切中的特点。

（三）调查报告的主要作用

1. 沟通情况。调查报告可以在领导与群众之间、各阶层各单位之间架起沟通的桥梁。它反映社会客观存在，在一定程度上对各系统、各部门都有某些启发意义，可以促进相互了解，洞察全局，以利指导工作。

2. 提供决策依据。调查报告反映民情民意，报告当前出现的新情况、新经验、新问题，有助于有关领导部门依据实际情况制定决策。决策是否科学正确，决定于调查研究是否系统、深入、周密。陈云同志说："我们做工作，要用百分之九十以上的时间研究情况，用不到百分之十的时间决定政策。"真实准确地反映社会存在，是科学决策的前提。调查报告正是决策的重要依据。

3. 反馈信息。信息是社会发展的耳目。调查报告中的许多材料具有情报价值，各种情报正是现代社会的重要信息资源。掌握信息，把握动向，对于打开工作的新局面至关重要。调查报告正是反馈信息的载体。在以经济建设为中心的今天，调查报告这种信息反馈，促进社会发展的作用更日益突出。

二、调查报告的分类

调查报告就其反映的内容来看，一般可分为经验调查、情况调查、事件调查、问题调查等几类。

（一）经验调查

又叫典型调查。它主要报告经验创造的过程、具体做法及所取得的成绩效果等。

此类调查报告的作用，重在以点带面，推广经验，指导全局工作。它们有些是记者采访中发现典型经验而报道出来的；更多的是有关部门为了配合某一中心工作，贯彻有关方针政策，领导或有关人员深入基层蹲点，取得试点经验，向全局推广的报告，使更多的单位明白有哪些经验值得效法，有哪些问题要引起注意，以期进一步做好中心工作。

这类调查报告与经验总结颇为近似，但它要求材料更加具体，更要写清具体情况或经验产生的过程，对事实的表述也比总结更细致一些，叙述成分亦较总结为多。总结比它显得更加概括，理性的提高更见突出。此外，经验总结是自我认识深化的表述，经验调查则是第三者对经验的客观报道。

（二）情况调查

是反映某地区、单位、行业或某一个方面的基本情况、发展状况的调查报告。它着重较全面地反映现状，说明基本面貌及发展趋势，或剖析存在问题的症结，以利于宏观决策。如人口普查调查报告，可以反映出人口文化素质、性别比例、年龄结构等基本情况；某地关于旅游资源的利用与开发的调查，可以反映出某地旅游业发展概貌。这些调查报告都基于当前的实际情况，反映出社会发展中有利或不利的诸方面因素。在深化改革的时代，新气象，新事物、新情况不断出现，它尤有帮助决策的重要价值。写作这类调查报告，材料要丰富翔实，运用较多的数据、实例来反映基本面貌或发展状况；同时，还要提出建设性意见，针对实际情况，提出一些有利于发展的建议、设想。

（三）事件调查

这类调查报告着重反映历史的或现实的重大事件的来龙去脉，事件本身具有完整的过程，但在一段时间内往往未被人们正确认识，甚至混淆视听，因此，它重在澄清是非，揭开假象，显露真相，说明事实的本来面目。例如，关于一件冤案的平反，关于一次造成重大经济损失的渎职事故的责任追查，都通过事件调查确认是非真伪，以不可辩驳的事实经过，使公众明白真相。

（四）问题调查

这类调查报告针对现实中存在的各种问题或矛盾，作出敏锐反应，并提出解决的措施与办法。这些问题或矛盾，有的是全局性的，有的是个别性的，但往往都是建设事业发展过程中新出现的。解决这些问题或矛盾，将直接改善有关的工作。例如，大至全国国营企业的经济转轨问题，经济工作中暴露出来的法制不够完善的问题，小至一个新的居民楼群建成后，配套设施跟不上的问题，一个居民区大量租房给外来民工，产生的社会治安问题等等，都可通过问题调查，引起社会的关注，引起有关部门的正视，探求解决问题或矛盾的途径与方法。

三、调查报告的写作环节

调查报告产生的全过程，由三个环节构成，即调查情况——分析研究——成果反映。

（一）深入调查，掌握材料

正确的认识来源于实践。深入实际进行周密调查，了解情况，占有确凿材料，是调查报告写作的起点。一切调查研究的结论都产生在对客观事物的调查考察之后。

调查的过程，就是获取材料的过程。材料有第一手的，即直接从实际中了解到的材料；也有第二手的，即通过查阅有关的文字记载而得到的书面材料。不论何种材料，在调查过程中都应尽可能全面、系统地掌握。广泛占有，兼收并蓄，保持材料的原始性、客观性，是调查阶段占有材料应遵循的一条原则。正面与反面、历史与现实、具体的与概括的，各方面材料多多益善，为得出正确结论提供可靠的依据。

获取材料可以用多种方法，如：开调查会，一般以有代表性的七八个人员参加的小型会议为宜，调查者要善于用启发式、谈话式与被调查者平等对话，并积极引导，摸清情况；个别访问，一般向知情者或当事人更深入细致地了解实情；直接观察，调查者直接参与调查范围内的实践活动或日常工作，亲自掌握情况，这有助于辨别他人提供的材料的真伪；近年来大量采用的抽样调查、问卷调查等方式，对于掌握普遍情况或面上的材料也很有帮助。

（二）分析研究，把握本质

分析研究是保证调查报告正确反映客观规律的关键环节。调查阶段获得的丰富材料，可能精芜杂糅，真伪并存，主次不分，表里不一，这就需要通过分析研究对原始材料进行鉴别，认识众多材料的本质意义。这是一个对材料进行选择、提炼的过程，也是调查者认识深化、发现规律的过程。哪些是主流，哪些是支流，谁提供的是真实情况，谁提供的是假情况，多数人与少数人的反映究竟谁代表了真理，这个材料与那个材料有何内在联系等等，都通过认真深入的分析研究，调查者才可能正确把握客观事物的本质。例如，对于一个单位的新举措，新经验，就可能有不同的反响，有的人认为是违反了政策，乱搞一套，有的人则认为是积极开拓，适应深化改革的要求，这就必须对各方面材料作综合性的分析研究，才能认定从违，或是其所是，非其所非。也只有通过对材料的分析研究，才能孕育出调查报告的正确而深刻的主题，调查报告的结论才符合客观实际，对社会发展产生积极的推动作用。

需要指出的是，分析研究并不都始于调查结束之后，而往往是边调查边研究，研究贯穿于调查报告的写作的全过程。把分析研究作为独立的一个环节，只是说明它的重要性，也说明它是一个相对集中的着重对全部材料进行归纳、综合、辨析、提炼的阶段。

（三）准确反映，合理表达

调查研究的成果最终要以适当的书面形式反映出来，这就对文字的表达与结构的形式有所要求。具体地说，这个落实到“报告”的环节，应该注意材料与观点的统一,叙述与议论的结合,结构的有机组成。这三方面集中体现了调查报告的写作要求,下面就着重说明这个问题。

四、调查报告的写作要求

(一)材料与观点的结合

调查报告要让事实说话,运用适当的材料来说明观点是它的文体要求。从丰富的事实材料中引出观点是它的一个写作特点。

调查报告运用的材料一般有以下几种类型:

1.综合材料。这是对原始材料经过整理归纳,对有关情况进行概括的材料。它不是具体的个性材料,而是反映普遍的倾向或问题的材料,具有"面"的广泛性。例如,陈云同志的《青浦农村调查》,反映了农民的四条意见:吃不饱;干部瞎吹,生活特殊化;干部瞎指挥;生产没组织好。这些意见并没指明是哪个农民说的,哪个村子存在这种情况,而是概括了当时农村普遍存在的问题。

2.典型材料。这是富有个性特征又具有一定代表性的个别具体的实例。例如,1980 年 9 月 12 日《人民日报》发表的《不要让子孙后代埋怨我们》,调查了北京河流污染情况,在概括了 900 公里的河渠受污长度达 400 多公里的总情况后,又分别列举万泉河等五条河流受污的具体实例,有力地说明污染之严重,从而突出了基本观点:治污工作迫在眉睫,不要让子孙后代骂我们。这样把概括材料与典型材料结合运用,有面有点,很有说服力。运用典型材料必须精心选择实例,要从大量材料中选取几个最能说明观点而又个性鲜明的个例。

3.对比材料。这是通过纵横、今昔、正反等对比,用来说明观点的材料。如某地一小学危房失修,无人过问,而紧邻的庙宇却耗费重资,装修得金碧辉煌,同时同地的截然不同的情况对比,鲜明反映出该校所在乡镇没有真正重视发展教育事业。

4.数据材料。运用精确的数据,有助于定量分析,进而揭示事物的本质。

上述四种材料在调查报告中常互相配合,从多方面反映真实情况,表述观点。

调查报告不是先有既定观点,再去拼凑材料来"对号入座",而是从对大量材料的分析中认识本质,自然形成观点。它的材料与观点是有机的统一。因此,它的观点不是凭空而立,而是有适当材料的有力支撑;而一旦形成观点,又对材料起支配作用。这样,在写作中尤须防止观点与材料割裂,在强调让事实说话的同时,又必须防止罗列现象、堆砌材料的毛病。例如,有一篇关于青少年犯罪情况的调查,列举了许多情况,填了许多数据表格,诸如青少年罪犯在全体罪犯中占的比例，青少年罪犯的年龄档次及各档的比例，犯罪的几种类型，初犯与重犯的比例，男性与女性的比例，待业年限的长短，罪犯的家庭职业一览等等，好像材料很丰富，但各种数据、各种情况相互之间缺少内在联系，也看不出通过这些材料要说明什么问题，造成材料淹没观点的弊病。有材料而无观点，有观点而无材料，或材料不能说明观点，都是调查报告写作的大忌。

（二）夹叙夹议，叙议结合

叙议结合是调查报告的主要表达方法。要“报告”，就必须述介有关事实或情况，要用叙述的方法，而且叙述性文字占较多篇幅；但调查报告又必须透过现象，分析研究，揭示实质，得出结论，这就必须运用议论的方法，而且以对事实的议论来回答问题为旨归。因此，在调查报告中，叙述与议论两种表达方法缺一不可。只叙不议，缺乏深度，流于表象复述；只议不叙，缺少血肉，流于空泛笼统。叙述与议论在调查报告中又不是刻板地分成先叙后议或先议后叙的两大块，它们常常是交叉运用，有机结合。边叙边议、两者交融渗透是常用的方法。

例如，例文关于“新工荒”的调查报告一文，既述介了各地招工、用工的基本情况，又分析了“新工荒”的特点及其产生的原因，叙议相兼。可以说，调查报告中，叙述情况是议论的依据与基础，议论是对所叙内容的深化与提高，使“报告”与“研究”结合，反映客观规律。

（三）结构适体

调查报告的结构没有固定不变的格式，一般包括标题、前言、主体、结语等几个部分。

1. 标题。调查报告的标题常用以下几种写法：

第一种是直接标明调查对象或主要问题，再加上“调查”字样。如《青浦农村调查》、《老劳模生活情况调查》等。也有的以“考察报告”、“调查札记”来代替“调查”二字。如《湖南农民运动考察报告》、《城市居民住房情况调查札记》等。

第二种是揭示主题式的标题。这类标题或表明观点，或概括中心内容，可以用单行标题，也可以正副标题结合。如《把知识分子作为企业发展的中坚力量》、《在改革、开放中建设精神文明——深圳、珠海两市社会主义精神文明建设调查报告》等。正副标题并用的，一般正标题揭示主旨，副标题如第一种标题的写法。

第三种是提问式标题。如《中小学生的体质为什么下降?》、《××山区怎样依靠科技走上致富之路?》等。

2. 前言。又称总提，是正文的开头部分。一般是概述调查对象的基本情况，或提示全文的基本内容，或直接提出调查的问题与结论。具体写法不拘一格。如《扬长避短、注重实效、“三外”齐飞——萧山市（即现杭州市萧山区，下同）发展外向型经济的主要做法》的开头：“萧山市人多地少，资源缺乏，一直以来经济基础比较薄弱。党的十一届三中全会以来，他们扬长避短，认真研究本地的优势和特点，积极探索发展县域外向型经济的路子，加快对外开放步伐。经过几年的不懈努力，全市外向型经济得到蓬勃发展。……1992 年全市工农业总产值达 137 亿元，国民生产总值达到 41.6 亿元，全市经济实力大大增强，名列全国农村综合实力百强县前 10 位，成为全国十大‘财神县’之一。”就简要地概括了该市原有的经济基础及发展外向型经济的情况与取得的成绩，写出了变化的总体面貌。

也有的开头说明调查的缘起、范围、对象、方法等。如一份关于小学生的课余时间安排的调查的开头：“小学生们的一天是怎么过的？杭州市求是小学学科研究室与小学生的家长配合，向这所学校一至四年级的 4 个实验班每个孩子的家庭发了调查表，由家长填写，分‘睡眠时间’、‘饮食时间’、‘回家作业时间’、‘在家活动内容’等七大块时间调查，从而基本上摸清了孩子们每天的踪迹。”就交代了调查的对象和所用的调查方法。

从表达方式来看，开头常见的是三种具体方式：综述式（概述情况），议论式（就所调查的问题说明意义，揭示结论性意见），提问式（抓住中心问题发问）。

不论用何种类型、何种方式，开头都应简明精粹，切入内容要旨。

3. 主体。这是正文的核心部分，是对前言的展开。这一部分既要具体地报告调查中发现的有关事实情况，诸如事实的经过、典型的事例、精确的数据、具体的做法、群众的反映等等，又要在事实的报告中引发认识，指出问题，阐述观点，说明成绩与经验教训之所在，做到由事入理，虚实结合。

主体部分的结构形式主要有纵式与横式两种。纵式结构是以调查前后的顺序或事物发展变化的过程顺序来组织材料。横式结构是按问题的性质或事物的特点来组织材料，把有关材料分门别类地归纳入各种性质或特点之中，有的则用小标题来标明各类问题与情况的性质、特点。此外，也有纵横结合的结构形式，纵式述说中又按事物不同的性质、特点展开分析，造成纵横互相穿插配合。

4. 结语。调查报告的结束语简明扼要，或归纳全文，提出结论性意见，或提出处理问题的建议，或借题生议，发人深省，或展现前景，鼓舞人们向新目标奋进。也有的调查报告主体部分结束，意尽言止，不另作一段结尾。

（四）语言求实

调查报告的语言应简明、准确、务实。它要如实地反映情况，实事求是地进行分析，得出结论，这就要求有准确简明的叙述与说明，有精当切要的议论。细致的描绘、自我的抒情等表达手段基本不用。那种穿靴戴帽的八股套话，那种堆砌辞藻的浮华刻画，那种装腔作势的大发感慨，都不符合调查报告语言的写实性要求，应该避免。有一篇关于故乡教育情况的调查报告，一开头这样写："我回到故里，踏着古镇弯弯曲曲的石板路，听着古寺饱含愁思的钟声，我倚在学校门前的梧桐树边沉思：家乡的教育究竟有何新的面貌？"另一篇关于街道绿化情况的调查的结语是："走出幽径，别有洞天，小花坛旁的黄杨玲珑可爱，高大的松树，在阳光下挺拔矗立，草地一片嫩绿，柔软得如一床厚厚的新棉被，清晨空气一尘不染，分外清新，小鸟啼鸣如一支动听的交响乐，阳光照着小草上的露珠，晶莹闪亮，这一切，你说美不美？"这些语言都显得华而不实或故作曲笔，有悖于调查报告的语体特征。

调查报告语言在求实的同时，还力求生动活泼。例如，它不同于公务文书，力戒俚语俗语，而可以采用新鲜活泼又能说明问题的群众语言，使表达更生色多姿，反映情况更见生动准确。

【例文 2-3】

新态势新矛盾新信号

——六区域关于"新工荒"调查报告

伴随着元宵节后返城的滚滚人流，以生于 1980 年代及其后的新生代农民工群体为中坚力量的用工市场，正迎来多重变奏。

新华社"新华视点"专栏精心设计问卷，联手国内最大的务工在线职业介绍服务平台工众网，于春节前后就中南、西南、华东、东北、华北和西北 6 大区域、18 个省市的农民工的就业流向问题进行了专项调查，回收有效样本 1217 个。调查结果与"新华视点"记者在上海、江苏、安徽、河南、四川等地的一线访谈两相印证：就流向而言，农民工已由"单向度输出"转变为"多向度流动"；就范围而言，招工难正从东南沿海向中西部城市蔓延；就持续性而言，区域性、结构性工荒已经常态化。

比表象更值得关注的是"新工荒"背后的信号：处于下降通道的企业利润无法满足农民工刚性增长的工资需求之间的矛盾、城市"新二元"结构阻碍农民工"融城"梦想实现之间的矛盾，导致眼下新生代农民工"高流动性"突出，

"短工化"趋势明显。这与区域经济发展带来的中西部民工回流产生叠加效应,加剧工荒感。

记者调查发现,问题虽然多种多样,解决之道则不离其宗。"工荒或不工荒",答案在于:"转型或不转型"。

新态势:"招工难"更广"用工荒"更长"短工化"更显(略)

新矛盾:企业留人"有心无力"农民工进城"欲留还走"(略)

新信号:"新工荒"能否倒逼发展方式转型?

……

不过,河南省杞县县长李明哲指出,眼下的招工难也不应掩盖目前我国农村富余劳动力中存在的结构性矛盾。实际上,农村富余劳动力转移就业仍然面临很大困难,特别是没有专业技术、文化水平低,年龄偏大的劳动力,对于中西部众多劳动力大县来说,转移就业的工作仍然任重道远。

新华社上海2月7日电(新华社"新华视点"记者 徐寿松、李柯勇、叶锋)

这是一篇关于新工荒问题的调查报告。正文前言概括地介绍调查的情况和结果,就流向而言,农民工已由"单向度输出"转变为"多向度流动";就范围而言,招工难正从东南沿海向中西部城市蔓延;就持续性而言,区域性、结构性工荒已经常态化。同时还指出了"新工荒"背后的信号:处于下降通道的企业利润无法满足农民工刚性增长的工资需求之间的矛盾、城市"新二元"结构阻碍农民工"融城"梦想实现之间的矛盾,导致眼下新生代农民工"高流动性"突出,"短工化"趋势明显。这与区域经济发展带来的中西部民工回流产生叠加效应,加剧工荒感。这一介绍,使人们感到问题的严重性,不能不引起专家学者、相关政府部门及企业的关注。同时,前言还交代了本次调查的地点、范围、人数和调查方式。

正文主体部分,从新态势新矛盾出发分析原因、探寻对策和谋求建议,合乎调查报告的基本格式和写法。尤其是对新工荒形成原因的分析,从主、客观两个方面的因素入手,较为中肯,令人信服。最后所提出的几条对策和建议,针对性强,思维开阔,抓住了根本,也切实可行。

总之,本篇问题调查报告,体式较为规范,合乎写作的要求。

第五节　简　报

一、简报的涵义与特点

（一）简报的涵义

简报是机关、团体、企事业单位内部用于反映情况、汇报工作、交流经验、沟通信息的简短的、具有一定新闻意义的文字材料。

“简报”作为文体名称，最早见之于1955年6月9日国务院颁发的《关于所属各部门工作报告制度的规定》：“工作简报：各办、外交、计委、体委、民委、侨委，每两周向总理写一次工作简报，明白扼要地报告所掌管范围内重大问题的处理、工作中的重要情况和经验。”可见简报这一形式产生之初，主要是政府机关用于向上级报告工作情况和工作经验的。随着各项工作的开展，简报的使用范围日益扩大，简报的性质也有所变化。它不仅上行，也可平行或下行；它不仅在机关使用，也可在群众团体、企事业单位使用；它不仅用于汇报工作，反映情况，也可用于机关、团体、单位之间相互交流信息与经验。各种会议、各项活动，乃至发生了一些重要事件或有新的动向与情况，都常用简报这一形式来反映，它是事务文书中使用频率很高的文体之一。

简报是内部传阅的文字材料，一般不公开发表，但它又具有一定的新闻性质，这是由于它反映的是工作中或现实生活中的新情况、新经验、新问题，是最新的事实报道。报刊上发表的一些消息或通讯，常来源于简报，不过要公开发表得经简报制发部门的同意，而且要在文字上作必要调整，需删节某些不宜公开发表的内容。

简报的主要作用在于反映情况、交流经验、指导与推动工作。对于上级机关来说，下情上达，简报还具有决策作用，为制定有关政策提供客观依据。

（二）简报的特点

简报的基本特点可用“简”、“准”、“快”、“新”、“活”几个字来概括。

1. 简，指精简。文字短、内容精是简报的个性。一般每篇几百字、千把字，最长不超过二千字。内容精粹，一般是一事一报，又具有一定的信息量与信息效果。

2. 准，指准确。主要包含三方面要求：一是材料准确，真实无误，情况与经验确凿可靠；二是问题抓得准，情况或经验所揭示的本质意义，对当前工作有一定的启发指导作用;三是表达准确恰当,遣词造句切合实情,明确达意。若不是亲自采写的或不是第一手获得的材料,要写明“据××反映”等字样;典型事例、数据、人物语言等都要如实准确地反映。

3.快,指反映迅速及时。简报类似新闻简讯,追求时效,它要求发现、汇集情况快,撰写成文快、编印制发快。从文秘工作的职能来看,制作简报包含着写与编两方面内容。写单篇的简报,要迅速收集材料,动笔成文;编简报是将多篇同类内容的简报编成一集,其中有些可能是编者写的,有些可能是他人写的,也有一编数篇简报全是他人写的。这些成编简报需要编者尽速撰写或汇总,编排制发。

4.新,指内容新鲜,有新意。及时反映新情况、新经验、新问题,尤其对刚处于萌芽状态的新动向、新矛盾要及时抓住,以利于取得指导工作的主动权。简报要“新”,就要求编写者对客观情况具有灵敏感,思想要敏锐,善于发现工作或社会生活中的“苗头”,使简报具有更强的实际效应。

5.活,指形式灵活。表达不拘一格,不像消息那样讲究新闻要素的组合,更不像行政公文那样有固定的体式,而是较活泼多样。形式上可以单篇一报,也可以多篇合编;表达方式上可以叙述、说明、议论结合;语言上可以概括述介,也可以具体述说,也可以借用人物语言,还可以运用一些修辞手段。

二、简报的种类

简报的种类很多,常见的《××简报》、《××动态》、《××信息》、《内部参考》、《情况反映》等都是简报的名称。

按简报的内容,一般可分为三类:

(一)工作简报

这类简报反映工作中的情况、过程、方法、问题、经验教训。就其内容来看,又大致可分为两种:一是业务工作简报,主要反映本系统、本部门的工作情况,具有一定的动态性,亦有较强的新闻性,可称为“情况简报”或“情况反映”。如《科技简报》、《教改简报》、《工会工作简报》、《经济工作简报》等。这类简报大都是经常性的,有些还是定期编发的。二是中心工作简报,主要是为了配合与推动当前某项全局性的中心工作而制发的,如开展整党工作期间的《整党工作简报》、体制转轨期间的《体改工作简报》、狠抓打击犯罪活动期间的《治安工作简报》等。这一类简报围绕中心工作,突出对当前某项工作的指导性,它有情况反映,但其重点不在于报道新闻信息,而在于掌握思想动向,交流与推广经验,保证中心工作的开展与完成。它大都在一定时期内不定期制发,随着工作的发展阶段随时反映。

（二）会议简报

这类简报主要用于一些大、中型会议，以利于组织与引导会议。它帮助与会者互通情况，亦用来向上级反映会议情况，向有关单位通报会议情况，也为与会者会后传达、贯彻会议精神提供材料。

会议简报的内容一般包括会议概况、进程、议题、决议、发言要点等，重点是要体现会议的精神、主旨。会议简报视会期长短、规模大小，可以只编发一期，也可以会议期间多期编发。多期编发的具有连续性特点，一般在第一期报道预备会或开幕式情况，反映会议的时间、地点、人数、对象、背景、主席团组成，主要议题等方面内容；在最后一期报道闭幕式情况及会议通过的文件、决议、与会者对会议的评价、会议对与会者提出的希望要求等；中间数期据会议进程分别按一定的讨论中心作出反映，如各项议程的反映、发言摘要、会议中的新情况、新问题、新建议等。大型会议的简报一般由大会秘书处编发。

（三）动态简报

又称信息简报，是某种情报的载体。它主要反映各部门、各领域最近发生的新情况、新动态，如《理论动态》、《科技简讯》、《市场信息》、《文化信息》、《学术动态》、《证券信息》等。这类简报最为简捷，信息量较大，有些可以公开传播，有些则具有一定保密性，它对有关方面人员在业务方面开阔视野、进取创造及对有关领导部门的制定决策具有重要的参考与指导作用。

三、简报的内容与结构

简报结构由报头、按语、标题、正文、报尾几部分组成。

（一）报头

报头由简报名称、期号、编发单位、印发日期、编号、保密程度等要素组成。报头在第一页之上方，约占三分之一版面；报头与正文标题之间用横线隔开。简报名称据简报类型而定，如“工作简报”、“情况简报”等，可用套红印刷，期号在简报名称正下方，写“第×期”，期号序次可以据一年内发的期数编排，也可以统编下来。编发单位写在左下方，如“××××办公室”、“××大会秘书处”等。印发日期写在右下方，年、月、日齐全。编号指本期简报印数的顺序号，表明这份简报是本期印发的第几号（“××号”），用阿拉伯数码写在右上方。有的简报还在左上写明保密字样，如“机密”、“内部资料，注意保存”等。

如果一期简报由多篇组成，则在报头横线下标明本期各篇题目序列，冠以“目录”二字。

（二）按语

按语代表编发机关的意见，转达有关领导的指示或批示精神。或者写明材料来源、转发目的、转发范围，或者表明对简报内容的倾向性态度，或者表示对所报的情况或问题引起讨论与探究的希望。按语并非简报必备的结构要素，有些简报可以不写按语。按语的作者也不是简报本文的撰写者，一般由编发机关指定有关人员撰写，最好请编发机关领导亲自动手写。

按语的位置在报头下，正文标题前，并标明“按语”字样。

（三）标题

简报标题有两种写法：一是揭示中心式，概括基本内容或主题思想，类似于新闻标题，如《全国高校毕业生分配制度改革研讨会在京召开》、《工会要为大龄青年搭“鹊桥”》、《进行自我教育是搞好整党工作的关键》等等；二是提问式，如《高层建筑如何做好消防工作？》、《如何加强城市流动人口的管理？》等。

（四）正文

正文是简报的核心，一般分开头、主体、结尾几个部分。

开头类似消息的导语，对主要内容作出总括式的述介说明，如时间、地点、人物、事件、基本情况、结果、意义等。如一则《安全保卫工作隐患不少》的简报的开头：“最近，市供销社抽查了所属各公司及个别区、县供销社的安全保卫工作，共检查了22个单位，发现大部分单位对安全保卫工作比较重视，一般都有布置，有检查，分工明确，责任落实。但也发现有些单位的安全保卫工作存在不少隐患，应引起有关方面的高度重视。”就对主要工作内容与情况作了简要的概括。

主体部分集中反映简报的质量，要精心撰写。主体写作要特别注意：

1. 围绕中心，归纳情况或问题，层次清晰，条理清楚。

2. 材料说明观点，观点统帅材料，力求内容具体实在，突出中心，材料有典型性、新颖性。例如上述关于安全保卫工作的隐患的简报，主体就围绕“隐患”之表现，写了“火灾隐患”、“用电不安全”、“商品保管不善”、“保卫工作无专人负责”等几方面，每个方面又举了一两个典型实例来说明问题的严重性。指出“隐患不少”，目的在于引起各方面重视，并尽快采取有效措施，予以解决。

结尾部分是主体的补充或深化，可以总括主体，加以强调，加深读者印象，发人深省；也可以提出希望或要求。也有的简报不单独写一段结尾，主体意尽即止。

（五）报尾

包括两部分：左边写送发对象、范围，右边写印制份数（共印××份）。正文与报尾之间画一条横线。

【例文 2-4】

西湖区第十四届人大第一次会议简报第 4 期

求真务实 科学发展 把握机遇 再创辉煌

马杭军代表说，过去的五年，是西湖不平凡的五年，是大建设、大发展、大变化的五年，更是硕果累累、成绩喜人的五年。区政府在区委的正确领导下，在区人大和区政协的监督支持下，坚持以科学发展观为统领，克难攻坚、扎实工作、激情创业，为加快转变发展方式、着力保障和改善民生、切实维护社会和谐稳定做了实实在在的工作，胜利完成了区十三届人大历次以来确定的各项目标任务。

……

陈军、徐隽代表说，2011 年，全区财政总收入达 116.58 亿元，连续多年保持了两位数增长，对此，我们感到欢欣鼓舞。同时，政府工作报告提出的目标催人奋进，特别是未来五年要努力实现"两个突破"、"三个高于"、"六个倍增"、"八个 15 分钟服务圈"和"十个城乡统筹全覆盖"的目标，要实施"五个战略计划"，目标明确，措施具体，充分体现政府的决心和勇气，让我们信心百倍。

【例文 2-5】

农村共青团工作

第 10 期

共青团中央农村青年工作部编　　　　2012 年 6 月 28 日

上海出台《乡镇团的组织格局创新工作评价体系》

编者按：今年以来，各地按照团中央部署和要求，以深化组织格局创新工作、推动乡镇团委良性运行和工作活跃为重点，通过制发工作菜单、开展优秀团组织创建、进行分类定级等措施，加强对乡镇团委的工作指导、督促和评价激励，取得了积极的进展。近期，团上海市委着眼于提高乡镇团的工作科学化水平，出台了《上海市乡镇团的组织格局创新工作评价体系（试行）》，从机制建设、组织建设、工作内容、工作模式、资源保障、队伍建设等方面明确了6个一级指标、17个二级指标和35项具体工作要求，为加强乡镇团委建设和工作提供指导和考核标准。现将该评价体系予以刊发，供各地参考借鉴。

上海市乡镇团的组织格局创新工作评价体系(试行)

一级指标	二级指标	工作要求
机制建设	党团联动机制	1. 队伍联动：定期邀请乡镇党委领导带队走访团委委员所在单位党政领导和有关负责人，反馈工作情况，互通意见建议。 2. 信息联动：乡镇团委每年不少于1次向同级党委专题汇报工作，重大工作及时汇报。 3. 工作联动：(1)乡镇团建工作内容是否纳入党建工作的范畴；(2)乡镇团建工作考核是否纳入党建工作考核的序列；(3)乡镇团建工作是否纳入党建的表彰和激励序列。
	日常运作机制	1. 定期例会制度：每年工作例会不少于4次。 2. 委员分工协作机制：根据班子结构，充分发挥委员力量。 3. 议事决策机制：年度工作和重大工作项目协商，保证工作顺利开展。 4. 台账管理机制：乡镇团委加强工作信息管理，及时录入相关数据库。(具体要求参见《关于加强地区(效区)系统共青团工作台账管理、信息报送和典型宣传的通知》)
	考核激励机制	1. 年度考核机制：年终采取工作述职方式，汇报工作情况。 2. 推优表彰机制：根据工作考核结果，积极推优，选树典型，加大宣传。 3. 退出机制：根据委员工作实际，及时调整委员班子，保证工作顺利开展。
组织建设	层级建设	1. 乡镇团委：(1)委员人数及比例构成符合工作要求，代表性强；(2)"两部一中心一特色"构架完整，职责明确，能指导下级团组织推动工作。 2. 镇管社区：根据镇级行政调整，建立镇管社区团组织。 3. 村级团支部：有组织，有活动。
	非层级建设	1. 建团工作：完成或超额完成每年团建指标。 2. 团建工作：指导非公企业和新社会组织开展形式多样活动，保证已建团组织的存活率、达标率。
	区域化团建	1. 通过联席会议、青年联谊会、青工委等形式畅通渠道，形成乡镇层面大团建工作格局。 2. 推进青工、学校、"两新"团组织到区域报到，开展镇校、镇址等单位共建结对。

续表

一级指标	二级指标	工作要求
工作内容	项目内容	1. 年初有计划,年中有推进,年底有总结。 2. 结合团市委、团区委重点工作部署,组织开展创先争优活动、保护母亲河行动、青少年社区文明行动、青年就业创业行动、来沪务工青年行动等,保持一定频次。 3. 结合工作实际,利用寒暑假、节假日等节点,组织开展就业创业、志愿服务、预防青少年犯罪、文体娱乐等各类主题活动,能保证一定频次,并能有所创新,力争形成菜单化。 4. 力争形成1—2个品牌项目,体现社会功能。
	项目有效性	能够得到党政领导、社会群众和广大团员青年的认可。
工作模式	青年中心	1. 组织设置完善,有阵地,探索会员制等方式吸引青年。 2. 能够培育、嫁接和落地社团组织,培育青年骨干,服务和凝聚青年。
	镇管社区	探索镇管社区团组织建设模式。
	村	探索村企联建、村村联建等多种形式建团方式,加强村级团支部建设。
	“两新”组织	1. 探索独立建团、联合建团、青年联谊会、青年志愿者服务队等多种形式建团,加强“两新”青年覆盖。 2. 通过新媒体,探索、形成符合“两新”青年需求的组织模式。
资源保障	经费保障	1. 团区(县)委是否有关于推进团建工作的专项经费预决策。 2. 乡镇团委每年的工作经费要得到保障。 3. 乡镇团委对于重点工作可以申请专项经费。
	阵地保障	1. 社区建设三中心力争成为乡镇团建开展工作和活动的主阵地。 2. 乡镇党建的其他阵地资源可以被团建所利用。
	工作资源	1. 充分利用团组织自身资源,并整合委员单位资源。 2. 通过工作项目等方式,积极引入社会资源。
队伍建设	团委班子	1. 乡镇团委书记保证职级正科,专职,或者以团工作为主的兼职,具有一定工作能力和经验。 2. 乡镇团委委员根据实际适时调整,并及时录入数据库。 3. 做好乡镇团委委员培训工作,提升团委班子的工作能力。
	其他队伍	1. 做好村级团干部、青年骨干、社团领袖、志愿者骨干的吸引和凝聚。 2. 为村级团干部、青年骨干、社团领袖、志愿者骨干等做好培训工作,将工作向其所在党组织反馈,并给予一定的奖励。

四、简报写作注意要点

（一）求真务实

简报要有实际内容，材料典型，情况属实，作者必须深入实际，掌握实情。否则，会流于空套，说一些尽人皆知的原则性套话，或者只是照抄照搬一些文件、指示，缺乏报道对象的具体情况，或者只是空发议论，这些都不能起到交流情况、指导工作的作用。例如，有一单位一篇反映学习《关于建国以来党的若干历史问题的决议》的学习情况简报，几乎都是大段摘抄《决议》原文，只不过在前面加上“大家说”“大家通过学习深深认识到”之类敷衍套话，至于结合自身实际究竟有何新的学习心得，有何具体经验感受，学习方法有何特点，则未曾涉及。这类简报似乎放之四海而皆准，但空洞无物，没有自身的个性特点。此类思想作风与写作套路应尽力摒弃。

（二）求简务精

简报要简短精粹。工作内容涉及面广，实际情况真伪并存，主次兼有，且又不断变化，方方面面的材料又丰富而庞杂，简报反映的内容不能兼收并蓄，而必须善于选择、综合，突出要点，力避繁冗芜杂。有一篇认购国库券情况简报，把八天的认购活动一天天地叙述下去，走马看花，不得要领；有一篇会议简报，把凡是发言的代表的讲话，都原原本本记述，缺少归纳，内容散而杂，文字也难免冗长。简短而又有精要的内容，不要简而空，这是简报写作中应该注意之点。

（三）体式要得当

简报体式虽不像公文那样程式化，但有大体的格式。各结构部分的排列位置要得当，正文内容的组合要有一定的序列，合乎逻辑；语气要合体，以叙为主，叙、议、说明结合，不可搞花架子，华而不实。

第六节　工作规约文书

工作规约文书是机关、团体、单位为管理的需要而制发的对一定范围内有关工作、活动与人们的行为，作出规范要求并具有一定约束力的规章。如章程、条例、规定、办法、细则、规则、准则、制度、守则、公约等，都属于工作规约文书。它们不能作为独立的行政公文的文种来发布，但亦属于广义公文的范围。

工作规约文书的主要特点是：

1.法规性的效能。工作规约文书是为了加强政务管理、维护工作秩序而制定的，正式公布后，就具有行政法规的作用，有关方面及人员必须一体遵行，具有明显的约束力，有些还具有强制性，违者要受到纪律惩处。

2.条列化的写法。工作规约文书几乎全部采取逐章逐条的写法。条款层次由大到小依次可分为七级：编、章、节、条、款、目、项。一般以“章”、“条”、“款”三层组成最为常见。这种写法是为了便于执行，该做什么，不该做什么，使执行者一目了然。这种条列式还要求“章断条连”、“条连款不连”，即“章”的序号全篇通连（第一章、第二章……），每章结束另起一章时，“条”的序号也要继续依次通连下去，“章”虽断而“条”不断。如第一章若有三条，写“第一条、第二条、第三条”，第二章开始的一条，不能写“第一条”，而应写“第四条”，余类推，直到最后一条的序号，就是全文的总条数。而“条”下的“款”，则在各“条”下独立编次，下一条的“款”与上一条的“款”的序号并不通连。如第一条有三款，写“一”、“二”、“三”，第二条款次复从“一”开始，余类推。“款”下的“目”，一般以分行形式标示，不写数序，亦有写“（一）”、“（二）”、“（三）”的，各款的目也独立编次，并不通连。章、条、款的序数一律用汉字，不用阿拉伯数字。

3.三分式的结构。工作规约文书的结构体式一般包括三部分，即第一章为“总则”，最后一章为“附则”，中间各章为“分则”。也有些工作规约文书只有总则与分则而没有附则。有些不标明“章”只标明“条”的文书，开头一条或一、二条就是总则，最后一条或一、二条就是附则。这些只以“条”标列的文书，也不必写“总则”、“分则”、“附则”的字样。分则要分几章，视内容而定，且一般不标明“分则”字样，而直接写出“章”的小标题，如“第二章、组织机构”，“第三章、会员的权利和义务”等。条及条以下各层次所表述的，就是该文书的具体内容。

4.说明性的表达。工作规约文书的表达方法都以说明为主，甚至全部采用说明性语言，这是它的一个显著特点。它并不述介有关情况，工作过程及形成该文书的有关背景。即它并不具有材料的具体性，也不通过议论来阐明道理。它不仅具有说明性，而且这种说明具有确定性的特点，体现出它的强制性与约束力，体现出对有关人员的规范化要求。它的说明的确定性表现在明确认定从违，指出应该如何，不该如何，违者又该如何惩处，毫不含糊，说一不二，必须遵行。这种说明常用“是”、“要”、“应该”、“不应”、“必须”等词语或直截了当的判断与要求明确的短句表达出来。

下面着重述说几种常用的工作规约文书的写作知识。

一、章程

章程是一个组织、团体、集团的纲领性文书。它是对一个组织、团体、集团的宗旨、性质、任务、机构、成员和活动规则作出规定的文书。章程要由某种组织的代表大会正式通过，一经通过，即具有较长时间的稳定性，不可随意修改；要改，也要到下次代表大会通过改文才有效。

就制作机关来分，章程有三种，一是政党章程，如《中国共产党章程》。二是社团章程，如《中国写作学会章程》，工会章程、共青团章程就属于这一类。三是企事业单位制定的属业务管理性质的章程，如《××厂企业管理章程》，除了单位是一个经济实体以外，一般不得以企事业单位名称直加“章程”字样，如可以有《中国人民保险公司章程》、《××大学招生简章》，但不可以有“××大学章程”、“××工厂章程”。行政机关及职能部门不制定章程，没有什么“××县人民政府章程”、“××市商业局章程”。

章程的内容和结构格式如下：

章程的结构由标题、会议名称及通过时间和正文三部分组成。

（一）标题

由制定者的组织名称加上文种名称组成，如《中国科技协会章程》。

（二）会议名称及通过日期

一律在标题下用括号注明，如“（××学会第一次全国代表大会××××年×月×日通过）”。

（三）正文

章程正文的写作格式有三种：一是总纲分章式，最后无“附则”字样的，开头类似于写一段前言，“总则”（或“总纲”）两字也不标明，也不写明“第一章”，到“分则”部分才分章。《中国共产党章程》就是如此。二是总则、分则、附则式，各“则”均标“章”名。除“分则”两字不标外，“总则”、“附则”均标明。如“第一章、总则”，“第六章、附则”，中间各章即分则。三是逐条到底式，即全文不标“章”、“则”，而是从始至终以“条”标示，或写“第一条”、“第二条”，或写“一”、“二”、“三”，《纪念宋庆龄国家名誉主席基金会章程》就是如此，这类格式实际上开头一条或几条是总则，结尾一条或几条是附则，结束也可以没有附则内容。

正文的内容和写法一般包括以下一些方面：

总则（总纲）。说明组织的名称、宗旨、性质、任务等。如中国科协章程的总则，第一条是“本会定名为中国科学技术协会，简称：中国科协”，第二条是

“中国科协是在中国共产党领导下的各种科学技术工作者群众团体的联合组织……”，第三条是“中国科协的主要任务……”。总则的写法要直截了当，开门见山，不像行政公文那样有引据式、目的式、缘由式的开头，也无需述说制定章程的背景。

分则。这是章程的主干，包括的内容有：该组织的组成人员，说明哪些人可以参加；组织机构的设置及各级机构的职责，如“本会最高权力机关是全国人民代表大会，代表大会每5年举行一次，代表大会的职责是……”，“全国代表大会闭会期间，本会的最高领导机构是全国委员会，全国委员会选举主席1人、副主席和常务委员各若干人”等；其他有关问题，如成员的权利和义务、活动经费、纪律制度、活动方式等，一些经济实体或企业管理章程，还写明有关的业务性规定，如“质量管理”、“劳动定额”、“奖惩制度”等。中国科协章程第三、四、五章小标题是“全国组织”、“地方科协”、“经费”就是分则。

附则。说明施行日期、实施要求，修改手续及其他必须说明的事项。如中国科协章程的“附则”，说明“本章程经全国代表大会通过施行”，《浙江省语言学会章程》最后一条，说明“本会地址设在杭州，常务理事会办事机构设在杭州大学”等。

【例文2-6】

中国科学技术协会章程

（1980年3月20日中国科协第二次全国代表大会通过）

第一章　总　　则

第一条　本会定名为中国科学技术协会，简称：中国科协。

第二条　中国科协是在中国共产党领导下的各种科学技术工作者群众团体的联合组织，其宗旨是促进我国科学技术的发展和繁荣、普及和推广，为提高整个中华民族的科学文化水平，为尽快把我国建设成为现代化的社会主义强国作出贡献。

第三条　中国科协的主要任务：

一、按照百花齐放、百家争鸣的方针，组织和支持会员积极开展学术交流活动，编辑、出版学术书刊。

二、根据实施四个现代化的需要，采用多种形式，向广大干部和群众普及科学技术知识；开展对青少年的科学技术教育活动；协同有关部门积极开展技术交流和群众性的科学实验。

三、发动会员和科学技术工作者对我国的科学技术事业和其他各项建设事业提出建议；对政府部门和企事业单位的科学技术问题发挥咨询作用，接受政府部门和企事业单位委托的有关任务。

四、举办各种科学技术普及事业以及其他为会员和科学技术工作者服务的各种事业的活动。

五、经常向党和政府有关部门反映会员和科学技术工作者的意见和呼声。

六、加强和协调所属各种科学技术团体之间的关系；加强自然科学界之间的联系。

七、积极开展国际学术交流活动，发展同国外的科学技术团体和科学技术工作者的友好联系。

第二章　会　　员（略）

第三章　全国组织（略）

第四章　地方科协（略）

第五章　经　　费（略）

第六章　附　　则

第十五条　本章程经全国代表大会通过施行。

第十六条　各省、市、自治区科协可制定本章程的实施细则；各种科学技术工作者群众团体可制定本团体的章程。

二、条例

条例是由领导机关制定或批准，规定某些事项或机关、团体的组织、职权等带有法规性的文书。条例所作的规定，一般具有原则性和相对长期性。条例一般由国家权力机关和行政机关制定和批准，地方各级政府所作的规定如用"条例"，须由国务院或省人大的名义制发。企事业单位、群众团体不能自行制发条例。一些单位制定的"条例"，应该是"办法"、"实施细则"之类。条例的制文或批准、发布机关级别较高，大多是全国人大或国务院，省级权力机关或行政机关，如《中华人民共和国国库券条例》，就是由国务院颁发的；《营业性演出管理条例》，就是由温家宝总理签署以"国务院令"的形式发布的；《浙江省文物保护管理条例》，就是由浙江省人大常委会以"公告"形式发布的。

条例的格式与写法：

（一）标题

有两种写法：一是由范围覆盖面、涉及对象或内容事项、文种名称三者构成，如《中华人民共和国学位条例》、《中华人民共和国外汇管理暂行条例》等；二是省略覆盖面，由涉及对象或内容事项加上文种名称构成，如《会计人员职权条例》、《保守国家机密暂行条例》等。

（二）签署

一般在标题下写明公布机关、会议名称与会议日期、批准或公布日期。如：

《机关事务管理条例》

（2012 年 6 月 13 日国务院第 208 次常务会议通过）

会议通过日期在先，批准或公布日期在后，一般应分行写，加括号。题下无批准期的，则常由批准机关另以“令”“公告”形式发布。

（三）正文

有“章断条连”与“条”贯到底两种格式。正文包括开头、主体、结尾三部分。

开头部分，通常用目的式，说明制文的意图，并用“为了……特制定本条例”字样。如《中华人民共和国国库券条例》第一条：“为了筹集社会资金，进行社会主义现代化建设，制定本条例”。如果是“章断条连式”，开头部分就是总则。不论何种格式，开头部分都力求简短，甚至只有一、两句话。

主体部分，对有关工作、事项或有关组织、人员作出原则性的规定，是条例的法规性内容。所谓“条例”，即有“条”有“例”，这是条例主体部分的内容特点。“条”，就是正面的说明或规定，即应该如何、怎样办或不该如何、不该怎样办，都要明确，作出规范要求。“例”不是实例、例证，而是从反面加以强调说明的例设，即如果不照正面规定来办理，或做不到，甚至违反者，该如何处置，是惩戒性的规定。如《机关事务管理条例》的第五章“法律责任”有 3 条，皆为“例”。“条”与“例”必须分条写作，不能把两者并为一条，“例”总有单独的一条或几条。“条”与“例”的关系可这样概括：条前例后（先写“条”，后写“例”），“条”主“例”辅（“条”占主要篇幅，正面说明为主），正反相成，界限清楚。

结尾部分，条例必须有独立的结尾，这一点与章程稍有区别，章程不一定都强求有“附则”式的结尾，“分则”内容结束全文即止的也常见。而条例都有一条或几条作结尾，说明实施要求、生效日期、本条例的修改与解释权限等。如《机关事务管理条例》的最后两条：“其他国家机关和有关人民团体的机关事务管理活动，参照本条例执行”，“本条例自 2012 年 10 月 1 日起施行”，就是如此。“章断条连式”的条例结尾就是附则。

【例文 2-7】

中华人民共和国国务院令

第 621 号

《机关事务管理条例》已经 2012 年 6 月 13 日国务院第 208 次常务会议通过，现予公布，自 2012 年 10 月 1 日起施行。

总理　温家宝

二〇一二年六月二十八日

机关事务管理条例

第一章　总　　则

第一条　为了加强机关事务管理，规范机关事务工作，保障机关正常运行，降低机关运行成本，建设节约型机关，制定本条例。

第二条　各级人民政府及其部门的机关事务管理活动适用本条例。

第三条　县级以上人民政府应当推进本级政府机关事务的统一管理，建立健全管理制度和标准，统筹配置资源。

政府各部门应当对本部门的机关事务实行集中管理，执行机关事务管理制度和标准。

第四条　国务院机关事务主管部门负责拟订有关机关事务管理的规章制度，指导下级政府公务用车、公务接待、公共机构节约能源资源等工作，主管中央国家机关的机关事务工作。

县级以上地方人民政府机关事务主管部门指导下级政府有关机关事务工作，主管本级政府的机关事务工作。

第五条　县级以上人民政府应当加强对本级政府各部门和下级政府的机关事务工作的监督检查，及时纠正违法违纪行为。

县级以上人民政府发展改革、财政、审计、监察等部门和机关事务主管部门应当根据职责分工，依照有关法律、法规的规定，加强对机关运行经费、资产和服务管理工作的监督检查；接到对违反机关事务管理制度、标准行为的举报，应当及时依法调查处理。

第六条　机关事务工作应当遵循保障公务、厉行节约、务实高效、公开透明的原则。

第七条　各级人民政府应当依照国家有关政府信息公开的规定建立健全机关运行经费公开制度，定期公布公务接待费、公务用车购置和运行费、因公出国（境）费等机关运行经费的预算和决算情况。

第八条　各级人民政府应当推进机关后勤服务、公务用车和公务接待服务等工作的社会化改革，建立健全相关管理制度。

第二章　经费管理（略）

第三章　资产管理（略）

第四章　服务管理（略）

第五章　法律责任（略）

第六章　附　　则

第三十四条　其他国家机关和有关人民团体的机关事务管理活动，参照本条例执行。

第三十五条　本条例自2012年10月1日起施行。

三、规定

规定是对特定范围内工作和事务制订带有约束性的措施的文书，党政机关、社会团体、企事业单位都可使用。

要求的规范性，范围的特定性，措施的针对性，是规定的三个基本特点。规定作为一种规约，要求有关的人员的行为或工作、活动合乎规范。它规范的对象范围较之条例更具有特指性，显得更为集中。它的规范性要求与措施，比章程、条例要具体一些，针对性更明确，更见切实，不过比规则、细则又显得原则一些。

规定的格式与写法：

（一）标题

有两种写法：一是公文标题式，即由发文机关、事由、文种三者构成，如《国务院关于职工工作时间的规定》；二是省略发文机关，由事由与文种组成，如《关于徒工培训转正定级暂行规定》。两种标题都以使用“关于……”这种介词结构为常见，也可以在事由前不写“关于”，如《国家机关工作人员病假期间生活待遇的规定》。

(二)签署

题下签署类似条例,写明通过规定的会议名称、会议时间及发布日期;题下也可以只署发布时间与发布机关,加上括号,如"(2012 年×月×日国务院发布)";也有的在题下署以发文字号,如"省委办〔2012〕××号"。不在题下签署的,就在正文结束后署上发文机关与日期,或加括号写明发布施行的时间、发布机关及发布该规定所用的公文文种与文号,如"(2012 年×月×日国务院第×号令发布施行)",就说明该规定是通过"命令"文种发布的,并写明了令号。

(三)正文

正文之前以不写抬头(主送机关)为常见,尤其是适用于全国性规定,如《国营企业工资调节税暂行规定》、《国务院关于职工工作时间的规定》等,一般不写抬头。也有写抬头的,如浙江省委办公厅、省政府〔1989〕20 号《关于坚决制止用公款请吃送礼的规定》,抬头就写明"各市、地、县委、各市、县人民政府……"。这样写,明确执行机关,要求他们坚决执行。正文有两种格式,一是小序加条款式,开头用简短序言概括有关情况,说明制文缘由,然后逐条作出规定;二是"条"贯到底式,开始就是"第一条",写到最后一条。

正文的开头在说明情况、缘由后,一般用"特作如下规定"之类的话领起下文。

正文的主体写明一定之规,即规定的事项、要求或措施。有的是原则性的规范,有些是具体化的措施。原则性规范先写,具体的要求后写。如浙江省财政厅、监察厅制定的《关于加强党政领导干部借用公款管理若干规定》就是如此,第一条较原则,以下各条较具体。由原则到具体、由主要到次要,是规定内容的一般排列序次。规定具有规范性与约束力,正文语言尤须明确、肯定。语气决断,较多使用"应该"、"必须"、"不应"、"不得"一类词语。

正文的结束部分常以一、二条来说明施行时间、适用对象或解释权限等,如"本规定自发布之日起施行","本规定自××××年×月×日起,在全省各地实行","本规定由××部负责解释,实施办法由××部制定"等。

【例文 2-8】

女职工劳动保护特别规定

(2012 年 4 月 18 日国务院第 200 次常务会议通过,
2012 年 4 月 28 日国务院第 619 号令公布施行)

第一条　为了减少和解决女职工在劳动中因生理特点造成的特殊困难,

保护女职工健康，制定本规定。

第二条　中华人民共和国境内的国家机关、企业、事业单位、社会团体、个体经济组织以及其他社会组织等用人单位及其女职工，适用本规定。

第三条　用人单位应当加强女职工劳动保护，采取措施改善女职工劳动安全卫生条件，对女职工进行劳动安全卫生知识培训。

第四条　用人单位应当遵守女职工禁忌从事的劳动范围的规定。用人单位应当将本单位属于女职工禁忌从事的劳动范围的岗位书面告知女职工。

女职工禁忌从事的劳动范围由本规定附录列示。国务院安全生产监督管理部门会同国务院人力资源社会保障行政部门、国务院卫生行政部门根据经济社会发展情况，对女职工禁忌从事的劳动范围进行调整。

第五条　用人单位不得因女职工怀孕、生育、哺乳降低其工资、予以辞退、与其解除劳动或者聘用合同。

第六条　女职工在孕期不能适应原劳动的，用人单位应当根据医疗机构的证明，予以减轻劳动量或者安排其他能够适应的劳动。

对怀孕7个月以上的女职工，用人单位不得延长劳动时间或者安排夜班劳动，并应当在劳动时间内安排一定的休息时间。

怀孕女职工在劳动时间内进行产前检查，所需时间计入劳动时间。

第七条　女职工生育享受98天产假，其中产前可以休假15天；难产的，增加产假15天；生育多胞胎的，每多生育1个婴儿，增加产假15天。

女职工怀孕未满4个月流产的，享受15天产假；怀孕满4个月流产的，享受42天产假。

第八条　女职工产假期间的生育津贴，对已经参加生育保险的，按照用人单位上年度职工月平均工资的标准由生育保险基金支付；对未参加生育保险的，按照女职工产假前工资的标准由用人单位支付。

女职工生育或者流产的医疗费用，按照生育保险规定的项目和标准，对已经参加生育保险的，由生育保险基金支付；对未参加生育保险的，由用人单位支付。

第九条　对哺乳未满1周岁婴儿的女职工，用人单位不得延长劳动时间或者安排夜班劳动。

用人单位应当在每天的劳动时间内为哺乳期女职工安排1小时哺乳时间；女职工生育多胞胎的，每多哺乳1个婴儿每天增加1小时哺乳时间。

第十条　女职工比较多的用人单位应当根据女职工的需要，建立女职工卫生室、孕妇休息室、哺乳室等设施，妥善解决女职工在生理卫生、哺乳方面的困难。

第十一条　在劳动场所，用人单位应当预防和制止对女职工的性骚扰。

第十二条　县级以上人民政府人力资源社会保障行政部门、安全生产监督管理部门按照各自职责负责对用人单位遵守本规定的情况进行监督检查。

工会、妇女组织依法对用人单位遵守本规定的情况进行监督。

第十三条　用人单位违反本规定第六条第二款、第七条、第九条第一款规定的，由县级以上人民政府人力资源社会保障行政部门责令限期改正，按照受侵害女职工每人1000元以上5000元以下的标准计算，处以罚款。

用人单位违反本规定附录第一条、第二条规定的，由县级以上人民政府安全生产监督管理部门责令限期改正，按照受侵害女职工每人1000元以上5000元以下的标准计算，处以罚款。用人单位违反本规定附录第三条、第四条规定的，由县级以上人民政府安全生产监督管理部门责令限期治理，处5万元以上30万元以下的罚款；情节严重的，责令停止有关作业，或者提请有关人民政府按照国务院规定的权限责令关闭。

第十四条　用人单位违反本规定，侵害女职工合法权益的，女职工可以依法投诉、举报、申诉，依法向劳动人事争议调解仲裁机构申请调解仲裁，对仲裁裁决不服的，依法向人民法院提起诉讼。

第十五条　用人单位违反本规定，侵害女职工合法权益，造成女职工损害的，依法给予赔偿；用人单位及其直接负责的主管人员和其他直接责任人员构成犯罪的，依法追究刑事责任。

第十六条　本规定自公布之日起施行。1988年7月21日国务院发布的《女职工劳动保护规定》同时废止。

附录：女职工禁忌从事的劳动范围（略）

四、办法

办法是机关、企事业单位为有效进行某种单项性的工作、活动而作出的具体规定。较之条例、规定，办法内容更具体，有些办法，就是某个条例、某种法规的具体化，是条例、法规涉及的主管部门或机关、单位为实施条例、法规所制订的具体措施。如先有《中华人民共和国学位条例》，后就有《中华人民共和国学位条例暂行实施办法》。有些办法虽不直接是某个法规、条例的具体化，但也是为某项工作或活动作出具体规范。如国务院办公厅颁发的《国家行政机关公文处理办法》。

办法的格式和写法：

（一）标题

有两种写法：一是由事由和文种组成。如《基金会管理办法》、《关于××××的办法》；二是在上述标题前再加上发布机关，如《国家科委关于科学技术研究的管理办法》。

（二）签署

或在题目下面用括号注明发布日期和发布机关，或在正文结束后，署上发布日期、发布机关。如《基金会管理办法》，文后署明"（1988 年 9 月 27 日国务院第 18 号令发布）"，或如例文以公布令的格式签署发布。

（三）正文

一般由前言、主体、结语构成。开头是"总则"，用一段话或一、二条说明制定的目的、意义等。如《国家科委关于科学技术研究成果的管理办法》开头一段："科学技术研究成果是广大科学技术工作者劳动的结晶，是全国人民的重要财富。……为了加强科学技术研究成果的管理工作，特制订本办法。"《基金会管理办法》第一条："为了加强对基金会的管理，以利于基金会的健康发展，特制订本办法。"

主体部分是"分则"，内容多的可分几章，内容不多的即以条到底，各章各条逐一写明具体措施、实施办法。如《党政机关公文处理办法》主体部分就有"公文种类"、"公文格式"、"行文规则"、"公文拟制"、"公文办理"、"公文管理"等六章，章下分条。《外国企业或者个人在中国境内设立合伙企业管理办法》则只分条，不分章。主体内容要写得具体准确，分清轻重主次，重要的先写。语气比条例、规定要缓和一些，如用"原则上可以"之类词语，使各有关单位在执行中可根据实际情况有一定灵活性。

最后是附则，或用结语式，写执行要求与希望；或用一、二条说明开始实施时间、实施的责任部门、解释权限及"过去发布的文件凡与本办法不一致的，以本办法为准"之类的话。

【例文 2-9】

中华人民共和国国务院令

第 567 号

《外国企业或者个人在中国境内设立合伙企业管理办法》已经 2009 年

8月19日国务院第77次常务会议通过，现予公布，自2010年3月1日起施行。

总　理　温家宝

二〇〇九年十一月二十五日

外国企业或者个人在中国境内设立合伙企业管理办法

第一条　为了规范外国企业或者个人在中国境内设立合伙企业的行为，便于外国企业或者个人以设立合伙企业的方式在中国境内投资，扩大对外经济合作和技术交流，根据《中华人民共和国合伙企业法》（以下称《合伙企业法》），制定本办法。

第二条　本办法所称外国企业或者个人在中国境内设立合伙企业，是指2个以上外国企业或者个人在中国境内设立合伙企业，以及外国企业或者个人与中国的自然人、法人和其他组织在中国境内设立合伙企业。

第三条　外国企业或者个人在中国境内设立合伙企业，应当遵守《合伙企业法》以及其他有关法律、行政法规、规章的规定，符合有关外商投资的产业政策。

外国企业或者个人在中国境内设立合伙企业，其合法权益受法律保护。

国家鼓励具有先进技术和管理经验的外国企业或者个人在中国境内设立合伙企业，促进现代服务业等产业的发展。

第四条　外国企业或者个人用于出资的货币应当是可自由兑换的外币，也可以是依法获得的人民币。

第五条　外国企业或者个人在中国境内设立合伙企业，应当由全体合伙人指定的代表或者共同委托的代理人向国务院工商行政管理部门授权的地方工商行政管理部门（以下称企业登记机关）申请设立登记。

申请设立登记，应当向企业登记机关提交《中华人民共和国合伙企业登记管理办法》规定的文件以及符合外商投资产业政策的说明。

企业登记机关予以登记的，应当同时将有关登记信息向同级商务主管部门通报。

第六条　外国企业或者个人在中国境内设立的合伙企业（以下称外商投资合伙企业）的登记事项发生变更的，应当依法向企业登记机关申请变更登记。

第七条　外商投资合伙企业解散的，应当依照《合伙企业法》的规定进行清算。清算人应当自清算结束之日起15日内，依法向企业登记机关办理注销登记。

第八条　外商投资合伙企业的外国合伙人全部退伙，该合伙企业继续存续的，应当依法向企业登记机关申请变更登记。

第九条　外商投资合伙企业变更登记或者注销登记的，企业登记机关应当同时将有关变更登记或者注销登记的信息向同级商务主管部门通报。

第十条　外商投资合伙企业的登记管理事宜，本办法未作规定的，依照《中华人民共和国合伙企业登记管理办法》和国家有关规定执行。

第十一条　外国企业或者个人在中国境内设立合伙企业涉及的财务会计、税务、外汇以及海关、人员出入境等事宜，依照有关法律、行政法规和国家有关规定办理。

第十二条　中国的自然人、法人和其他组织在中国境内设立的合伙企业，外国企业或者个人入伙的，应当符合本办法的有关规定，并依法向企业登记机关申请变更登记。

第十三条　外国企业或者个人在中国境内设立合伙企业涉及须经政府核准的投资项目的，依照国家有关规定办理投资项目核准手续。

第十四条　国家对外国企业或者个人在中国境内设立以投资为主要业务的合伙企业另有规定的，依照其规定。

第十五条　香港特别行政区、澳门特别行政区和台湾地区的企业或者个人在内地设立合伙企业，参照本办法的规定执行。

第十六条　本办法自2010年3月1日起施行。

第七节　行政诉讼公文

一、行政诉讼公文的概念、特点和分类

（一）行政诉讼公文的概念

行政诉讼公文，是行政诉讼当事人和人民法院为进行诉讼而制作的各类公文。

各级行政机关在行使行政管理职能时，产生许多具体的行政行为。这些具体的行政行为经常地直接地涉及公民、法人和其他组织的权益。当行政机

关因行使其职权而引起争议的案件，公民、法人和其他组织不服行政机关的处罚或某些处理决定，依法向人民法院提起诉讼，由人民法院加以受理，于是行政诉讼公文就产生了。

我国历史上第一部行政诉讼法《中华人民共和国行政诉讼法》于1990年10月1日起施行以来，一些行政执法机关和管理部门过去自己说了算，都用行政手段来解决行政争议案件，公民、法人等不会到法院去起诉的情况，已经彻底改变。行政执法机关和管理部门出现了被诉的情况，需要参加行政诉讼活动，制作行政诉讼公文。因此，作为行政诉讼活动的基本条件和要式行为，行政诉讼公文的写作，越来越受到人们的普遍重视。

现在，行政诉讼与刑事诉讼、民事诉讼并列为我国的三大诉讼制度，由此而产生的行政诉讼公文也就有别于刑事、民事诉讼公文。行政诉讼是"民告官府"。"官府"与"民"，在平时是管理和被管理的关系，是不平等的关系，但他们到人民法院打官司时，作为行政诉讼的主体，其法律地位和权利是平等的。人民法院根据原告(公民、法人和其他组织)的提起，对行政机关的具体行政行为是否合理进行审理，被告一方必须是作为行政主体的行政机关，而且是因行政争议而引起，由人民法院裁定、判决而不能像民事诉讼那样可以调解，作为被告的"官府"即行政机关也不能反诉。

由此看来，行政诉讼应当制作适合于行政诉讼性质和内容的独立的公文，而不能套用刑事诉讼公文和民事诉讼公文。

(二)行政诉讼公文的特点

1. 主旨鲜明准确。行政诉讼公文，不管是诉讼当事人的公文还是人民法院的公文，其主旨都要鲜明准确。诉讼当事人公文的主旨，是在公文中反映出来的欲要达到的目的，如不鲜明准确，人民法院就难以裁判。人民法院裁判公文的主旨，是对行政争议案件，依据事实和法律、法规作出公正的裁定、判决，如不鲜明准确，就难以产生其法律效能。

2. 材料绝对可靠。行政诉讼公文的制作，严格遵循"以事实为根据，以法律为准绳"的原则。它所使用的事实材料，是特定的"案件事实"，由于涉及诉讼当事人的争议问题，稍有出入，就会出现严重后果，因此必须列举足以证明事实存在的绝对可靠的证据。它所使用的理论材料，是引用的有关法律、法规的条款，这些条款除了有很强的针对性，与诉讼事实在根本性质上相一致外，更要求真实无误，切不可笼统、模糊，断章取义。

3. 格式严格规范。各种行政诉讼公文有特殊规范的格式，其结构层次都是固定的、程式化的；项目特定，不能颠倒或错乱。这是因为有了严格规范的格式，便于制作者写清相应的内容，提高制作效率，保证公文质量；同时又便于查阅、使用和保管。

4. 表达方式因文种而异。行政诉讼公文，其表达方式有叙述、说明、议论等。但就具体文种说，则有所差异。诉状类文种，多为陈述客观事实和提出请求，其表达方式以叙述、说明为主；答辩状要运用辩驳，其表达方式以议论说理为主；人民法院的行政裁定书和判决书是表达处理和评断的结论，其表达方式以说明、议论为主。

（三）行政诉讼公文的分类

行政诉讼公文一般可分为两类：诉讼当事人公文和人民法院裁判公文。

诉讼当事人公文主要有：诉状、上诉状、申诉状、答辩状、强制申请执行书等。

人民法院裁判公文主要有：裁定书（不予受理起诉的裁定书、诉讼期间停止执行具体行政行为的裁定书、准许或不准撤诉的裁定书、二审发回重审的裁定书、提起再审的裁定书）；判决书（一审判决书、二审判决书、再审判决书）。

此外，根据行政诉讼法规定，原告在向法院起诉前，可以先向被告上一级行政机关申请审查原处理决定，并重新处理，为此而写的书状，叫复议申请书。在起诉或审理过程中，原告或被告因故不能参与诉讼，而委托有关人员代理诉讼而写的书状，叫授权委托书。因人民法院参与审判的有关人员与本案有直接或间接关系，要求他们回避而写的书状，叫回避申请书，这些也属行政诉讼文书。

诉讼当事人公文与人民法院裁判公文在性质、适用范围、作者和格式等方面有明显区别。从性质上说，诉讼当事人公文是法律赋予当事人的诉讼权利，是确认某种诉讼行为的有效条件，也是人民法院依法裁定、判决的依据，它本身具有诉讼意义而不具有法律效力。人民法院的裁判公文是为解决当事人的行政争议而作出裁定或判决的处理性公文，具有不可争议性和执行性的法律效力。从适用范围来说，诉讼当事人公文适用于或为维护自己合法权益，或为坚持自己所采取的行政行为具有合法性和正确性。裁判公文则适用于解决行政案件的程序问题（裁定书）或实体问题（判决书）。从作者来说，诉讼当事人公文的作者，包括原告（公民、法人和其他组织以及法定代理人、指定代理人、委托代理人）和被告（行政机关、委托代理人）。而裁判公文的作者，则是人民法院。从格式上说，诉讼当事人公文和人民法院裁判公文具有各不相同的规范格式，如判决书中的案由部分，包含案由和案由来源、法庭组成、审判方式三个内容要素,这三个内容要素在当事人公文中是没有的。又如诉状中事实和理由部分,是诉讼当事人所提供的事实、证据和理由;而在判决书中,不仅有当事人所提供的事实和理由,而且还有人民法院认定的事实和理由。

二、行政诉讼当事人公文写作

(一)行政诉状写作要点

行政诉状也叫行政起诉状。它是行政机关实施行政管理的相对一方,对行政机关给予的处理或处罚不服,向人民法院起诉呈递的书状。

行政诉状的作用在于向人民法院提起诉讼。一方面,诉状要围绕行政机关的"具体行政行为是否合法"这一重点问题,陈述事实和理由,写明请求事项,使法院决定是否受理;另一方面,诉状也是法院具体了解情况和审理行政案件的依据。

诉状由四个部分组成,即首部、请求事项、事实和理由、尾部。写作时,应依次而写。

1.首部。先写标题,如"行政起诉状"、"行政诉状"。接着写当事人的特定事项,即在原告栏内写清原告的姓名、性别、年龄、民族、籍贯、工作单位等和诉讼代理人及其单位;在被告栏内写清被告单位、地址和法定代表人。

2.请求事项。写明请求法院解决什么问题,提出明确的具体要求。如有多项请求,最好分项写清。

3.事实和理由。写事实部分,用陈述的方法,如实反映事实的原有面貌,突出主要情节,写明因果关系,不要写旁枝末节。理由部分既要充分有力,又要合情合理合法,具有说服力。一般可不写证据材料,这是因为行政诉讼采取"被告负举证责任"的原则,与民事诉讼"谁主张谁举证"不同。

4.尾部。先写受诉法院名称,分两行写"此致"、"×××人民法院",后面写具状人姓名或盖章,起诉日期。附项写本状副本份数等。

【例文 2-8】

行政诉状

原告:×××,男,31岁,汉族,××省××市人,初中文化,××市××单位职工,住本市××路×号。

委托代理人:×××,××市第二律师事务所律师。

×××,××市××区法律顾问处律师。

被告：××市公安局××区分局。

法定代理人：×××，该局局长。

委托代理人：×××，该局刑侦队队长。

为不服被告××市公安局××区分局××号收容审查处理决定，根据《中华人民共和国行政诉讼法》第×条的规定提起诉讼，事实和理由如下：

1999年8月18日7时许，原告下班回家发现家中及邻居×××家通往楼顶的门窗被撬，即通知×××赶回报案。当晚被告进行现场勘查，在原告屋内发现失主眼镜一副和戒指盒，以此确认原告有盗窃嫌疑。同年11月14日，被告工作人员口头传唤原告进行询问，询问中违反法律规定进行诱供使原告编造了盗窃胡家的作案经过。当晚和次日晚，被告未遵循法定程序先后两次在原告未在场的情况下，对原告住所进行搜查，并扣押了原告部分财物。又于11月15日以××号"被收容审查人员处理决定书"对原告进行收容审查，限制了原告的人身自由。此间，被告经调查认为确认原告盗窃作案无实据，遂于12月16日对原告解除了收审，予以释放，退还了扣押的财物。原告被关押限制人身自由32天，遭受奖金等计人民币300元（按原告被收审前一个月工资奖金计算）损失，身心健康及名誉亦受到一定损害。

原告认为，被告××市公安局××区分局在履行职责时，违反国务院《关于将强制劳动和收容审查两项措施统一于劳动教养的通知》第二条之规定，在无确实证据，又违反法定程序的情况下，将不符合收容审查法定条件的原告予以收容审查，并对其住所进行搜查，扣押了部分财产，该具体行政行为侵犯了原告的人身权、财产权和名誉权。为此，根据《中华人民共和国行政诉讼法》第×条、第×条第×项的规定，请求人民法院判令如下：

一、撤销被告××市公安局××区分局以××号《收容审查处理决定通知书》决定对原告王××收容审查和对原告进行住宅搜查，扣押财产的具体行政行为；

二、由被告××市公安局××区分局赔偿原告王××工资、奖金等经济损失人民币300元，名誉损害费计人民币200元。

此致

××人民法院

具状人：×××

2000年×月×日

(二)行政上诉状、申诉状写作要点

上诉状是行政诉讼当事人不服第一审人民法院的裁判,请求上一级人民法院撤销、变更原审裁判或重新审理而提出的书状。

使用上诉状必须具备以下条件:第一,必须是有权提起上诉的人,即诉讼当事人或法定代理人。第二,必须是当事人不服一审法院的裁判。第三,必须在法定的期限内提起上诉。

上诉状包括首部、案由、上诉请求、上诉理由、尾部。

1. 首部。先写标题,如"行政上诉状"。接着写上诉人和被上诉人的基本情况,书写项目和次序与诉状相同。

2. 案由。一般写成:"上诉人因×××一案,不服×××人民法院于××××年×月×日×字第×号行政判决(或裁定),现提起上诉。"

3. 上诉请求。这是对二审法院提出上诉的请求。上诉人不服原审裁判,一定要讲清哪些地方不服;请求二审法院撤销、变更原审裁判,撤销一部分或全部,或请求重新审判,一定要写具体、明确。

4. 上诉理由。这是上诉状的最重要部分,是写好上诉状的关键。上诉理由要充分有力。写作时可从以下三方面提出:第一,认定事实方面。如果原审裁判在认定事实上不实,或不清、不准、不当,或全部错误时,上诉人可以针对性地反驳原裁判的认定,陈述正确事实,举出有关证据,摆明其中道理,提出上诉理由。第二,适用法律方面。如果原审裁判适用法律不当时,上诉人可以指出不当之处,明确指出错误援引法律的具体条款,说明正确的法律依据,提出上诉理由。第三,诉讼程序方面。上诉人认为原审裁判违反行政诉讼程序的,可以作为上诉理由。

在具体写作时,可以先提出上诉请求,后阐明上诉理由;也可先阐明上诉理由,后提出上诉请求。

5. 尾部。写法与诉状同。

申诉状是行政诉讼当事人对已经发生法律效力的裁判,认为确有错误,向原审法院或原审法院的上级法院提出申诉,请求重新审理案件的书状。

使用行政申诉状必须具备以下条件:对已经产生法律效力的裁判,当事人认为确有错误的,都可以申诉,而不管判决或裁定是否已执行完毕,也不受时间的限制。申诉状只能作为人民法院是否提起审判监督程序的重要参考资料,可以引起也可能不会引起审判监督程序的发生。

申诉状的格式和写法,与上诉状基本相同,但由于程序上的区别,也有不同之处。

1. 首部。先写标题“行政申诉状”，再写申诉人姓名等基本情况。

2. 申诉目的。一般写：“申诉人因×××一案，现对×××人民法院××××年×月×日×字第×号判决（或裁定）书提出申诉”。要写清申诉目的：要求撤销、变更原裁判，或要求查处、再审。

3. 事实和理由。针对原裁判的错误之处，从认定事实和适用法律条文方面提出申辩；请求事项要合理合法，不能无理缠讼。

4. 尾部。写明接受申诉状的法院名称，申诉人姓名或盖章，申诉日期。还可写代书单位或律师姓名。附项，注明有关书证、物证等份数、件数。

（三）行政答辩状写作要点

答辩状是在行政诉讼活动中，被告或被上诉人针对原告或上诉人的诉状或上诉状中的事实和理由，相应地进行回答或辩驳的书状。它有利于保护被告或被上诉人的合法权益，也有利于人民法院作出公正合理的裁判。

在行政诉讼过程中，被告或被上诉人（如公安局、工商行政管理局、税务局等）接到人民法院应诉通知书及原告诉状或上诉状副本后，针对原告的起诉或上诉理由、根据以及请求事项，进行有的放矢的回答和辩驳，以便法院全面了解诉讼双方当事人的意见、要求，准确、合法、恰当地行使审判权。

答辩状的格式和写法：

1. 首部。先写好标题，如“行政答辩状”。接着写答辩人的基本情况，写明行政机关的全称、地址，法定代表人姓名、职务、委托代理人姓名、单位、职务、住址等。

2. 案由。写明因何人起诉或上诉的何案提出答辩。如“因×××不服×××局第×号×××裁决一案，根据事实或法律答辩如下”，或“我局收到×××人民法院××××年×月×日×字第×号原告诉状副本和应诉通知书，现依法进行答辩”。

3. 答辩理由。这是答辩状的核心部分。写答辩人批驳原告或上诉人谬误的理由。批驳的方法，可以抓住对方在诉状或上诉状中所陈述的事实错误、引用法律条款的错误，来批驳对方的论据；可以列举答辩人自己所掌握的事实和证据，证明自己的理由和观点是正确的；可以运用逻辑推理进行论证，否定原告或上诉人关于实体权利的请求，或从诉讼程序上论证原告或上诉人不具备起诉或上诉所发生或进行的条件。答辩状主要用辩驳的方法，目的在于使对方败诉，让法院接受自己的主张，因此要抓住关键性问题，进行有理有据地辩驳，避免生硬武断。

4. 答辩意见。申明答辩人的意见和主张。具体写法是：归纳答辩的问题，提出自己的观点；提出法律根据和客观事实根据，说明自己的行政行为的合法性，同时指出对方法律行为的违法性；最后请求人民法院依法公正合理地裁决。

5. 尾部。先写“此致”、“×××人民法院”，再写答辩人姓名或盖章，答辩日期。

【例文 2-9】

行政答辩状

答辩人：××省标准计量管理局

法定代表人：×××，男，局长，电话：(略)

为××视觉光学技术有限公司不服××市××区人民法院××法行初字〔2000〕第 6 号行政判决，现提出如下答辩：

一、上诉状称：“该检验报告抽检程序违法”。答辩人认为，2000 年 3 月 2 日省政府召开会议作出“××案件由省标准计量局立案，由省眼镜质检站负责抽样”的决定和省计经委、省标准计量局×计经质〔2000〕25 号文件(见一审卷宗)已明确确立了设在省计量测试技术研究所内的省眼镜质检站的抽样权。3 月 4 日对上诉人的抽样，实际由省眼镜质检站和省标准计量局、省工商局的工作人员共同进行，省联合调查组及当地陪同部门的人员在场。由于省眼镜质检站刚成立不久，印章尚未刻妥，故抽样单上由该站主管单位省计量所代章，以示负责，丝毫不影响本次抽样的客观性、公正性和合法性。所以，本次抽样程序并不违法。

二、上诉状称：“该检验报告封样、送样程序违法。”答辩人认为，本次对上诉人的抽样不仅是要查明上诉人当时库存的 1050 片成镜质量，更重要的是要判断其是否具备生产合格产品的生产能力和条件，因此，必须适用 GB 2829 国家标准。适用 GB 2829 国家标准与适用 GB 2828 国家标准并不矛盾，不影响对其 1050 片成镜质量的认定。所以，本次检验报告封样、送样程序是合法的。

三、上诉状称：“该检验报告检样机构不是法定的。”答辩人认为，国家玻璃搪瓷产品质量监督检测中心是本次检验的法定机构(见一审卷宗)，省医疗检测中心不是本次检验的法定机构，理由是：

1. 上诉人生产的隐形眼镜不属于医疗器械新产品，不能适用国家医药管理局 4 号令。

2. 省医疗检测中心主管单位省医疗器械研究所在 2000 年 2 月 16 日的一则声明中也否认上诉人的诉称(见一审卷宗)。

四、上诉状称:"检验报告内容是错误的。"答辩人认为,对上诉人的处罚决定所依据的检验报告正确无误,答辩人根据该报告对上诉人进行处罚,是职责所在,完全合法。上诉人对检验报告有异议,可以通过法定程序解决。

综上所述,答辩人认为,对上诉人的处罚事实清楚,证据确凿,依据合法,请依法维持一审判决。

此致

××市中级人民法院

答辩人:××省标准计量管理局

2001 年 1 月 20 日

(四)强制申请执行书写作要点

行政诉讼当事人因对方当事人拒绝履行人民法院已经发生法律效力的判决或裁定,或行政机关因公民、法人或其他组织对具体行政行为在法定期限内不提起诉讼又不履行的,向人民法院提出申请强制执行的书状,叫强制申请执行书。

使用强制申请执行书,有利于维护社会主义法制。当人民法院裁判已产生效力,当事人的一方即义务人或因法律观念薄弱而拒不执行,或故意缠讼,一再拖延,在这样的情况下,胜诉的一方就应向人民法院提交强制申请执行书,经人民法院批准,运用法律的强制力,由执行员迫使义务人履行,强制性地执行生效。这样,既可以维护法律的严肃性,也可以维护胜诉一方的权益,对提高公民和行政机关执行法律的自觉性,也有重大意义。

这里需要说明两点:第一,强制申请执行书适用于行政诉讼当事人双方。当行政机关拒绝履行人民法院判决、裁定时,当事人的另一方即公民、法人和其他组织可以向人民法院提出强制申请执行书,由法院行使强制执行权;当公民、法人和其他组织拒绝履行人民法院判决、裁定时,当事人的另一方即行政机关,有执行权的(如公安局、工商行政管理局、税务局、海关等)可以依法采取强制执行措施;没有执行权的行政机关可以向人民法院申请,由人民法院采取强制执行措施。第二,强制申请执行书是向第一审人民法院提出,并由第一审人民法院强制执行。

强制申请执行书的格式和写法:

1. 首部。先写标题:"强制申请执行书"。接着写申请人的姓名、性别、年龄、民族、籍贯、职业、住址；如果是行政机关，则写机关全称、地址，法定代表人姓名、职务，委托代理人姓名、单位、职务、住址。再写对方当事人的情况，写法同上。

2. 申请理由。这部分是核心部分。应写明以下几点：第一，简述案件情况：何案、何法院于何时以×字×号判决书（或裁定书）作出×审判决（或裁定），判决书（或裁定书）已发生法律效力。第二，判决书（或裁定书）中有关执行项目的规定。第三，被申请人目前没有执行的情况。这三点要写得具体、明确、合法。

3. 申请人要求。概括地把请求人民法院所要解决的问题，申请人所要达到的目的，明白地表达出来。

4. 尾部。先写“此致”、“×××人民法院”；再写申请人或法定代表人、委托代理人的姓名或盖章；最后写上申请日期。

三、人民法院行政裁判公文写作

（一）行政判决书写作要点

行政判决书是人民法院依照法律规定，在行政诉讼中，为解决具体的行政诉讼争议，就实体问题所作的具有法律效力的书面公文。

行政判决书的格式和写法：

1. 首部。首部要依次写清下列各项，以体现审判程序的合法性：

（1）标题、案号。标题中法院名称和“行政判决书”分两行写，如：

××省××市中级人民法院
行政判决书

案号中年度和号数用阿拉伯数字写，如“〔2012〕法行×字第×号”。

（2）当事人基本情况。原告栏内，应写明原告的姓名、性别、年龄、民族、籍贯、工作单位、职业和住址；或写明法人或组织的名称、地址。另起一行写法定代表人姓名、职务。被告栏内，写被诉行政机关名称、地址；另起一行写该机关法定代表人姓名、职务。

（3）诉讼代理人基本情况。写明诉讼代理人的姓名、性别、工作单位、职业、住址。

（4）案由。依次写清案由、审判组织（即组成合议庭审判还是独立审判）、审判方式（即依法公开审理还是不公开审理）。

2. 事实。事实部分应写明当事人行政争议的事实以及法院认定的事实和证据。

(1)当事人行政争议的事实。一般先概括行政机关所作的裁决或其他行政行为的内容及其根据;再简述原告的诉讼请求和理由,以及被告的答辩。

(2)法院认定的事实和证据。写好法院认定的事实和证据,是一份判决书的关键。认定的事实要客观真实,表述要准确具体,要把时间、地点、情节和因果关系交待清楚;证据要经法庭审查核实才能作为定案的根据,证据要有力。

3. 判决理由。理由部分应写清判决的理由和判决所依据的法律条款。

(1)判决的理由。根据法院认定的事实和证据,对诉讼争议问题进行分析,作出判断,阐明法院的观点。理由写作要坚持摆事实、讲道理的原则,要有针对性,要讲逻辑性。

(2)判决所依据的法律条款。要写明判决所依据的法律、行政法规、地方性法规的有关条款。

4. 判决结果。这是人民法院对诉讼争议作出的实体处理的结论。按内容分,有四种判决结果:维持的判决,撤销或部分撤销的判决,限期履行的判决,变更的判决。这部分要写得准确、完整。

5. 尾部。在判决结果之后,另起一行写明诉讼费用由谁负担,负担的金额。有些法院的判决书,将诉讼费的负担作为判决内容来写,显然不当。尾部还应交待判决书性质或上诉事项,合议庭成员署名、判决日期、书记员署名。印发的判决书,书记员认真核对后,加盖“本件与原件核对无异”的印章。

【例文 2-10】

湖南省××市中级人民法院

行政判决书

〔2012〕×行终字第 1 号

上诉人(原审原告)×××。

被上诉人(原审被告)×县工商行政管理局。

上诉人×××因工商行政处罚一案,不服湖南省×县人民法院〔2011〕×行初字第×号行政判决,向本院提起上诉。本院依法组成合议庭,于 2012 年 1 月 19 日公开开庭审理本案。上诉人×××无正当理由拒不到庭,故本院依据《中华人民共和国行政诉讼法》第五十九条之规定,实行书面审理。本案现已审理终结。

原审经审理查明：原告×××在×县龙海镇市场从事农药、种子、化肥农资经营活动。2011 年 4 月 25 日，被告×县工商行政管理局灵官工商所执法人员在龙海镇执法检查时，发现原告×××在 2011 年 1 月 1 日至 4 月 25 日期间，经营、销售的农药、种子、化肥等农资未按规定建立进货台账，如实记录产品名称、规格、数量、供货商及其联系方式、进货时间等内容。2011 年 4 月 25 日，被告×县工商行政管理局立案调查。调查终结后，被告于 2011 年 5 月 20 日向原告×××下达了×工商听告字〔2011〕51 号行政处罚听证告知书，并履行了告知程序。原告×××收到行政处罚听证告知书后，在规定的期限内未向被告明确提出听证申请。2011 年 6 月 3 日，被告×县工商行政管理局对原告×××作出了×工商案字〔2011〕51 号行政处罚决定：责令原告×××改正违法行为，对原告×××处罚款 3000 元。被告×县工商行政管理局作出行政处罚决定后，原告×××不服，遂向××市工商行政管理局申请复议。××市工商行政管理局经复议，于 2011 年 9 月 15 日作出(×)工商复决字〔2011〕1 号行政复议决定：维持被告×县工商行政管理局对原告×××作出的×工商案字〔2011〕51 号行政处罚决定。

原审法院认为：农资经营者应当对其经营的农资产品质量负责，建立健全内部产品质量管理制度。农资经营者在经营农资产品时应当建立进货台账，如实记录产品名称、规格、数量，供货商及其联系方式、进货时间等内容。进货台账和销售台账，保存期限不得少于 2 年。原告×××从事农资经营时未按规定建立进货台账，其行为违反了国家工商行政管理总局《农业生产资料市场监督管理办法》第九条第(二)项的规定，已构成了未按规定建立进货台账的违法行为。被告×县工商行政管理局依照《农业生产资料市场监督管理办法》第十四条之规定，对原告×××作出：责令改正违法行为，处罚款 3000 元的行政处罚决定，事实清楚、证据确凿、适用法律法规正确，且是在法律、法规规定的处罚幅度之内，属从轻处罚，处罚决定并无不当。同时，按照《中华人民共和国行政处罚法》第三十一条之规定，行政机关在作出行政处罚之前，应当告知当事人作出行政处罚决定的事实、理由及依据，并告知当事人依法享有的权利。被告×县工商行政管理局在作出本案被诉具体行政行为之前已依法履行了告知义务，且已送达，原告×××在规定的期限内未向被告明确提出听证申请。因此，被告×县工商行政管理局对原告×××作出的行政处罚程序是合法的。

综上所述，被告×县工商行政管理局对原告×××作出的行政处罚决定事实清楚、证据确凿、适用法律法规正确、符合法定程序，应当予以维持。原告×××及其委托代理人提出要求撤销被告作出的行政处罚决定理由不能成立，不予支持。据此，依照《中华人民共和国行政诉讼法》第五十四条第（一）项之规定，判决：维持被告×县工商行政管理局2011年6月3日对原告×××作出的×工商案字〔2011〕51号行政处罚决定。案件受理费50元，由原告×××负担。

上诉人×××上诉的主要理由及请求：(1)原判认定事实不清，证据不足。原判认定上诉人从事农资经营未按规定建立台账不是事实。(2)被上诉人未举行听证即作出处罚决定程序违法，一审判决维持错误。据此，请求二审：(1)撤销原判；(2)撤销被上诉人作出的×工商案字〔2011〕第51号行政处罚决定。

被上诉人辩称：(1)上诉人称其有台账不是事实。被上诉人的工作人员在调查过程中在上诉人的经营现场如实记录和收集了上诉人违法事实的证据，且经上诉人核对签名确认。(2)上诉人称其与其他人于2011年5月23日上午到被上诉人的派出机构灵官工商所集体要求听证，并联名递交了听证申请书不是事实。在此案复议期间，复议机关对上诉人提交的"听证申请书"上签名的上诉人等人进行了调查，取得了5份调查笔录。在笔录中，上诉人承认其没有口头提出听证要求，也没有递交其与他人联合签名的"听证申请书"。上诉人上诉理由不成立，请求二审驳回上诉，维持原判。

二审经审理确认一审判决认定的事实。

本院认为，本案焦点是：(1)被诉具体行政行为认定上诉人未建立农资经营进货台账的事实是否成立；(2)被诉具体行政行为程序是否合法。

关于第一个焦点问题：根据国家工商行政管理总局2009年颁布的45号令《农业生产资料市场监督管理办法》第九条第（二）项规定："农资经营者应当建立进货台账，如实记录产品名称、规格、数量、供货商及其联系方式、进货时间等内容。从事批发业务的，应当建立产品销售台账，如实记录批发的产品品种、规格、数量、流向等内容。进货台账和销售台账，保存期限不得少于2年。"该管理办法第十四条规定："农资经营者违反本办法第九条规定的，由工商行政管理部门责令改正，处1000元以上1万元以下的罚款。"上述管理办法自2009年11月1日起实施。本案上诉人是2003年从事农资经营活动的，2011年3月30日，上诉人与被上诉人签订了农资产品质量承诺书，向被上诉人和广大消费者作出承诺，明确要如实做好购销台账，对销售农资实行质量跟踪，做好售后服务工作。故上诉人应当知道农资经营应当建立台账。本案证据显示，被上诉人的工作人员在上诉人经营现场检查时，未见农资经营进货台账及销售台账，经询问上诉人，上诉人也明确表示其未建立进货和销售台账，故上诉人违反上述管理办法第九条第(二)项之规定的事实存在,被上诉人依据上述管理办法第十四条之规定对上诉人予以处罚认定事实清楚,适用法律正确。上诉人上诉称其建立了台账,证据不足,本院不予支持。

关于第二个焦点问题:《中华人民共和国行政处罚法》第四十二条规定:“行政机关作出责令停产停业、吊销许可证或者执照、较大数额罚款等行政处罚决定之前,应当告知当事人有要求举行听证的权利;当事人要求听证的,行政机关应当组织听证。”本案证据显示,被上诉人作出被诉行政处罚前,向上诉人送达了行政处罚告知书,告知了上诉人有陈述申辩权和要求听证权。但上诉人没有申请听证。上诉人在诉讼过程中提交了一份要求听证申请书,以证明其申请了听证。对于该份听证申请书是否已向被上诉人提交的问题,在行政复议阶段,已经行政复议机关调查核实,在该份听证申请书上签名的5人(含上诉人在内)均表示未将该份申请书向被上诉人及其派出机构提交,也未口头申请听证。故上诉人称被上诉人未举行听证,程序违法之上诉理由亦不成立,本院不予支持。

综上所述,原审判决认定事实清楚,适用法律正确,程序合法。依据《中华人民共和国行政诉讼法》第六十一条第(一)项之规定,判决如下:

驳回上诉,维持原判。

二审案件受理费50元,由上诉人×××负担。

本判决为终审判决。

审　判　长　×××
审　判　员　×××
审　判　员　×××
二〇一二年二月十七日
代理书记员　×××

(二)行政裁定书写作要点

行政裁定书是人民法院在审理行政案件中,为解决有关程序问题而作出的书面决定。

裁定书与判决书的主要区别:一是解决的问题不同。裁定书解决某一程序问题,判决书解决当事人争议的实体问题。二是制作时间不同。裁定书一般不受制作时间限制,而判决书要在案件审理终结时制作。三是制作的具体要求不同。裁定书比判决书简单,叙事和说理部分一般可合写一段。

裁定书由于内容性质不同,可以分为好多种。主要的有:不予受理起诉的裁定书、诉讼期间停止执行具体行政行为的裁定书、准许或不准撤诉的裁定书、二审发回重审的裁定书、提起再审的裁定书等。

这里介绍准许撤诉的行政裁定书。

1. 首部。写明标题、文号以及原告、被告栏内容。

2. 正文。(1)原告起诉的事由。可写“原告×××不服×××(行政机关)的处理或处罚,向本院提起诉讼,本院依法立案审理”或写“××××年×月×日本院接到原告的行政起诉状,……(概括写明原告起诉事由)”。

(2)撤诉的理由。写诉讼期间原告提出申请撤诉,然后写法院的态度,再写“根据(依照)……(引用法律的条款)的规定,裁定如下:”。

(3)裁定结果。可写为“准许原告×××撤回起诉”。

3. 尾部。在裁定结果后另起一行写受理费由谁负担。再写法院案件受理有关人的姓名、裁定日期、法院印章等。

【例文 2-11】

河南省××市××区人民法院

行政裁定书

〔2012〕金行初字第 57 号

原告×××,男,39 岁。

被告河南省质量技术监督局,住所地××市××路××号。

法定代表人×××,局长。

委托代理人×××、×××,该局法规处工作人员。

原告×××诉被告河南省质量技术监督局行政复议决定一案,原告于 2012 年 2 月 14 日向本院提起行政诉讼,本院受理后依法组成合议庭,于 2012 年 3 月 13 日公开开庭进行了审理。原告×××,被告委托代理人×××、×××到庭参加诉讼。本案现已审理终结。

2012 年 1 月 18 日,被告作出(豫)质监复决字〔2011〕007 号行政复议决定书,以漯河市质量技术监督局已依法履行职责为由,维持了该局的具体行政行为。

原告不服诉称:因漯河市质量技术监督局对原告的申诉未作出任何处理决定,原告才向被告申请行政复议。被告的行政复议决定改变了原具体行政行为的事实,请求法院撤销被告的行政复议决定,并判令被告重新作出复议决定。提供的证据有被告所作的行政复议决定。

被告辩称:被告作出的是维持原具体行政行为的行政复议决定,故被告非本案适格被告;原告2012年1月19日收到被告向其作出的行政复议决定,其向法院起诉已超过起诉期限,请求驳回原告的起诉。提供的证据有:(1)被告作出行政复议决定所依据的事实及程序性证据。(2)特快专递查询清单。提供的法律依据有:(1)《中华人民共和国行政复议法》;(2)《产品质量申诉处理办法》;(3)《中华人民共和国食品安全法》。

本院调取的证据有邮件查单、国内特快专递邮件详情单。

经审理查明:2012年1月18日,被告对原告的行政复议申请作出(豫)质监复决字〔2011〕007号行政复议决定书,同日按照原告提供的地址,将该行政复议决定以国内特快专递的方式邮寄给原告。原告2012年1月19日收到该复议决定,于同年2月14日向本院提起行政诉讼。

本院认为:《中华人民共和国行政诉讼法》第三十八条第二款规定,申请人不服复议决定的,可以在收到复议决定书之日起十五日内向人民法院提起诉讼。原告2012年1月19日收到该复议决定,于同年2月14日向本院提起行政诉讼,已超出法律规定的起诉期限。原告称其是在法定期限内起诉,但未能提供相应证据。依照最高人民法院《关于执行〈中华人民共和国行政诉讼法〉若干问题的解释》第四十四条第一款第(六)项的规定,裁定如下:

驳回原告×××的起诉。

如不服本裁定,可在裁定书送达之日起十日内向本院递交上诉状及副本一式八份,上诉于河南省郑州市中级人民法院。

审　判　长　×××
人民陪审员　×××
人民陪审员　×××
二〇一二年四月六日
书　记　员　×××

第三章　经济文书

第一节　概　述

一、经济文书的概念和作用

经济文书，是在经济活动中形成并使用的处理各种经济业务关系的一种应用文体。

由于经济文书的内容与经济活动或经济业务直接相关，又广泛应用于经济领域，因而它是经济管理活动的重要手段。

在以经济建设为中心的今天，随着市场经济体制的逐步建立和完善，经济文书在经济信息的存储、传递和反馈，经济契约的签订与履行，经济决策的确立与实施，经济管理的强化与协调，经济业务的交往与流通，经济利益的交换与分配，经济形势的分析与评估，经济规律的探寻与验证，以及与世界经济接轨等方面，将日益显示出它的重要作用。尤其是在竞争激烈，风险巨大，瞬息万变的市场形势和各种复杂的纵向、横向经济联系情况下，经济文书写作质量的高低，关系到经济部门、企业单位和各类经济实体的经济管理活动的运行，经济效益的好坏。因此，学习经济文书的写作基本知识，提高经济文书的写作质量，具有十分重要的现实意义和深远的历史意义。

二、经济文书的分类

经济文书有广义与狭义之分。

广义的经济文书，是指机关、团体、企事业单位以及个人在经济活动中所使用的各种文书的总称。凡是与经济活动和经济管理有关的行政公文、业务文书、规约文书、宣传文书、议论文体等，都可以称为经济文书。

狭义的经济文书，是指以经济管理部门和经济实体为主的与经济业务有关的文书。主要有经济合同、协议书与意向书、审计报告、市场预测报告、经济活动分析报告、可行性研究报告、经济论文、涉外商务文书等。

本章所阐述的经济文书，是指狭义的经济文书。

三、经济文书的特点

（一）鲜明的政策性

经济文书涉及经济问题，而经济问题又关系到国家、集体和个人的利益，事关重大。因此，经济文书必须符合国家的有关经济政策，依据有关的经济法规。它不能随心所欲地掺杂个人的感情成分，更不能以个人感情或“土政策”来代替国家的政策。经济文书撰写，以政策为出发点。

（二）具体的目的性

经济文书写作的目的，是为了搞活经济，强化经济管理，实现一定的经济效益。一份严密的有效的合同，可以免受经济损失；一份分析报告或市场预测报告，可以使领导作出科学的决策；一份有创见的经济论文，可以提高经济管理人员的管理水平，甚至推动经济改革深入发展。这种具体而明确的目的，与其他文体有着很大的区别。

（三）撰文的灵活性

经济文书是根据经济活动和经济管理过程中各个环节的需要而撰写的。而经济活动和经济管理过程是开放的、动态的，有一定的弹性，这就使经济文书的撰写有了一种灵活性。这种灵活性，一是行文关系较为灵活，上行、平行、下行皆可；可以有主送机关，也可以供自己单位领导决策参考，还可以为社会提供经济信息。二是内容较为灵活，如市场调查和预测报告的有关内容，可引为可行性研究报告的依据，也可作为经济论文的论据。有的内容需要双方或多方协商，如经济合同；有的内容则随形势变化而变化，如市场预测报告。三是表达方式的灵活，可以运用记叙、说明、议论等多种表达方式；也可以运用表格、图表、文字、统计数据等。

（四）较强的专业性

经济文书的内容都是围绕经济活动和经济管理而展开，涉及经济方面的专业知识。它的撰写，要运用经济学方面的理论知识和实践经验，运用经济专业的各种数据、表格、名词术语、经济核算方法等，因而专业性较强。

四、经济文书的写作基本要求

(一)掌握经济政策

经济工作关系到国家、集体和个人的利益，政策性很强；在由计划经济向市场经济体制转换的过程中，问题又极其复杂，为此，国家制订了一系列经济政策和经济法规。撰写经济文书，必须熟悉并掌握有关政策和法规。否则，所写的经济文书或者无效，或者失去实际指导意义，或者直接造成经济损失。

(二)熟悉业务知识

经济文书的专业性较强，撰写者应熟悉有关经济业务，既懂理论，又有实践经验；既熟悉政策，又熟知具体部门的情况，这样就会对经济现象看得清，以科学的方法按经济规律办事。如果不熟悉经济业务，撰写时说外行话，往往会产生差错，甚至造成经济损失。

(三)坚持实事求是

经济文书是一种实用性文体，决不允许虚构和浮夸。写作时必须坚持实事求是的原则，事有所符，数有所据，理有所出。所用的所有材料、事例、数据都要准确可靠，经过核实，要坚持杜绝浮虚，消除“水分”。不然的话，不仅会影响经济部门和企业的信誉，而且还会有损于国家的信誉和利益。

第二节　合　同

一、合同的概念、分类和特点

(一)合同的概念

合同是双方或多方当事人出于某种需要或为实现某种经济目的，经协商确定相互权利和义务，并共同签字、遵守的一种法律关系的协议。

1999年3月15日，江泽民主席签署的、九届全国人大二次会议通过的《中华人民共和国合同法》第二条规定：“合同是平等主体的自然人、法人、其他组织之间设立、变更、终止民事权利义务关系的协议。”

由于《中华人民共和国合同法》于1999年10月1日起施行，《中华人民共和国经济合同法》、《中华人民共和国涉外经济合同法》、《中华人民共和国技术合同法》同时废止，所以经济合同的有关提法，应严格按新的《合同法》的规定。

新的《合同法》规定，合同当事人的法律地位平等，一方不得将自己的意志强加给另一方。当事人依法享有自愿订立合同的权利，任何单位和个人不得非法干预。当事人应当遵循公平原则确定各方的权利和义务。当事人行使权利、履行义务应当遵循诚实信用原则。依法成立的合同，受法律保护。撰写经济合同，必须按新的《合同法》的有关规定，不能妄自阐述。

（二）合同的分类

合同的分类没有严格标准，各有各的分法。

一般地说，合同的种类有：

1. 按内容分，有买卖合同、租赁合同、融资租赁合同、建设工程合同、承揽合同、运输合同、赠与合同、借款合同、仓储合同、保管合同、技术合同、委托合同、行纪合同、居间合同及供用电、水、气、热力合同等。其中某些大类还可具体分为若干小类，如运输合同还可分为客运合同、货运合同等。

2. 按有效期限分，有长期合同、中期合同、短期合同。

3. 按法律后果分，有转移财产的合同、完成特定工作的合同、提供劳务的合同、提供智力成果的合同、补偿合同等。

4. 按形式分，有条款式合同、表格式合同。

合同与协议书相类似，都是经过当事人共同协商签订的建立协作关系或约定关系的凭证。但它们之间有所区别：

第一，合同一般限于经济活动方面；协议书内容可以是经济活动方面，也可以是其他活动方面，其适用范围比合同广泛得多。

第二，合同是从“微观”的角度，落实所要履行的具体明细的事项；协议书则涉及“宏观”角度，总体原则。当然，某些协议书内容很具体，很明细，也可作为正式合同使用。

第三，合同一经签订则产生法律效力，协议书则要经过公证机关公证或行政主管部门鉴证才能产生法律效力。

（三）合同的特点

1. 制作态度的严肃性。制作合同，态度要十分严肃，高度负责。这是因为：第一，经济合同是双方或多方共同协商制定的，关系到自己和对方的权益和义务，干系重大。制作时决不可轻易承诺，马虎从事。制作中发现错漏缺陷，不能单方面修改，而必须经双方或多方协商一致后进行处理。第二，经济合同的制作，必须建立在国家法律法令的基础上，必须建立在法人提出允诺和接受允诺的基础上，具有法的形态性。第三，经济合同一经签订，就产生法律效力，对各方都有约束力。任何一方不履行合同，就要承担法律后果。

2. 实质关系的平等性。制订合同的各方都处于平等的条件下，是一种平等互利的伙伴关系，没有上下从属之分。任何一方不得靠权势、金钱强迫对方签订，不能要求不平等权利。

3.条款内容的明确性。合同的条款内容十分明确，它必须剔除任何不明确因素。条款内容的明确，一是双方或多方的权利和义务的明确，不明确就是无效合同。二是违约责任的明确，就是“把丑话说在前头”，否则，就有可能使订合同时的“亲家”变成履行时的“仇家”，产生合同纠纷。

4.体例格式的固定性。合同的体例格式基本相同，一般包括标题、立合同人、缘由和目的、条款、结尾等部分组成。合同“统一文本格式”经国务院同意，已于1990年10月1日起在全国逐步推行。具体的各种合同的格式，可参照法律出版社1989年12月版《中国经济合同统一文本格式》中的“统一合同文本格式”15种，“部门合同文本格式”49种，“参考合同文本格式”（附录）22种，共计86种格式。

二、合同的内容条款

合同的内容就是双方或多方当事人经过协商达成的条款。合同的条款，分基本条款和普通条款，基本条款是根据法律规定的或按经济合同性质必须具备的条款，以及当事人一方要求必须规定的条款，是合同成立或履行中必不可少的条件。根据《中华人民共和国合同法》规定，基本条款有以下六项：

（一）标的（指货物、劳务、工程项目等）

标的是合同各方权利和义务共同指向的对象或目标，也即要达到的经济目的。任何一种合同，都必须写明特定的标的，没有标的，就不能成其为合同；标的不明确，合同就无法履行。

（二）数量和质量

这是标的的具体化，是衡量标的的指标。合同中的数量必须标注具体、明确，计量单位必须十分精确。合同中的质量是检验标的内在素质和外观形态优劣的标志，也必须标注具体、明确，指出是哪年哪月的国家标准或部颁、省颁标准；如是协商标准，应提供样品或附协议书。

（三）价款或者酬金

这是标的的代价。就是取得对方产品，接受对方劳务或智力成果等所支付的价款。以货币数量来表示。凡是国家规定了价格的，必须遵守国家的价格规定；如是允许议价，由当事人协商议定。价金要写明数量、计算标准、支付方式。

（四）履行的期限、地点和方式

合同履行的期限是具有法律效力的期限，过期合同无效。地点是当事人完成承担义务的地点，由双方或几方约定，但要写得非常具体。方式是履行义务的程序、手段和由谁履行，是一次履行还是分批履行；是供方送货还是需方提货；供方送货是委托运输部门托运还是自己派车运送。还有运费承担、运价标准和途中损耗等，都要写得明确。

（五）违约责任

这是对不按照合同规定履行义务的制裁措施，是维护合同当事人合法权利的保证。如果一方违约，就要赔偿对方由此而造成的经济损失。

合同的普通条款，主要指标的的品种、规格、包装方法、运输方式、保管、验收、计算方式等，也是合同的重要内容，必须写明确。

（六）解决争议的方法

解决合同争议，往往通过和解、调解的方法。

三、合同的格式和写法

合同的格式，因种类不同而有所差别，前述“统一文本格式”中已经提到。其中“统一经济合同文本格式”包括购销合同、建设工程承包合同、加工承揽合同、财产租赁和融资租赁合同、仓储保管合同等约 15 种的文本格式；“部门合同文本格式”包括货物运输合同、财产保险合同、借款合同等近 50 种的文本格式；“参考合同文本格式”包括能源供应合同及供用水合同、联营合同等 4 种文本格式；其他合同文本格式包括企业承包经济合同、企业租赁经营合同、技术合同、涉外经济合同等 20 多种文本格式。在这里，我们仅就合同的基本格式和写法作些说明。

（一）标题

标题要写明合同的种类，如“购销合同”、“借贷合同”等。第一行居中写，字体稍大。

（二）立合同人

在标题下方写明签订合同双方或多方的单位全称。为了行文方便，在后面括号内注明一方为“甲方”或“供方”，另一方为“乙方”或“需方”，作为代称。

（三）正文

正文是合同的主体部分。正文开头写签订合同的依据或目的，接着写合同的内容条款，包括基本条款和普通条款。正文结尾写合同的有效期限、合同份数以及保存。

（四）尾部

写明双方或多方单位全称及代表人姓名，签名、盖章，再写签订合同的日期。最后，视情况写明双方或多方的单位地址、电话、电报挂号、银行账号等。

【例文 3-1】

财产租赁合同

出租方：

承租方：

根据《中华人民共和国合同法》及有关规定，为明确出租方与承租方的权利义务，经双方协商一致，签订本合同。

第一条　租赁财产及附件的名称、数量、质量与用途

第二条　租赁期限

租赁期共____年零____月，出租方从____年____月____日起将____（出租财产）交付承租方使用，至____年____月____日收回。

第三条　租金和租金的交纳期限

租金的标准和交纳期限，根据国家____的规定执行（如国家没有统一规定的，此条由出租方和承租方协商确定）。

第四条　租赁期间租赁财产的维修保养

租赁期间，____（出租财产）的维修保养由出租方（或承租方）负责，一切维修保养费用均由出租方（或承租方）承担（应由承租方承担的维修保养费用可从租金中扣除，扣除租金还不够支付修理费用时，可以请求出租方补足不够部分）。

对____（租赁财产）的维修保养要求____。

第五条　出租方与承租方的变更

1. 在租赁期间，出租方如将出租财产所有权转移给第三方，不必征求承租方同意，但应告知承租方所有权转移的情况。所有权转移后，出租财产所有权取得方即成为本合同的当然出租方，享有原出租方享有的权利，承担原出租方承担的义务。

2. 承租方如因工作需要，将租用财产转让给第三方承租使用，必须事先征得出租方的同意。

第六条　违约责任

第七条　免责条件

经有关部门鉴定，租赁期间如因不可抗力的原因造成租赁财产的损坏或丢失，承租方不负修复或赔偿的责任，但应向出租方及时说明情况，必要时应取得有关主管部门的证明。

第八条 争议的解决方式

本合同在履行中如发生争议，双方应协商解决；协商不成的，任何一方均可向工商局经济合同仲裁委员会申请调解或仲裁，也可以向人民法院起诉。

第九条 其他约定事项

第十条 本合同在规定的租赁期届满前____日内，双方如愿意延长租赁期，应重新签订合同。

本合同未尽事宜，一律按《中华人民共和国合同法》的有关规定，经合同双方共同协商，作出补充规定，补充规定与本合同具有同等效力。

本合同一式2份，合同双方各执1份；合同副本____份，送____单位备案。

出租方(盖章)：	承租方(盖章)：	鉴(公)证意见
地址：	地址：	
法定代表人(签名)：	法定代表人(签名)：	
承办人：	承办人：	经办人
开户银行：	开户银行：	
账号：	账号：	
电话：	电话：	鉴(公)证机关(章)
电挂：	电挂：	
邮政编码：	邮政编码：	
	签约时间：	年　月　日
	签约地点：	

【例文3-2】

农副产品购销合同　合同编号：

供方______________________　　签订地点：

需方______________________　　签订时间：　年　月　日

一、产品名称、品种等级、数量、金额、交售时间

产品名称	品种	计量单位	数量	单价	总金额	交售时间及数量											
						合计											
合计人民币金额（大写）________________																	

二、质量标准

三、验收办法及时间、地点

四、检验及检疫办法、地点及费用负担

五、交（提）货地点及运输方式，到达站（港）和费用负担

六、超欠幅度、损耗及计算方法

七、包装标准、包装物的供应与回收和费用负担

八、结算方式及期限

九、给付定金的数额、时间

十、如需提供担保，另立合同担保书，作为本合同附件

十一、违约责任

十二、解决合同纠纷的方式

十三、其他约定事项

供　　方	需　　方	鉴（公）证意见：
单位名称（章） 单位地址： 法定代表人： 委托代理人： 电　　话： 电　　挂： 开户银行： 账　　号： 邮政编码：	单位名称（章） 单位地址： 法定代表人： 委托代理人： 电　　话： 电　　挂： 开户银行： 账　　号： 邮政编码：	经办人：　鉴（公）证机关（章） 年　　月　　日

有效期限：　　至　　年　　月　　日

四、写作注意事项

（一）要有准备阶段

订立合同的过程，往往先由一方向另一方提出订立合同的建议或要求，这叫做“要约”。在要约中，应当初步提出合同的主要内容条款，供对方考虑。对方经过认真考虑觉得可以赞同，表示有共同愿望，双方再进行具体协商讨论，直至彼此满意，相互承诺，然后形成书面材料作为凭证。

（二）遵守国家法纪

订立合同，必须遵守国家的法律，符合国家政策和计划的要求。这具体包含三方面内容：一是订立合同的过程要符合法定程序和手续，如订合同人必须是有“法人”资格等。二是合同内容要符合法律规定，不得有毒品、黄金、文物、妇女儿童等买卖行为。三是合同纠纷的处理，要按法定的协商、调解、仲裁、诉讼的途径正确处理。

（三）要仔细认真

合同一经签订，就产生法律效力。因此，拟制合同时一定要仔细认真。做到内容条款具体明确，项目完整无缺，书写整洁清晰，甚至标点符号都要十分准确。此外，任何一方不得擅自更改、随意涂抹或废除，如情况有特殊变化，也应经双方或多方协商修改。

第三节　经济活动分析报告

一、经济活动分析报告的概念和作用

（一）经济活动分析报告的概念

经济活动分析报告，是根据计划指标、会计核算、统计工作的报表资料以及调查研究所掌握的情况，对本部门和本企业的经济活动状况进行科学的分析，作出正确的评估，以指导经营管理，提高经济效益的书面报告。

经济活动分析报告与市场预测报告相比较，它们的相同之处是都要进行调查研究，都要对经济现象进行分析，都是为了指导经济工作。但它们也有不同之处：第一，从内容上说，经济活动分析报告，侧重于“分析”，即对经济指标、数据等进行分析，以改善经济管理；市场预测报告，侧重于“预测”，它通过阐述经济活动的客观规律，预测未来的经济趋势。第二，从时间上说，经济活动分

析报告，是对“进行时”的经济活动情况进行分析，总结经验，揭示矛盾，及时调整经济活动，往往写于事后；市场预测报告，是对未来经济活动作出预测，往往写于事前。

（二）经济活动分析报告的作用

经济活动分析报告，对于经济部门和企业进行科学、有效的经济管理，具有十分重要的作用。这些作用，主要是：

1. 及时总结经验，改善经济管理。经济活动分析报告，可以使经济部门和企业对已经过去或正在进行的经济活动作全面、正确的了解，便于及时掌握动态，总结成功的经验及其原因，发现矛盾，找出差距，从而肯定和推广经验，吸取教训，改善经济管理。

2. 认识经济规律，作出正确决策。通过经济活动分析报告，可以使决策者认清经济规律，按经济规律来制订切实可行的生产和经营计划，减少盲目性和随意性。

3. 提高管理水平，实现一定的经济效益。经济活动分析报告，可以调动经济管理人员的工作积极性，促使他们内挖潜力，降低成本消耗，加强经济核算，提高管理水平，从而实现一定的经济效益。

二、经济活动分析报告的分类

经济活动分析报告按内容分，常见的有：

（一）综合分析报告

是把某一经济部门或企业在一个时期的经济活动进行全面、系统的分析后所作的书面报告。

这种分析报告的内容具有综合性的特点，它是通过对生产和经营的资金、费用、成本、利润等全面评估、分析，来检查和总结一个时期生产和经营的总体状况。如《关于广东省第三产业发展情况的分析》（《计划与发展》1992 年第 4 期）。

（二）专题分析报告

是针对经济活动中某个突出的专项问题进行分析后所作的书面报告。

这种分析报告，着重对某个关键性问题进行专门分析，以便决策者和管理人员加深对该问题的了解。内容集中，一事一议，分析较为充分，形式较为灵活，为及时解决问题提供有力的依据。如《目前煤炭市场疲软原因分析》（《预测》1995 年第 2 期）。

（三）进度分析报告

是对生产或经营的进度进行分析后所作的书面报告。

这种报告是对一定时间或阶段的生产或经营进度、计划指标、财务收支等进行分析，以了解经济活动的进展情况，发现新问题、新情况，以便及时调整计划、进度并采取相应的对策。

三、经济活动分析报告的格式和写法

经济活动分析报告因其分析的内容有所不同，其格式和写法也不相同。一般地说，它由标题、正文、报告单位（报告人）和日期组成。

（一）标题

标题一般由分析内容和名称（即“分析”）组成。如《塑料门窗发展趋势分析》（《预测》1995 年第 2 期），有的前面加分析单位或分析时间，如《××大厦××××年度经济活动分析报告》。也可以不标“分析”两字，只以分析的对象或内容作标题，本节的例文就是如此。

（二）正文

正文一般由基本情况、评估分析、建议和措施三部分组成。

1. 基本情况。即正文开头。概述经济活动的情况，用简要的文字介绍分析报告的基本内容或交代分析报告的目的、意义。

2. 评估分析。即正文主体。运用正确的观点和方法，解剖经济活动的各种数据和实际情况，评析经济活动所取得的成绩或存在问题的主客观原因。这部分内容的表述，包括数据和文字的表述，或先列数据，再进行分析；或在文字说明之间穿插数据；或先说明分析，再用数据加以印证。在分析时，要注意数据与文字的协调统一，做到有据有理；要分清主次，突出重点，抓住主要矛盾。数据要准确，分析要联系实际，概括要有理论高度，以揭示经济活动的客观规律。

3. 建议和措施。即正文的结尾。在评估分析的基础上，针对存在问题提出改进的建议或措施。这里要注意两点：一是建议或措施要有针对性，要针对存在的问题。二是建议或措施要切实可行。

（三）报告单位（报告人）和日期

在正文右下方写明报告单位（报告人）和日期。报告单位（报告人）也可写在标题下面。

下面这篇例文就对我国 2012 年上半年纺织行业的运行形势作了分析。全文概述了基本情况，分析了影响纺织行业运行的主要问题，以数据和事实为基础，预判下半年的运行趋势。三个部分很清晰，情况求实，分析具体切中，对纺织行业有预警作用。

【例文 3-3】

2012 上半年我国纺织行业运行形势分析

2012 年以来，受国际市场需求减弱，国内市场需求增长趋缓，国内外棉差价过大等因素影响，我国纺织行业运行呈现下滑态势，生产增速明显下降，出口数量有所减少，企业效益出现下滑，产业链前端（棉纺、化纤）亏损加重。预计今年下半年纺织行业运行形势难以明显改善。

一、1—5 月纺织工业运行情况

（一）生产低速增长，增速较快回落。（略）

（二）出口保持增长，内需增速下降。（略）

（三）投资增速趋缓，中西部地区投资占比继续提高。（略）

（四）利润持续下降，企业亏损面扩大。（略）

二、当前影响纺织行业运行的主要问题

（一）市场需求不足。（略）

（二）国内外棉差价持续扩大。（略）

（三）国际市场竞争加剧。（略）

（四）融资成本居高不下。（略）

三、下半年走势判断

从全球形势看，国际经济形势仍不乐观，政治局势存在不稳定因素，局部区域动荡频繁，国际需求低迷态势仍将延续；从行业发展环境看，用工等生产成本持续提高、融资难等问题短期内难以彻底改善，国内外棉价差仍在拉大，纺织行业发展环境依然严峻。从国内经济形势看，继存准率和利率双双下调后，更多"稳增长"的措施有望出台，可能促进我国国内经济形势企稳向好，成为行业运行趋势向好的重要支撑。

总体看，下半年纺织企业仍会处于比较困难的境地，纺织品服装出口将持续低位增长，行业整体效益增速将较上年大幅下滑，企业亏损面和亏损企业亏损额都将有所扩大，更多的中、小、微型企业将面临淘汰出局的风险。

（2012 年 7 月 6 日　工业与信息化部消费品工业司）

四、写作注意事项

(一)运用科学的分析方法

经济活动分析报告写作,涉及经济方面的业务知识,需要运用多种分析方法。其中最基本的方法是:

1. 比较分析法。又称对比分析法、指标分析法。它是把同一基础上的可比数据资料进行比较分析,找出二者之间的联系和差距,并分析原因。它是经济活动分析最常用的一种方法。

这种比较分析,有以下三种:

(1)比计划:以本期的实际完成数与计划指标数相比较,用以说明计划的执行情况,找出存在问题及其原因,从而更好地完成指标。

(2)比历史:以本期的实际完成数与上年同期完成数相比较,或与历史最好水平相比较,用以反映经济指标发展速度和增减程度。

(3)比先进:以本期的实际完成数与同等条件下的先进单位实际完成数相比较,或与国内外同类产品和同行业先进单位相比较,从而认清本单位所处的地位,或先进、落后的程度,为赶超先进提供起点的依据。

在运用比较分析法时,要注意条件的可比性,即进行比较的数据资料要在时间、内容、项目、条件上相一致。

2. 因素分析法。又称连环代替法、因素代替法。它是对影响完成某项经济指标的各种因素进行分析的方法。运用这种方法,要注意三点:

(1)注意各种相互联系的因素对指标影响程度,作分解、排列,测定每项因素对指标影响的程度,以确定经济责任和评价经济管理工作。

(2)要在错综复杂的因素中找出主要因素,作重点分析,以找到问题的关键,说明影响经济指标的真实原因。

(3)既要重视客观因素的分析,又要重视主观因素的分析。在建立市场经济体制过程中,许多经济问题尚需探索。影响经济部门和企业的经济效益有许多客观因素,但客观因素不能掩盖主观因素。在分析时,应从主观因素入手,这样才能有利于不断改进经济工作。

3. 平衡法。是通过对具有对应关系的指标之间是否平衡,来评价经济管理工作的方法。例如根据资金来源总额与资金占用总额的会计原理,分析在资金使用和管理方面的问题;根据收、支平衡的规则,分析经济管理工作的好坏。

除了上述三种方法,还有分析某一经济现象发展变化的动态分析法,分析经济总体内各因素变动对总体所起作用的结构分析法，以及综合评价法等。一篇分析报告，可以根据实际需要，运用多种分析方法。

（二）材料要具体、充实

具体、充实的材料，是做好分析，写好分析报告的基础。在动笔写作前，必须掌握多方面的具体、充实和真实的材料，同时注意材料与观点的统一。

（三）抓住问题的实质

在分析时，笔墨要集中，要抓住主要矛盾、关键问题作深入分析，揭示问题的实质。

第四节　市场预测报告

一、市场预测报告的概念和分类

（一）市场预测报告的概念

在市场调查的基础上，运用科学的方法，对未来一段时间内一定范围的市场供需状况和经济发展趋势作出预计和测算的书面报告，叫做市场预测报告。

市场预测报告与计划相比较，有相同之处：它们都与未来有关，都离不开对过去、现状的了解和对今后发展的判断和安排。但它们也有不同之处：计划是对未来一段时间的工作、生产等作出安排，具有指令性，一定要按制订的计划去做；市场预测报告，是说在一定的条件下，未来市场的营销以及消费者心理估计会发生什么变化，供有关企业和经济实体的领导决策时参考。

市场预测报告与市场调查报告相比较，有相同之处：它们都与市场状况密切相关，都要运用调查与分析的方法。但它们又有区别：一是着眼点不同。市场调查报告着眼于对市场的过去和现状作客观反映；市场预测报告则着眼于对市场的未来状况作分析、预测。二是要求不同。市场调查报告要求有关材料具有准确性和客观性；市场预测报告是在市场调查的基础上，对未来市场状况进行推断与预测，允许有关材料带有一定的主观推测性和不确定性。

（二）市场预测报告的分类

市场预测报告按不同的分法，有不同的种类。

1. 按产品层次的形式分，有单项产品市场预测报告（如服装类中的西装、牛仔裤）、同类产品市场预测报告（如食品类中的同类产品）、分对象产品市场预测报告（如服装类中妇女服装、中老年服装、童装）。

2.按空间层次的形式分,有世界市场预测报告、全国性市场预测报告、地区性市场预测报告、当地市场预测报告。

3.按时间层次分,有短期市场预测报告(旬、月)、近期市场预测报告(半年度、年度)、中期市场预测报告(三年至五年)、长期市场预测报告(五年和五年以上)。

4.按预测的方法分,有定量预测报告、定性预测报告。

定量预测报告:根据掌握的数据,应用数理统计方法,研究和推测市场发展状况及其结构关系,分析生产、销售和市场需求内在联系和变化过程而写成的书面报告。多用于长期预测。

定性预测报告:主要通过对市场各种因素的调查研究,分析综合,用直观和判断的方法预测市场需求的性质和经济对策而写成的书面报告。定性预测又称"专家调查法",多用于短期预测。

由于经济形势的发展变化,预测单靠定量分析是不够的,还要有一定的定性分析,这样才能使所写的预测报告接近于实际情况。

二、市场预测报告的作用、特点

(一)市场预测报告的作用

在我国经济体制由计划经济向市场经济转化并逐步推进的今天,市场预测报告将越来越发挥出它的重要作用。这种作用,主要有:

1.为经济管理决策提供科学依据。在经济管理活动中,决策是重要一环,它是经济行为的依据。好的决策,会带来可观的经济效益;决策失误,往往会遭受重大的经济损失。而正确的科学的决策,必须以正确的科学的市场预测作依据。有了这种依据,企业领导才能预见未来,高瞻远瞩,避免主观臆断和短期行为,减少生产和经营的盲目性。

长期以来,我们的企业领导重生产、抓生产,忽视市场、消费和产品流通,许多适销产品赶不上市场需求的增长,而滞销产品又压库严重,这正是不重视市场预测的必然结果。当前,工业企业由单纯生产型转变为生产经营型,商业企业形成开放的、多渠道和连锁式的新体制,市场竞争日趋激烈,市场动态变化迅速,在这种情况下,准确的市场预测,能为经济管理决策提供科学的依据,使自己的企业适应市场的变化。

2.为制订经济计划提供有力的依据。制订经济计划,除了掌握目前的经济情况,还要分析未来经济的发展趋势,这就有赖于市场预测。有了科学的市场预测,才能使制订的生产计划、经营计划有了可靠的依据,使计划既稳妥又积极。例如某一产品，从表面上看，市场上已经滞销，但是通过调查分析，预测这一产品市场销售尚有很大潜力，尚有发展余地，有关厂家就可据此制订继续生产的计划。又如某一产品，从目前市场上看，十分畅销，但通过预测，知道半年后这种产品将趋饱和状态，有关厂家就可据此作出果断的决定，修正计划，或减产或停产或改产。不然的话，对市场情况和变化趋势麻木不仁，反应迟钝，抱着“皇帝的女儿不愁嫁”的态度，到时势必造成巨大的经济损失。

3.为开拓产品市场，提高经济效益提供可靠的依据。在市场经济体制下，市场竞争十分激烈。因此，一个企业要分析自己产品在当地市场、国内市场和国外市场的地位、特点和作用，同时研究同类企业的产品的来源和去向，研究它们的质量、特性、适用性，从而采取对策。只有“知己知彼”，才能争取主动，在激烈的市场竞争中站稳脚跟，使自己的产品享有信誉，在市场上占有一定的地位，从而提高经济效益。而要达到这样的目的，就必须以科学的市场预测作为依据。

总之，市场预测报告，能为经济管理决策、制订和修正计划、开拓和占有市场，大幅度提高企业生产和经营销售的效益，提供科学的依据。

（二）市场预测报告的特点

1.预测性。市场预测报告具有预先推测或测算的特点。预测性包括三方面的含义：一是未来性。预测，就是面向未来，分析未来，是对未来市场情况作出推测。二是主观性。市场预测有较强的主观性，即使对同一经济现象、市场状况进行预测，不同的人往往会得出不同的甚至截然相反的结论。三是不确定性。市场情况瞬息万变，有许多不确定因素。例如预测未来市场某一产品的需求量，就要分析当时社会购买力、消费者心理、方针政策甚至季节性变化等因素。而这些因素都是变化的、不确定的。

2.科学性。市场预测，不管是宏观预测还是微观预测，并不是无实际依据的凭空揣测，而是一方面要以大量的客观数据和资料作为依据，运用科学的方法，并且根据客观的市场变化规律、经济规律的要求推测出来。另一方面，要较为严格和准确地表述产品的名称、规格、种类、性能等。因而市场预测报告具有科学性的鲜明特点。

3.时效性。市场预测总是限制在一定的时间内，时效性很强。写成的市场预测报告往往在一定时间内发挥作用，因而显现出及时迅速的特点。

三、市场预测报告的格式和写法

市场预测报告一般由标题、作者、正文组成。

（一）标题

市场预测报告的标题根据内容、范围、时间等而定，较为多样。如《××（产品）市场预测报告》、《明年××（产品）供应将趋紧》、《20××年××（产品）市场展望》、《今年我市××市场动向》、《繁荣·稳定·上升——20××年××市场走向》等。

（二）正文

一般包括前言、主体、结尾三部分。

前言：即正文开头，简括介绍市场现状，或交待预测目的，为主体部分分析作铺垫。

主体：是市场预测报告的重点部分，在陈述基本情况的前提下，对掌握的材料、数据等进行分析、预测。分析要抓主要矛盾或特点，例如产销脱节，到底是供不应求还是供过于求？是总量不足还是供需矛盾？一定要弄清主要关节。在分析时，还要注意以下几点：一是要分析市场需求量与各因素的依存关系。如分析缝纫机市场的需求量，就要分析与缝纫机市场有依存关系的纺织工业、服装行业的情况。二是要分析生产、供应、营销三者的关系。三是要分析当前市场上消费者需求结构的变化。四是要分析其他因素如方针政策的变化、季节性变化、运输条件的变化、消费者心理的变化等对市场的影响。在分析时，要把专家、行家和群众的意见加以整理、归纳，透过现象看到本质。分析透彻，有理有据，预测才能减少盲目性，提高准确性，比较符合市场的客观规律。

结尾：是正文结束部分，就是结论和建议。结论就是预测结果，它建立在主体部分扎实分析的基础上；建议就是在预测结果的基础上，提出切合实际的建议、设想，供领导决策参考。

（三）作者

市场预测报告的作者可以写单位名称，也可个人具名；可写在标题下，也可写在正文后右下方。

【例文 3-4】

海南：楼市量价齐跌下半年或将继续回落

王晖余　郑玮娜

今年 4 月份国家实施一系列房地产调控政策以来，海南房地产观望气氛浓厚，成交价格和成交量大幅下降，海南房地产开发投资、施工面积、商品住房销售面积等主要指标的增速呈平稳回落态势。高档价格楼盘的有价无市、中低价位楼盘降价销售火热凸显投资和投机性购房得到抑制，普通购房者的刚性需求仍比较旺盛。有关专家表示，随着下半年房地产宏观调控政策效应的释放，海南省房地产市场回调趋势或将进一步强化。

成交量及成交价格均大幅下滑开发投资各项指标回落

7月15日，海南著名旅游地产开发商金手指地产宣布，"金手指地产7月15日起让利促销，旗下两大主力楼盘海口高尔夫温泉小镇和兴隆温泉高尔夫公寓全线八折优惠。市场抄底价火热发售。"

据金手指地产置业顾问介绍，降价的楼盘原均价13200元，降价后按揭八折，一次性付款在八折的基础上再打9.5折，均价降至一万元左右。金手指地产成为国家一系列房地产调控政策出台后，海南第一家全线降价发售的大型品牌房地产企业，在海南房地产市场引起广泛关注。

业内人士表示，大型房地产商的全线降价举动表明，随着房地产宏观调控政策效应的释放，开发商和购房者经过几个月的博弈，海南房价已出现浓重观望气氛后的松动迹象，同时也显现出开发商对下半年市场的谨慎态度。

从统计数据来看，海南房地产的销售量和成交价格均大幅下滑。今年1月和2月受全国市场普遍走高和国务院公布建设海南国际旅游岛若干意见的双重影响，海南省商品房销售出现量价急剧上升局面。3月份以后，随着中央和海南省调控房地产市场的一系列政策效应逐步显现，海南省商品房市场销售明显回落。

据海南省住房和城乡建设厅统计，2月份海南成交平均房价为14087元，达到历史最高点，随后成交价格逐步回落，尤其在4月份国家连续出台一系列房地产调控政策后，下降趋势更为明显。据统计，今年3至6月份海南成交平均房价分别为12280、11932、8483、8208元/平方米，6月份房价比2月份下降了41%左右。

同时，海南房地产开发投资、施工面积、商品住房销售面积等主要指标的增速呈平稳回落态势。据统计，3、4、5月份，海南省商品住房销售面积分别为62.77万平方米、56.72万平方米、22.9万平方米，环比增幅分别为－19.05%、－9.64%、－57.95%；1－6月，海南省房地产开发投资完成205.33亿元，同比增长78.9%，但增幅逐步回落。房地产开发投资资金来源供给576.71亿元，同比增长157.6%。海南省商品房施工面积2093.97万平方米，同比增长38.4%，其中本年新开工面积596.25万平方米，同比增长52.1%。商品房竣工面积123.37万平方米，同比增长0.3%，增幅回落明显。

高档楼盘有价无市中低价位楼盘仍有吸引力

与2月份相比，6月份降幅达41%的海南楼市成交价格在消费者看来并不明显，尤其是海景房等高档楼盘，价格依然坚挺，呈现有价无市的状况。

海南省住房和城乡建设厅房地产市场监管处副处长杨亚明解释说，今年初，海南高档楼盘火热销售大幅拉升了成交价格，调控政策出台后，高档楼盘存量已基本释放完毕，目前销售的主要是中低价位的楼盘，这导致出现成交价格大幅下降、但购房者直观感受价格下降并不明显的现象。

记者走访三亚多处高端楼盘发现，三亚目前属于楼市销售淡季，各楼盘销售处门庭冷落，但销售价格却依然坚挺，大多数楼盘只针对一次性付款的购房者推出小幅折扣优惠方式。

据三亚"半山半岛"置业顾问介绍，该楼盘近来价格仍然保持在均价49000元/平方米高价位。只是在针对一次性付清的购房者有1%至2%的优惠政策。

记者在三亚"山屿湖"售楼处了解到，该楼盘不仅未降价，反而有所上涨，均价为34500元/平方米。据置业顾问介绍，该楼盘销售价格有所上浮主要原因是该楼盘目前已经销售完楼盘的90%，剩下的楼盘完全可以消化掉。"目前，我们的楼盘只接受一次性付清的购房者，不接受按揭方式付款。"销售人员说。

海口市"滨江帝景"楼盘的销售主管介绍，"滨江帝景"二期于6月中下旬开盘后，每平方米均价为9000元左右，此次总共推出220多套房源，目前每周只有个位数的销售量，与项目一期去年12月20日开盘、500多套在两个月内全部售完的火暴情况不可同日而语，"虽然比预期要差，但整体还是比较可以的。"

与之形成对比的是，海口市一些中低价位的楼盘却受到追捧。7月30日，邻近"滨江帝景"的大型楼盘"佳元·江畔人家"一期以6680元/平方米的价格开盘，本次开盘共推出230多套房源，却吸引千余名购房者进场抢购，开盘当天房源基本售罄。据了解，江畔人家7月初拟定的开盘价为7500元/平方米，最终确定的开盘价直降约11%。

市场或将继续回调经济增长有压力

有关专家认为，下半年即便回到开发商期待的海南房地产市场传统旺季，销售量和价格仍不太可能出现井喷的状况。随着房地产调控政策效应的释放，海南房价有可能进一步回落。

海南策源投资顾问有限公司总经理程永海认为，国家的房地产宏观调控政策在很大程度上打击了游资炒房的现象，这有利于市场的有序发展，个别项目价格疯狂的上涨后下跌成为必然。

程永海认为，房地产市场是周期性的市场，受国家政策影响很大，企业有合理的利润就可以了，不能在市场好的时候拼命涨价或捂盘，也不能在市场不好的时候驻足不前，这样才能比较好地踩准市场的周期性节奏。

海南省委党校原副校长廖逊认为，目前海南房地产市场成交价格的下滑是海南房价松动的迹象，还仅仅是个开始，"海南房地产市场的总体行情还是看跌，随着中央各项调控政策的进一步释放，第四季度房价有可能真正下跌。"

海南富信房地产开发有限公司副总经理罗凤颜认为，今年2月份海南房地产消耗了过多的成交量和价格，目前成交量和成交价格大幅下滑是市场的真实反映，比较接近理性的市场。

海南省住房和城乡建设厅副厅长蔡仁杰表示，随着房地产调控政策效应的继续释放，预计下半年海南省房地产市场成交量仍将继续低迷，房价将略有回落，相关税收收入与上半年相比增幅将明显下降。如果中央继续保持宏观调控政策不变，预计下半年海南省房地产市场回调的趋势将进一步强化，房价将出现一定幅度的回落。

海南省副省长姜斯宪表示，国务院及相关部委密集出台了一系列针对房地产市场的调控政策，这一政策取向将会延续，全国房地产市场量价回落的态势有可能延续。预计海南省下半年商品住房交易量可能低于去年下半年水平，部分开发商的投资力度也会由于市场或资金的原因而有所放缓。

（2010年8月13日《经济参考报》）

四、写作注意事项

（一）目的要明确

市场预测报告不是为写作而写作，而是为领导制定政策、制订计划、指导实际工作提供决策依据，其目的要求十分明确。但在写作一篇预测报告中，又有着具体的目的，比如一个企业对自己生产的产品进行市场预测，其目的是为了适应市场需求，改善生产和经营管理，发展适销对路的产品，扩大销售，提高经济效益。

（二）准备要充分

市场预测报告的写作，准备要充分，这就是所谓"功夫在文章之外"。预测是一种有明确目的的预见性活动，因此要组织专门人员，安排专项活动经费，确定预测项目，拟定预测提纲，规定预测时间。准备工作充分，预测才能成功，写作预测报告也才能成功。

（三）恰当引用数据

写作市场预测报告，要引用有关数据来增强说服力。但在具体写作时要注意三点：一是要对调查、搜集来的数据进行选择，不要堆砌数据。二是数据要准确、可靠，实事求是。三是引用数据的目的要明确，数据要能说明问题。

第五节　可行性研究报告

一、可行性研究报告的概念和作用

（一）可行性研究报告的概念

可行性研究报告是指对经济决策项目或拟建项目可能采取何种方案，从各种有关事实、例证、数据的搜集和分析研究，确定其是否合理、可行的书面报告。

“可行性研究”是这种报告写作内容上的重点和特点。它是通过周密调查，对经济决策项目或拟建项目的合理性和必要性进行分析论证，最后作出严格选择，提出最佳方案。这里，调查、分析论证、选择三个环节中，调查是前提，分析论证是核心，选择是目的。没有调查，就无法分析论证；没有分析论证，就无法选择出效益好、价值高、切实可行的方案。

（二）可行性研究报告的作用

可行性研究报告，将研究成果用文字表述出来，为领导决策提供依据和参考，也可作为今后开展某项经济工作的蓝本。一般地说，拟建大中型建设项目、利用外资、引进技术设备和改造技术设备项目，都应有可行性研究报告。

可行性研究报告的作用，具体地说，有以下几点：

1. 为经济部门和企业的领导提供建设项目的决策依据。

2. 为回答上级主管部门和有关部门的质疑而提供重要依据。

3. 为编制经济计划、安排任务指标提供可靠的依据。

4. 为落实经费，向银行贷款或向国家有关部门申请拨款提供依据。

5. 为与拟建项目的有关部门和单位签订协议提供依据。

二、可行性研究报告的特点

（一）材料的真实性

可行性研究报告是进行决策的重要依据，它的所有材料要绝对真实和可靠。否则，就会变成“不可行”或造成重大的决策失误。

（二）有力的论辩性

可行性研究报告需对拟建项目的合理性与可行性进行分析论证，因而具有很强的论辩性。这种论辩性，一是它的技术资料和数据能够说明问题，有很强的说服力；二是往往采用理论和事实、宏观和微观、长远与现实、政治和经济等相结合的论辩手段，多角度、多层次来论证某一拟建项目的可行性。

（三）范围的广泛性

可行性研究报告的范围相当广泛。就其内容范围而言，一个拟建项目可行或不可行，往往涉及规模、资源、原材料、燃料、设施、设计方案、环境保护、生产组织、劳动定员、职工培训、投资、资金来源、产品成本、产品销路、财务评价等方面，而每一方面又包含许多具体内容。就其学科范围而言，一个拟建项目往往涉及地质学、建筑学、工艺学、经济管理、美学以及环境保护、交通运输、财务分析、生活设施、就业、治安、文化教育卫生等自然科学和社会科学等学科知识。总之，它的内容和学科范围之广，是其他任何文种无法与之相比的。

三、可行性研究报告的格式和写法

可行性研究报告一般由标题、正文、报告单位（报告人）和日期组成。

（一）标题

标题一般由拟建项目和文种组成。如《××工程项目可行性研究报告》、《建设××厂可行性研究》、《关于筹建××市××公司的可行性报告》等。

（二）正文

正文由前言、主体、结论组成。

1. 前言。包括建设项目提出的背景、依据，投资的条件、经济意义，并说明可行性研究的范围、要求，现有的基础和研究目的等。

2. 主体。这部分是分析论证，是一篇可行性研究报告的核心内容部分。主要包括：

（1）市场调查。这是可行性研究的前提。如果市场调查的结果是否定的，那么拟建项目就“不可行”。

（2）拟建项目的规模和发展规划分析。包括：①产品名称、规格、技术性能、用途和价格分析；②国内外需求分析；③产品在国内国际市场上的地位、竞争能力的分析；④发展前景分析。

(3)技术研究。这是可行性研究的基本内容。包括：①资源和物资供应以及公用设施；②厂址选择，包括地理位置和建厂条件、气象、水文、地质、地形、水电供应、交通运输等情况；③设计方案，包括生产技术的选择和设备选型，拟建项目的土建结构和工程量估算，项目布置总图，公用辅助设施，内部运输方式等比较、选择；④技工劳力的统计与训练，包括技工与劳力的种类、数量，技工与劳力的培训方案；⑤环境保护，包括环境现状、改造和保护，治理三废的方案，防震防火等安全措施；⑥拟建项目的实施计划，包括勘察设计和进度，设备订货、制造的周期和进度，工程施工周期和进度，调试和投产时间等。

(4)资金来源分析。拟建项目的资金来源，一般有四种，即政府拨款、银行贷款、单位自筹、各种方式的集资。对这些资金来源、筹措方式、资金到位的时间与数量、资金偿还、流动资金的利用等进行分析。

(5)经济效益分析。分析拟建项目投资的收支、盈亏情况。拟建项目投资的目的，在于取得好的经济效益。即使前述四个方面的分析可行，而经济效益分析的结果却是亏损，那么拟建项目就不可行，即告取消。因此，可行性研究报告的写作，务必十分重视经济效益的分析，力求充分、客观、周密。这部分分析，包括：①销售计划。要分析三、五年甚至更长时间的生产量及所需原料、劳动力和其他生产费用。②管理计划。分析管理人员的工资、办公经费、科研经费及其他杂费。③总投资额。分析工作资金（现金、盘存预算）、不动产（土地、房屋、机器、设备等）、开办费（调查研究费、组织登记费、职工培训费等）。④年终损益。包括销售收益，生产、管理、债务、税务支出，毛利、纯利或亏损。⑤现金收支。分析每月或每年度现金收支情况，预告现金的需要和积累。⑥资产负债情况。分析某段时间资产、负债和投资者剩余价值情况。⑦投资盈利分析。利用各种比率的关系来显示某一时期盈利或亏损情况。⑧盈亏分析。分析某一生产量上，生产收益恰好补偿生产费用。如生产量增大，收益即多于支出；相反，形成亏损。⑨风险分析。分析市场和生产条件因各种因素变化的影响，来推算对盈利的影响。

(6)社会效益分析。拟建项目的开办，在经济效益分析的同时，还须分析社会效益。要分析该建设项目将会对社会产生何种影响。

3.结论。这是可行性研究报告在主体部分进行分析论证后所作的结论或综合评述的意见。结论是一份可行性研究报告的目的，经济决策项目或拟建目的是否可行，最后要看可行性研究报告的结论。

结论的写作应以经济为数据，鲜明地提出可行还是不可行的意见，供经济部门或企业领导是否投资的决策依据。

可行性研究报告的正文后，往往还有附件、附图、附表。

（三）报告单位（报告人）和日期

在正文右下方或标题下，写上报告单位（报告人）和日期。

【例文 3-5】

中日合资中国松山立德粉有限公司可行性研究报告

广东省××设计院

1991 年 3 月

第一章 总　论

第一节 概述

本项目为中外合资经营项目，项目合作期为 20 年。

本项目由广东省××经济技术发展公司（甲方），日本国××产业株式会社（乙方）、日本国××物产株式会社（丙方）三家合资经营。

本项目于 1988 年 4 月份由广东省××工业总公司向日本提出，6 月份中日两国三方开始就项目有关合作事项进行洽谈，并就技术引进、生产工艺等进行初步探讨，对投资环境和建厂地点进行实地考察。三方认为中国有丰富的资源和良好的投资环境，日方××制炼株式会社拥有生产优质立德粉的先进生产技术和丰富经验，具备合作基础，三方在 1988 年 12 月签署了合作意向书。

中日两国三方在 1989 年 4 月至 1989 年 10 月相继签订了第一次、第二次会谈纪要，对项目的合资、投资、生产规模、产品方案进行了探讨。

本项目经广东省外经委批复立项并呈报中国××工业总公司及中国经贸部；中国××工业总公司和经贸部分别于 1990 年 4 月 29 日和 1990 年 7 月 19 日批复立项申请并要求切实做好可行性研究。

1990 年 10 月，中日两国三方举行了第三次会谈，确认了下列几个问题：

1. 厂址：选定在中国广东省××镇广东省经济技术开发区内。

2. 生产规模：年产 1500 吨优质立德粉。

3. 产品方案：三方认为产品方案的选择应是技术先进，是日本国××株式会社最好的优质产品。经三方协商同意本项目首期产品确定为可直接用于涂料生产的优质立德粉。

4.关于设备和工艺的选择:三方同意选用日本国××制炼株式会社的先进工艺和技术,并由该株式会社负责项目的工艺、技术、设备制造、运输、安装、调试和试产。同时,合资各方同意本项目的设备采用合作设计、合作制造的方式,合作制造的具体方式和内容在××制炼株式会社和××电机株式会社提交报价书后具体商定。

5.原料来源:中国广东××厂生产的2#粉作为合资公司的原料。

6.产品销售:公司产品100%外销,其中70%由日方负责销售,30%由中方负责销售,销售价在合资合同中商定。

7.投资比例和资金筹措:本项目总投资约为300万美元,三方投资比例仍按原定日方70%(乙方35%,丙方35%),中方30%。甲方为本项目提供的1.2万平方米的土地使用费为××万美元,其他出资形式另行商定。

此外,对合资公司的名称、董事会组织、福利设施等问题也达成了初步协议,并委托广东省××设计院完成本项目的可行性研究工作。

1990年10月三方第四次会谈,日方作了有关冶炼设备及配套电气工程报价,两项报价已达200多万美元,占总投资300万美元的绝大部分,影响了本项目的可行性。为了使本项目可行,经三方研究决定,在不影响生产线工艺性能的条件下尽量采用中国设备、材料,并尽可能在中国加工设备以求降低投资。同时三方对工艺设备、化检设备、机修设备、电气工程作了明确的分工。

1990年12月三方第五次会谈,主要内容是项目的估算、合作制造设备的有关事项等。

会谈中,日方的初报价为99.76万美元;中方的初报价为105万美元(包括全套配套辅助工程)。此外其他费用32.92万美元,土地费用××万美元,流动资金33.5万美元,项目总投资达322.4万美元,超出投资22.4万美元,为压缩这部分投资,经各方努力减少费用并把小部分原由日方提供的设备改为中方加工,总投资压至300万美元。

第二节　项目的建设条件

一、原料条件

生产立德粉的原料由中国广东××厂提供。

二、外部条件及配合条件

本厂设在×镇技术经济开发区。离厂2公里处设有110千伏的变电站,……供电是有保证的。

本厂为火法冶炼厂,工业耗水量极少,××地区市政保证供应用水。

本厂北侧是广深公路、广深铁路,离黄埔港也不远,交通运输极为方便。

此外，厂区场地平整工作已结束。

本厂的生产工艺流程由生产立德粉历史悠久，具有世界先进技术水平的日本国××制炼株式会社提供，由该社负责提供主要生产设备及生产技术控制设备并负责安装、调试。

第三节　企业建设技术经济效果

基建投资估算为266.01万美元，建成投产后年销售收入为345万美元，扣除生产成本281.82万美元，年所得6.32万美元，正常年利润为48.33万美元，按正常生产年计算基建投资偿还期为5.39年。经济效益还是较好的，项目是可行的。

从技术方面看，本厂引进的是具有世界先进水平的日本国××制炼株式会社的立德粉生产线，其产品是国际市场畅销、价格较高的产品。本生产线的引进对充分利用我国资源和加快立德粉深度加工开发是非常必要的。

综合技术经济指标见表(略)

第二章　冶炼工艺(略)

第三章　总图运输

第四章　公用辅助设施及土建工程

第五章　环境保护(略)

第六章　企业生产组织、劳动定员和职工培训(略)

第七章　总投资(略)

第八章　资金筹措(略)

第九章　成本

第一节　成本估算原则和条件(略)

第二节　生产成本计算(略)

第十章　财务分析

第一节　产品销售收入(略)

第二节　税金(略)

第三节　利润和股金分配(略)

第四节　贷款偿还(略)

第五节　财务平衡表(略)

第十一章　经济效果

第一节　内部收益率及净现值(略)

第二节　主要投资效果指标(略)

第十二章　不确定性分析

第一节　盈亏平衡分析(略)

第二节　敏感性分析(略)

第十三章　综合评价

综合上述,本项目在技术上的引进是成功的,本生产线是具有世界先进水平的,可以提高我国立德粉在国际市场上的竞争力,而且对加快我国立德粉行业的深度加工起极大的促进作用。

本生产线的引进在经济上也有相当的效益,产品的价格接近现行日本××制炼株式会社生产的立德粉的价格,该价格远远高于我国出口的混合级立德粉的价格。

本厂经过测算与分析,全部投资的内部收益率为22.79%,投资回收期为5.39年,当生产能力达到39%时,盈亏平衡,表明企业有较好的经济效益和抗风险能力,项目是可行的。在敏感性分析中,在成本增加20%或价格下降20%时,抗风险能力差,虽然价格下降幅度较大的可能性较小,但在生产经营中,应对产品价格的降低和经营成本的增加,要引起足够的重视,加强企业管理,及时采取对策,以保证企业的经济效益。

第十四章　存在问题及建议(略)

(本例文引自黄卓才主编《经济写作》,
暨南大学出版社1994年版)

四、写作注意事项

(一)材料要充分

可行性研究报告的写作,必须对经济决策项目或拟建项目进行全面深入的调查,掌握全部第一手的材料。研究报告中有关厂址范围、周围环境、水文地质、交通运输等各种技术资料和经济数据,要具体、充分,并经过核实。

(二)事理相结合

可行性研究报告既要有具体的数据和事例,又要有分析说理,事与理高度统一。分析说理必须建立在事实的基础上,才能显得有力,令人信服。

(三)多拟预案

可行性研究报告应多拟制几个预案,进行相互比较,以供领导审议、抉择可行的最优方案。

（四）讲究结构的严谨

由于可行性研究报告涉及面广，内容多，安排结构较为困难，因此在写作时，要求注意层次的清晰，逻辑的严密，使整篇报告形成一个完整、有序的系统。

第六节　经济论文

一、经济论文的概念、分类和特点

（一）经济论文的概念

经济论文是对经济领域的有关问题进行探索和研究的文章。经济论文是理论性文章，不像其他经济应用文那样以解决实际问题为主要目的。

经济论文是贮存、传播经济信息和经济研究成果的载体，是交流经济科研成果的重要工具，也是考核评定经济管理人员业务水平和学术水平的重要依据。

（二）经济论文的分类

经济论文按研究对象分，有宏观经济论文和微观经济论文。

1. 宏观经济论文。是以研究宏观经济现象为主的论文，带有整体性和普遍性特点。如对我国或世界的经济发展趋势，市场经济与计划经济的关系，国家对国民经济的宏观调控，国家对经济的各项方针政策、发展战略、经济体制改革模式，所有制结构与社会分配，经济价值规律，市场竞争机制等进行研究而写成的论文。

2. 微观经济论文。是以研究微观经济现象为主的论文，带有局部性和实务性特点。如对某经济部门内部组织结构、企业经营管理、产品生产和销售问题进行探讨、论证的论文。

（三）经济论文的特点

1. 较强的现实针对性。经济论文是针对经济领域的一些重大理论问题和具体问题，进行较为深入的研究，来揭示经济活动的客观规律，提出解决现实问题的办法。即使是研究前人的经济理论和西方经济理论，即使是研究宏观经济学范畴的理论问题和微观经济学范畴的具体问题，都应从实际出发，立足现实，围绕当前经济工作中的主要问题，以求理论上新的突破，并指导经济工作的实践。

2. 论证的科学性。经济论文作为理论文章，其论断要注重科学性。在运用充分的论据来论证观点的过程中，应透过表象看到内在本质，正确地反映客观的经济规律。同时，讲究逻辑的严密，具有一种无懈可击的理论力量。

3. 一定的创造性。创造性是经济论文的价值所在。一篇经济论文总要见人之所未见，发人之所未发，有一点儿创造性，才有存在的价值。这种创造性，一是指论文所提出和阐述的观点是新颖独特甚至前所未有的，是真正属于自己的研究成果，与众不同。如果观点陈旧，老生常谈，那就失去经济科学研究的意义。二是能善于补充前人、别人的见解，或纠正前人、别人的谬误，或综合前人、别人的研究成果。三是还要有经济研究的新路子、新角度和新方法。总之，经济论文都要有一定的创造性，即在当时具有某种先进性和突破性。

4. 表述的通达性。经济论文要通理达意，深入浅出，让人看得懂。否则，便失去了交流和指导实践的作用。经济论文虽要运用经济专业知识和名词术语，但要力求语言表述的通俗平易，明白晓畅。那种认为写得越深奥难懂就越有水平的看法是错误的。

二、经济论文的写作步骤

经济论文写作，一般分为三步，即选题、准备、撰写。

(一)选题

选题就是选择论题。论题包含两方面的意思：一是研究课题，也就是文章的主攻方向。二是论文的基本观点。经济论文写作成功的第一步，就是选准有意义的研究课题，并确定基本观点。

选题的原则，主要有以下两条：

1. 客观上，要选有科学价值和现实意义的论题。选有科学价值的论题，就是选择能够完善、发展经济学基本理论的选题，如属于经济科学理论上的新发现、新创造；能够填补国内外的研究空白等选题。选有现实意义的论题，就是选当前经济工作中亟待研究解决的，或尚有争论而又急需澄清的，或对经济活动和经济管理工作起实际指导作用的论题。

2. 主观上，要选个人主观条件较好的论题，即选自己比较熟悉的，能够发挥业务专长的；自己确有心得、体会和有浓厚兴趣的；占有材料丰富，研究条件良好的论题。只有选这样的论题，写起来才会左右逢源，得心应手。

一篇经济论文的选题，要考虑主观和客观条件两个方面。如果客观上选择了有科学价值和现实意义的论题，但是自己却感到生疏、外行，或缺乏心得体会和兴趣，也是写不好论文的。

经济论文写作在具体选题时,还须注意以下三点:

一是选题要大小适中。选题太大,写作时往往会面面俱到,浮光掠影,泛泛而论,很难写深写透。选题相对地小一些,容易集中笔墨,抓住要点,把道理说得透彻,把论文写得扎实有力。

二是注意研究角度。写经济论文要有新的研究角度。许多经济理论问题,只有从新的角度去研究,去分析论证,才会得出与众不同的结论,见出新意。而新的研究角度,主要体现在选题上。

三是要知己知彼。在选题中,要了解经济领域已有的科研成果,了解别人已经解决了什么问题,还存在什么问题;是否有争论,争论的焦点是什么;哪些方面研究较为薄弱,哪些方面研究尚待开拓等等。只有知己知彼,才能避免重复和雷同。不然的话,花费了大量的时间、精力和物力,结果搞出来才发现人家早就研究出来,就会吃力不讨好。

(二)准备

写经济论文,在确定选题或文章专攻方向以后,就要从搜集材料、分析材料和选择材料入手,为撰写成文作准备。

搜集材料要根据论题的需要,尽可能搜集与论题密切相关的理论资料、典型事例、具体统计数据和图表等。搜集材料要求全面、详尽丰富。

分析材料就是对搜集来的大量材料进行验证、比较、鉴别,深入思考,区分真象和假象、偶然与必然、个别与一般、原因与结果、根据与条件、现象和本质等。

选择材料,就是选用或确定论文所用的材料。除了选用与论题相关的材料之外,还要选择重点材料和一般材料、概括材料和具体材料相结合的材料;选择典型的、真实的、新颖的材料。

准备,看起来似乎是写作材料的准备;而实际上,在搜集、分析、选择材料的过程中,经济论文的观点已经随之得以提炼,已经随之由模糊到清晰,作者的认识也完成了由感性到理性的质的飞跃。

(三)撰写

撰写就是执笔为文,具体分为拟定提纲、执笔写作、修改定稿三步进行。

拟定提纲是作者根据自己的思路,对论文的基本框架进行构思安排。要拟出全文的中心论点,各章、节、层次的内容要点,全文的结论等。提纲拟定后,仔细检查有无错漏之处,论点是否稳妥,论述层次是否清晰,材料安排是否得当,然后进行具体写作。在具体写作时,论文的正文部分一般要按序论、本论、结论的基本格式来写。最后全面地加以审查、修改、定稿。

三、经济论文的格式和写法

一篇经济论文的格式，一般由标题、作者单位和姓名、内容摘要、正文、注释或参考文献组成。

（一）标题

经济论文的标题灵活多样，应根据内容而定。拟制标题要注意几点：一是论文实质性内容的高度概括；二要尽可能显示经济学科的研究范围；三要醒目。

（二）作者单位和姓名

在标题下方，署上作者单位和姓名，也可只署姓名，要署真名，以示文责自负。有时为了显示庄重，可在姓名之前写上作者的最高学位或职称。

（三）内容摘要

又称提要、概要。是论文内容的高度浓缩。写出论文研究的目的、基本论点、论证方法及结论。摘要是为读者阅读提纲挈领，要写得简短有力、干净利索。

（四）正文

正文是一篇经济论文的核心内容部分，一般由序论、本论、结论构成。

1.序论。序论是正文的开头，说明研究本论题的目的意义或提出问题。序论要简明，并激起读者兴趣。

2.本论。本论是正文的主体。一篇经济论文的价值和质量，主要是通过本论表现出来。这部分要围绕中心论点展开具体的论证。要运用充分的理论论据和事实论据来论述自己的观点。可以采用层层推论、并列分论、综合式阐析的结构形式。论述时要求条理清楚，逻辑严密。

3.结论。结论是正文的结尾。是对论证的问题加以概括、综合，得出结论；或指出本项经济研究的发展方向以及尚需进一步探讨的问题。

（五）注释或参考文献。

一般经济论文都要有注释，即文中有关引文的作者、篇名、出版者、出版年月、页码。有时开列参考文献，即作者写作论文时参考的有关文献资料。开列的目的是说明作者写作时阅读的参考资料的范围和可信度，也便于读者查阅。

【例文 3-6】

用生态理性匡正经济理性

绝对化的经济理性导致对自然环境的损害

经济理性是近代经济学鼻祖英国亚当·斯密 1776 年在《国富论》中提出的。斯密凭着自己对人性的观察，认为每个从事经济活动的人都是"经济人"，都有理性的利己之心，主观上的利己心在"看不见的手"的指挥下展开竞争，客观上推进社会财富的增长，使整个社会福利增加。"理性经济人"的论点成为近现代西方经济学的逻辑支撑点和方法论原则。

遗憾的是，经济理性被绝对化、教条化。人类按照经济理性行事，在经济发展中取得累累硕果的同时，在自然界却埋下了祸根。在 200 多年前，人类的人口规模、生产规模、消费规模都比较小，经济活动对自然界的索取不是很多，自然界对轻微的伤害可以自我修复，经济学家们对此都未在意。随着人口规模和经济规模的扩大，对自然环境的损伤逐渐加大，斯密的后来人未尝没有看到，但为了理论的简约性，他们将经济对自然的损伤略去不计。当时，经济理性指导下的经济活动只对局部自然环境有损害，而对自然生态系统的稳定、平衡尚未造成威胁，这时，其理论体系依然具有合理性。问题在于，当人口规模和经济规模超过自然界的承载能力并对自然生态系统的稳定、平衡构成威胁时，经济理性依然罔顾其患，人们继续"在铁砧上锻造自然"，就日益丢失了原先的理性，走向了非理性。

对此，恩格斯早在《自然辩证法》中就提醒人们："不要过分陶醉于我们人类对自然界的胜利。对于每一次这样的胜利，自然界都对我们进行报复。"德国哲学家海德格尔认为经济理性下的现代科技，在人与自然的关系上"砍进了深深的一刀"。人们对经济理性表示深深的质疑，希望寻找一种更高级、更全面、更深刻的理性对它加以校正。

生态理性与经济理性的区别

如果以莱切尔·卡逊出版《寂静的春天》作为生态理性觉醒的标志，那么生态理性的崛起迄今已有 50 年的历程。现在我们可以将 200 多年前问世的经济理性与 50 年前问世的生态理性作一比较，看一看有何不同。

1. 不同的价值观。（略）

2. 不同的成本观。（略）

3. 不同的资源配置观。（略）

4. 不同的人际关系与国际关系。（略）

5.不同的代际关系。(略)

用生态理性匡正经济理性

经济理性并非一无是处,它在一定的范围内还是有正面意义的。这就是,当经济活动限制在自然界可承受的范围内,还没有破坏生态平衡时,它依然是正确的;但当经济活动冲破生态容量的底线,对生态平衡构成破坏时,就应该让位于生态理性。生态理性比经济理性的视野更广阔,它把经济理性作为一个特例包含在自己的体系之中。即当经济理性对生态平衡造成破坏时,就要用生态理性来处理人类与自然界的关系。

纵观科学发展史,科学理论的发展常常出现这样的情形:原先的科学理论雄视历史千百年,无懈可击,被称为"完美的大厦",后人无须再造什么大厦,只要在现成的大厦里做一些修补就行了。后来随着新的科学事实被发现,原先的理论左支右绌,总是无法加以解释、应对,于是一种观控水平更高的理论产生了。爱因斯坦的相对论力学的出现就是如此,相对论力学并不否定牛顿力学,而是指出它在宏观低速的范围内是正确的,进入宏观高速领域,它就不再正确,必须让位于相对论力学。相对论力学把牛顿力学包含在自己的体系之中,把它作为宏观低速运动的特例加以处置。

现在,生态理性把经济理性当作经济活动对生态平衡的损害为零的一个特例包含在自己的体系之中,这合乎科学理论的发展规律。然而,这种理论范式的转换至今还远远没有完成,是因为经济理性的理论形态即传统经济学200多年来已经相当完备,其积累财富的政策应用也有明效大验。尽管它在处理人与自然的关系以及人与人、国与国的关系上暴露出弊病,但一些人认为经过理论的修补和政策的调整,可以加以克服。而生态理性的理论形态即生态经济学虽然也有了50年的历史,但理论形态尚未完备,尤其是政策应用很难达成共识,利益集团之间的冲突非常激烈。生态理性要包容、整合经济理性,须有理论上的重大突破,更须有实践上的勇敢探索。一批先知先觉的科学家、经济学家为此奔走呼号,是非常可敬可佩的。一些地区按照生态理性安排实验,开辟生态农场、生态工业园、田园城市,也是值得效法、推广的。然而,这些还不足以使生态理性从目前的非主流地位转向主流地位。历史的转折需要国家层面、特别是大国层面上的理论创新和实践创新。历史在等待着这种宏大创新的出现。

生态理性在理论上的确立和实践中的建树,便是生态文明。党的十七大提出建设生态文明,这是全世界第一次由一个大国的执政党高举起生态文明的旗帜。而西方发达国家在经济理性驱使下的增长方式产生的大规模污染,自己无法消解，便在不改变增长方式的情况下原封不动地向外转移产业，还将垃圾贴上“资源”的标签向外输出。既然有人买单，“理性经济人”就省得掏腰包花钱，放弃了在本国改变增长方式的努力，而把这样的历史契机推出了国门。我国从上世纪八九十年代以来，是这种产业转移和污染转移的最大目的地，也成了最大的生态受害者。美欧正直的学者和媒体说，中国在成为世界工厂的同时，也成了世界烟囱，世界垃圾场。据中国科学院测算，环境污染使我国发展成本比世界平均水平高7%，造成的损失占GDP的15%，其中主要是外源性污染。外源性污染是西方发达国家绝顶聪明又绝顶自私的经济理性，从反面激发了我们的生态理性，促使我们重振几千年的生态智慧。

生态文明由我国率先提出，并不意味着我国已是世界上生态文明领先的国家。我国提出建设生态文明，是构建人与自然相和谐、国与国相和谐、人与人相和谐的一种理想，需要我们长期的、坚忍不拔的努力，也需要全世界的理解与协同。我国目前生态环境保护的进展速度严重滞后于经济发展的速度，整个社会仍沉浸在浓厚的经济理性的语境中，经济诉求人声鼎沸，压过生态诉求。一些沉迷于经济理性的人，把“天人合一”、“民胞物与”等传统的生态智慧嘲笑为“迂腐之词”。我们的生态文明还有很长的历史路程要走，要经过几代人的奋斗。然而，旗帜已经举起，队伍已经列成。这是在现代意义上的“替天行道”，即替大自然行道，替全人类行道。只要我们在神州大地上走出一条成功之路来，必会得到大自然的回报，全人类的响应。

（作者：姜亦华　单位：江苏省社会科学院）《求是一红旗文稿》

第七节　审计报告

一、审计报告的含义、种类和特点

（一）审计报告的含义

审计报告是审计机关、机构和部门派出的审计人员，对被审计内容的审计结果，向审计机关和被审计单位送交的书面报告。

审计人员根据审计任务完成情况与审计结果，作出有根据的结论并写出书面报告，陈述理由，说明原因，提出意见或建议，报送审计机关及通知被审计单位，从而作出正确处理。所以审计报告不仅是正确反映审计结果，而且是有分量的建议书，有权威性的鉴证文书，是进行审计处理的重要依据。

审计工作不管做得如何，不管被审计单位有无问题，均应写出真实准确、合理合法的审计报告。审计报告所报告的情况和结论如不公正、不准确，就会失去审计工作的意义。

审计报告具有独立的法定作者，也就是按有关法规批准备案的审计机构和个人（审计师、注册会计师），并且具有独立行使审计监督、坚持自己审计结论的权利。这是审计报告最本质的特点，也是与经济调查报告、经济活动分析报告等不同之处。

（二）审计报告的种类

审计报告按不同的标准来分，有不同种类。

1.按审计人员所属单位分，可分为内部审计报告和外部审计报告。

内部审计报告是单位或企业内部审计人员向单位或企业负责人提供的审计报告，一般不对外。

外部审计报告是审计机关或上级主管部门审计人员及会计师事务所接受委托进行审计所作的报告，具有法律效力。

2.按审计范围分，有全面审计报告和专案审计报告。

全面审计报告是对被审计单位的全部财会业务进行全面检查、评价的审计报告。

专案审计报告是对被审计单位的某一专门或专项问题进行审查以后所作的审计报告。

3.按审计人员意见分，有肯定性的审计报告，拒绝表示意见的审计报告，否定性的审计报告。

肯定性的审计报告是审计人员认为被审计单位经济业务账目符合或基本符合财经、会计制度，持肯定或基本肯定态度的报告。

拒绝表示意见的审计报告是指被审计单位无法提供充分完整的材料，审计人员的审计范围受到一定限制，审计人员的意见无法表达，并在审计报告中说明拒绝表态的理由。

否定性审计报告是审计人员认为被审计单位账目、报表等十分混乱或虚假，严重违背财会制度，则在审计报告中表示否定态度，并将有关情况加以说明。

4.按内容分，有财务审计报告、财经法纪审计报告、经济效益审计报告。

财务审计报告，是对被审计单位财务、收支的正确性、真实性、合法性进行审计后所写的报告。

财经法纪审计报告，是对损害国家或集体利益的违法乱纪行为或经济案件进行审计后所写的报告。可以对单位,也可以对某些领导个人,如对某些领导干部离任时经济方面的审计。

经济效益审计报告,是对企业生产经营效益、基建部门投资效益、行政、事业单位资金使用效益等进行审计后所写的报告。

(三)审计报告的特点

1. 合法性。依法审计是审计监督的基本原则,审计报告写作必须以有关法律、法规为依据。审计人员不能滥用职权,在审计报告中对被审计单位作出主观武断的评判。

2. 准确性。审计报告要体现审计机关的权威性和审计工作的严肃性,就要讲究内容的真实性和结论的可靠性。准确性是审计报告的生命。审计报告中所用的材料,都要反复核实,准确无误,实事求是,客观公正,不夸大不缩小;作出的评价或结论,要反映事物的本来面貌,恰如其分,准确鲜明。

3. 简明性。审计报告要求言简意明,切忌叙事过于琐细或泛泛而谈。文字不宜冗长、繁复。评价或结论要简洁鲜明,不像一般议论文那样作由此及彼的推理。

二、审计报告的基本格式和写法

审计报告一般由标题、主送机关、正文、落款组成。

标题,一般由审计项目和文种(审计报告)组成。在"审计项目"前,通常包括被审计单位名称。如《关于××百货商场××××年度财务收支的审计报告》、《关于××市教委违反财政纪律情况的审计报告》。

主送机关,即审计小组或审计人员呈送审计报告的接受机关,一般是审计机关。顶格写,类似于书信的写法。

正文,是一份审计报告的核心内容部分。《中华人民共和国审计条例施行细则》规定:"审计人员起草的审计报告,主要包括下列内容:①审计的内容、范围、方式、时间及有关情况的概括;②与审计事项有关的事实;③依据的法律、法规、政策规定;④初步结论,处理意见和建议。"正文要有序言、审计情况、主要问题、审计意见和建议。

序言:要写清审计工作的基本情况,如进行审计工作的依据、目的、时间、审计范围和内容、审计方式等,序言要写得概括、简略。

审计情况:写清被审计单位的基本情况,如被审计单位名称,隶属关系,单位性质(国有还是国有控股,企业、事业、机关还是团体)主管机关、机构或部门,财会体制、财会人员素质、财务隶属关系(全额拨款、差额拨款、自收自支还是独立核算），财务方面执行情况，主要经济指标完成情况等。

主要问题：要实事求是地写出审计中发现的问题，每项都要有事实，写明情节轻重、责任人、主客观原因、影响等。

审计意见和建议：根据审计中发现的问题，提出对审计对象的看法，提出恰当的处理意见。在写处理意见时，事实要确凿，观点要鲜明，要符合法律和有关政策。同时，为帮助被审计单位改进工作，有针对性地提出切实可行的建议。

正文后面如有附件，应标明其名称和份数。

落款，写出审计组名称或审计人员姓名，盖上公章和私章；再写审计报告的日期。根据审计工作有关条例规定，地方各级审计机关要受同级政府和上级机关的双重领导，凡报送给上级审计机关的审计报告，应同时抄送给同级政府。对联合办案的审计报告，需抄送各办案单位。下级内审机构的审计报告要抄报上级内审机构，并抄送同级国家审计机关。

三、审计报告的写作注意事项

（一）要做好撰写准备工作

在起草审计报告前，对审计工作记录中的原始材料进行整理、分析，选用富有代表性、典型性的材料，并在此基础上分析产生问题的原因，就事论理，反映实质。对审计中查明的问题，要慎重地查处、核实责任者，然后对被审计单位的财务和经济活动做出结论和评价。最后拟出写作提纲。

（二）必须坚持的基本原则

首先，必须坚持实事求是的原则。审计中发现什么问题，就是什么问题；有多少问题，就写多少问题。态度要客观，立场要公正，从事实本身出发，不夸大，也不要缩小，作出恰如其分的评价。其次，要坚持以法律为依据的原则，要依照财政和审计法规办事。再次，要坚持突出重点的原则。要抓住审计过程中的主要环节和关键问题，不能事无巨细，面面俱到。

（三）内容要具体，语言要准确

审计报告的内容要具体，切忌空洞无物或泛泛而论。语言要鲜明准确，符合逻辑。

（四）必须遵循国家的有关规定

符合《审计机关审计报告编审准则》、《审计机关审计事项评价准则》等规定。

四、例文简析

【例文 3-7】

对通用技术国际广告展览公司第七次审计

通用技术集团国际广告展览有限公司

第七次　费用确认报告

中润泽〔2004〕审字 041 号

商务部信息化司：

我们接受委托，对通用技术集团国际广告展览有限公司 2003 年 4 月 1 日至 2003 年 12 月 31 日期间就负责中国贸易指南数据库和网站的视觉识别设计和形象策划项目的经费支出情况进行专项费用确认。有关会计资料的真实性、合法性和完整性由通用技术集团国际广告展览有限公司负责，我们的责任是对这些会计资料发表审核意见。我们的审核是依据《中国注册会计师独立审计准则》进行的。在审核过程中，我们结合通用技术集团国际广告展览有限公司的实际情况，实施了包括抽查会计记录等我们认为必要的审核程序。现将审核情况报告如下：

一、基本情况

通用技术集团国际广告展览有限公司受商务部信息化司委托，根据《中国出口商品大全》和《世界出口商品名录大全》数据库和网站的视觉识别设计和形象策划合同书的要求，承办视觉识别设计和形象策划项目，主要完成以下几方面工作：

1. 中国贸易指南项目（数据库、网站、各类宣传品等）的视觉识别系统设计和形象策划；

2. 中国贸易指南项目宣传品的设计、印制；

3. 中国贸易指南项目的宣传、推广。

二、经费支出情况

通用技术集团国际广告展览有限公司提交 2003 年 4 月 1 日至 2003 年 12 月 31 日期间共发生人工费用 168285.87 元，专项直接经费支出 1935271.76 元，间接费用 730135.52 元，合计 2833693.15 元。

经审计，2003 年 4 月 1 日至 2003 年 12 月 31 日，通用技术集团国际广告展览有限公司相关经费支出共计 2390479.95 元，其中：人工费用 155806.46

元，专项直接经费支出1922871.76元，间接费用311801.73元。

附件一：通用技术集团国际广告展览有限公司用于中国贸易指南项目的相关经费支出明细表(略)

附件二：通用技术集团国际广告展览有限公司用于中国贸易指南项目的相关经费支出——设计制作费明细表(略)

附件三：通用技术集团国际广告展览有限公司用于中国贸易指南项目的相关经费支出——展览会相关费用明细表(略)

附件四：附注说明

一、通用技术集团国际广告展览有限公司所发生的与项目相关的直接经费支出和人工费用以实际发生数列支。

二、通用技术集团国际广告展览有限公司列支的直接经费支出——设计制作费723003.40元，经查其中12400.00元与本项目无关，因此予以调减。

三、通用技术集团国际广告展览有限公司列支的人工费用为168285.87元，经查，由于本审计期间项目参与人员的变动，该项费用中12479.41元与本项目无关，因此予以调减。

四、通用技术集团国际广告展览有限公司提供的与项目相关的间接费用分摊金额为730135.52元，是2003年4月1日至2003年12月31日该公司全部公共费用按人数分摊计算得出。该公司间接费用共发生5678831.84元，共有70人，而公司中承办项目的有9人，通过公式5678831.84元÷70人×9人计算得出730135.52元。

五、根据《外经贸公共信息服务项目承办资格合同管理规程》第二章定额定标的规定"各项间接费用总计不得超过直接费用15%"，该公司的专项直接经费支出和人工费用共计2078678.22元，由于通用技术集团国际广告展览有限公司分摊的间接费用730135.52元大于2078678.22元×15%＝311801.73元，所以审定数为311801.73元。

北京中润泽会计师事务所有限公司

中国注册会计师：×××

中国注册会计师：×××

2004年1月9日

本审计报告是北京中润泽会计事务所接受审计委托，对通用技术集团国际广告展览有限公司的相关经费支出进行审计后，向主管部门所作的专项费用审计报告。

从写作上看，有两点值得肯定：一是写作态度认真、严肃，做到以事实为依据，以法律为准绳，实事求是，客观公正。比如正文开头，就明确指出："有关会计资料的真实性。合法性和完整性"由国际广告展览有限公司"负责"，审计者的责任是对这些会计资料"发表审核意见"，审核是根据《审计准则》规定进行的，并实施了"我们认为必要的审核程序"。这样写，既分清了责任，又突出了本次审计工作的严肃、公正和审计者的独立身份，使人感到可信、可靠。二是结构比较规范。除了标题、主送机关、落款按规定的要求写之外，正文主体内容写了"基本情况"和"经费支出情况"两个方面，层次清晰，内容安排有序。不足之处是文号原写"中润泽〔2004〕审字第 041 号"是旧式写法，应改为"中润泽审〔2004〕041 号"；另外报告日期应改为大写"二〇〇四年一月九日"。

第八节　财务分析报告

一、财务分析报告的涵义和功能

（一）财务分析报告的涵义

是在分析各项财务计划完成情况的基础上，概括而成的说明性、结论性的书面报告。又称财务情况说明书、财务活动分析。

财务分析报告如实反映财务工作中的各种矛盾，分析这种矛盾的差异性，以达到总结经验，吸取教训，强化管理，提高效益的目的。

（二）财务分析报告的功能

1. 检验情况。通过财务分析报告所分析的情况，可以检查企业或经济实体的财务活动是否符合党和国家的政策，是否遵守财经制度、财经纪律；可以检查各项财务计划完成情况或进度，从而提高财务管理水平。

2. 发现问题。通过财务分析报告。可以发现影响和制约生产、经营、经济效益方面的各种问题，从而促使有关领导加强对财务工作的领导，同时也有利于调动群众当家理财的积极性，更好地发挥上级和群众的监督作用。

3. 揭示规律。根据财务分析报告的分析，能够揭示生产、经营、资金运转、收支管理、财务成果以及它们之间的关系，从而把握财务工作的规律，取得工作的主动权。

4. 改进管理。通过财务分析报告的分析，可以找到财务管理中的差距，找出潜力，针对差距和潜力，提出改进的意见，从而进一步提升财务管理的水平。

二、财务分析报告的内容

财务分析报告的财务分析，按内容分有两种：一是全面分析，即对财务计划的执行，包括资金、成本、盈亏等情况，进行系统、详细、全面的分析，并且联系生产经营实际分析资料，检查财务计划完成情况，肯定成绩，发现问题。这种分析而成的报告，一般半年度或年度一次。二是专题分析，它是针对某一重大的政策性问题、重大的经济措施或某一薄弱环节进行单一、集中的专门分析。这种分析，可以是定期(月份、季度、年度)分析，也可以根据实际需要不定期分析。

财务分析报告的主要内容大体有以下几方面：

(一)基本情况

将本期财务指标的完成情况、资金运转、成本变化等进行简要的说明。

(二)财务计划的问题和原因

按照财务计划的指标，对期内资金、成本、盈亏等进行分析，找出主要问题，并从主客观两个方面分析原因。对资金情况的分析，应重点分析流动资金定额的完成情况，影响资金周转速度的主要原因，资金来源的保证程度；流动资金的利用效果，产值资金率的完成情况和达到的历史水平；产品销售收入回收情况，拖欠货款的清理情况；国家基金增减变化等情况。对成本的情况分析，应着重说明本财务计划完成情况，影响成本升降的主要原因；成本降低指标及其水平变化的原因；增收节支目标的实际程度。对盈亏情况的分析，应着重说明利润计划完成与否及其主要原因；产值、资金利用率、人均创利额的完成情况；营业外收支变化情况；上交税利情况及增减原因分析等。

(三)要求和建议

根据财务计划、资金、生产经营条件等实际情况，有针对性地提出改进财务工作的要求，提出解决问题的意见或建议，供领导或有关部门参考。

三、财务分析报告的格式和写法

财务分析报告，除署名、日期外，主要由标题、正文两部分组成。

标题：一般包括企业名称、时间、分析内容等要素，如《××公司第×季度财务状况分析》、《第三季度全省国营工业企业主要财务指标完成情况分析》、《××县企业亏损情况分析》等。

正文：正文包括开头、主体、结尾。

开头，概述分析对象的基本情况和财务活动情况，成绩和问题，对本期财务状况的基本评价。

主体是报告的分析部分，核心内容部分。主要是对财务计划指标完成情况和财务工作情况进行具体分析。对取得的经验和成绩，存在的失误和问题，从主客观两方面分析原因，并指明主要原因。对数据、事实的分析，要抓住要害，把握本质。具体方法可采用纲举目张、并列推进、重点解剖、因素分解等方法。

结尾，一般提出存在的问题，改进意见或建议。要写得简短。

四、例文简析

【例文 3-8】

北人股份：财务分析报告

一、经营业绩概况

北人股份（相关，行情）1999—2002 年上半年的主要经营业绩指标如下表所示：（略）

北人股份的主营业务收入一直呈上升趋势，除 2000 年因为公司承接的造币机年末尚未交货而导致该年主营业务收入比 1999 年略微下降 3.87%外，最近几年一直保持着较高的增长势头。

其中，2001 年较 2000 年增幅 58.14%。进入 2001 年以来，公司的主营业务收入呈现了加速增长态势。2002 年半年完成的收入即接近 2000 年全年的销售收入，达到 2001 年全年主营业务收入的 62.94%。

在主营业务收入增长的同时，公司的主营利润也保持了加速增长态势。即使在主营业务收入略有减少的 2000 年，公司的营业利润仍高于上一年份。2001 年度净利润较 2000 年增加 1.13 倍，2002 年上半年完成 4768 万元，半年时间即已经完成 2000 年全年净利润的 74.18%，与 2001 年中期相比则增加 47.37%。

更为可喜的是，公司的主营业务突出，利润的含金量高。公司的营业利润占利润总额的比重在过去 3 年一直大于 100%。公司的竞争实力正因其主营业务突出而在印刷机械行业遥遥领先于其他行业。

二、盈利能力分析

北人股份主要盈利能力指标如下：（略）

过去几年，市场竞争日趋激烈，然而，公司的毛利率、主营业务利润率、营业利润率指标一直保持稳定，而公司的销售净利率、净资产收益率等指标则逐年提高。其原因既与公司实施的正确的经营战略有关，更来自于公司管理层高水平的经营管理。

1. 资产周转能力。公司的资产周转能力指标如下：(略)

公司的存货周转率、应收账款周转率、总资产周转率均较高且保持稳定，说明公司的资产经营效率较高，不良资产、收益率较低的资产较少，这为未来几年公司的健康发展奠定了扎实的基础。

存货周转率2000年有所下降，主要是因为造币机期末未完工所致，各年指标与行业平均值相比完全正常。2001年之后，公司的存货周转指标又有大幅度提高。2001年存货周转率指标较2000年增加43.66%。2002年半年的存货周转率较2001年半年的1.09次增加11.01%，显现出公司高水平的运营管理。

公司应收账款周转率在过去几年一直处于较高水平。自2000年开始，应收账款周转率有所下降，主要是公司改变了以现销为主的销售方式，扩大信用销售规模的结果。客观地说，以现销为主的销售方式过于保守，也导致公司的应收账款周转率奇高。而扩大信用销售规模这一重大举措对扩大销售、增加盈利无疑有着积极的影响。即使如此，公司应收账款周转率仍处于一个较高的水平，坏账的风险极小。

2. 成本费用控制水平。公司成本、费用的控制水平由下表可见(即成本费用占收入的比重)：(略)

北人股份的主营业务成本在收入中占的比重一直保持相对稳定。在市场竞争日趋激烈的情况下尚能做到销售费用、管理费用的相对降低。同时，由于公司财务政策以及严格、高效的资金管理，财务费用始终处于极低的水平。正是因为管理层有效的成本费用控制，严格的管理制度，北人股份才得以在中国印刷机械行业中遥遥领先于其他企业，并逐步成长为具有一定国际竞争力的企业。

三、偿债能力分析

北人股份主要偿债能力指标如下：(略)

公司的流动比率、速动比率在1999年处于较高的水平，表明公司的短期偿债能力很强。这两个指标在2000年、2001年虽有所下降，但仍处于安全范围之内。这种变化说明公司的流动资金管理在强调防范风险的同时，也注重提高资产的收益，在风险与收益的关系处理上更为成熟，表明公司短期资金调控管理水平已经有了显著的提高。当然公司也需要认真分析这两项指标下降的原因，防范潜在的偿债风险。

四、负债能力分析

北人股份近几年的资产负债率如下：(略)

无论与同行业还是其他行业的企业相比，公司的资产负债率都处于偏低的水平。这一方面表明，公司在过去几年一直致力于收益较稳定的主营业务，财务政策极为稳健，非常注意防范债务风险；另一方面也为公司在今后利用债务融资来扩张经营创造了极为有利的条件。

在公司的负债结构中，流动负债占有绝对的比重，而较少依靠长期负债。2000 年末流动负债较 1999 年有大幅度增加，主要是收购北人四厂加大了流动负债。我们认为，短期借款自 2001 年底增幅较大，主要是随公司资本扩张，公司的融资策略也发生了积极的转变——积极利用财务杠杆，为股东创造更大价值。

五、现金流量分析

公司现金流量的总体情况如下：(略)

投资活动现金净流量为负，说明公司最近几年一直在投资固定资产，加大技术改造力度，这有利于公司的长远发展；筹资活动现金净流量在 2000 年底之前一直为负，其原因主要是公司始终坚持回报股东发放股利、归还借款，以及弥补投资活动现金不足。可贵的是，公司的经营活动现金流量始终为正，这从另一个角度说明公司的主业突出、稳定，公司的利润质量很高。

六、成长能力分析

相关指标如下：(略)

过去几年，市场竞争日趋激烈，然而，公司主营业务收入基本保持稳定，净利润则保持上升趋势，净资产收益率、每股收益等指标也保持逐年提高的趋势。这种趋势正是公司在营销、研发、质量、品种、规模等方面具备的竞争优势的真实写照。而公司营销、研发等核心竞争力的增强以及财务管理水平的提高，必将对净资产收益率、每股收益等投资者关心的指标稳定增加，起到了决定性的作用。

七、分析结论

经营业绩良好。主营业务收入一直呈上升趋势。进入 2001 年后，主营业务收入及各项利润指标呈加速增长态势。

盈利能力较强。各项利润率指标均为正，且近期还有较大幅度的提高。存货周转率、应收账款周转率均处于较高的水平。

财务状况较好。公司的负债率非常低，债务融资空间巨大。短期偿债能力亦保持在安全水平之上。

现金流量稳定。经营活动现金流量一直为正，投资活动现金流量一直为负，既保证公司日常经营活动的正常进行，又一定程度上保证了公司的发展后劲。

当然，也有一些问题需要引起公司管理层的注意。公司在改变销售方式的同时，必须要加强信用管理，警惕可能的坏账给公司带来的损失。应注意优化资本结构和负债结构，积极采用负债融资方式，为股东创造更大财富；注意采用长期负债的融资方式，减轻对短期借款的依赖。

本篇财务分析报告，是一家经营良好的股份公司财务分析报告。从结构上看，除了标题，正文部分分开头、主体、结尾来写，还采用分项的写法。第一项"经营业绩概况"，是正文开头部分，它概括地介绍1999年至2002年上半年的财务状况：主营业务收入增长，主营利润保持加速增长而且含金量高，企业竞争实力在EP印刷机械行业遥遥领先。从第二项至第六项，是正文主体，分别对盈利能力、偿债能力、负债能力、现金流量、成长能力进行了分析、说明，列举较多的图表数据，采用数字对比分析的技术性方法，分析原因，说明情况，相当清晰而有说服力。第七项"分析结论"是正文结尾，在前面分析的基础上，最后得出"经营业绩良好"、"盈利能力较强"、"财务状况较好"、"现金流量稳定"的结论。同时，简要地指出一些应引起公司管理层注意的问题，提出今后改进财务工作、提高财务管理水平的看法和建议。通篇报告，结构安排规范、严谨，文字表达简洁有力。

第九节　股份公司年度报告

一、股份公司年度报告的含义和功能

股份公司年度报告含义，是上市公司在会计年度结束后召开股东大会年会前20日内供本公司股东查阅，或会计年度结束后120日（四个月）内向证监会、证券交易所提交的反映公司财务状况和经营业绩的文书。编制年度报告，要按照《公开发行股票公司信息披露的内容与格式准则·第二号·年度报告的内容与格式》（1999年修订稿）的规定。

在股份制文书中，还有一种中期报告，它是上市公司在会计年度前6个月结束后披露经营状况好坏所提交的报告。编制中期报告，应按照《公开发行股票公司信息披露的内容与格式准则·第三号·中期报告的内容与格式》(2000年修订稿)的规定。

年度报告和中期报告是投资者判断公司素质、前景，进行投资抉择的重要依据。

年度报告的功能，主要是监督检查上市公司运作情况，保护投资者的权益，保证股票市场有序地运作。

二、股份公司年度报告的基本格式和写法

股份公司年度报告一般由标题、重要提示、正文、落款组成。

(一)标题

标题一般由公司名称、年份、文种名称组成，如《上海众城实业股份有限公司1997年年度报告》。

(二)重要提示

重要提示所揭示的内容，或者是公司对年度报告所载资料的态度和责任声明(如：本公司董事会保证本报告所载资料不存在任何虚假记载、误导性陈述或者重大遗漏，并对其内容的真实性、准确性和完整性负个别或连带责任)，或者是证券交易所对股份公司年度报告的态度和责任声明。

(三)正文

正文有以下一些内容：

1.公司基本情况。主要介绍公司法定名称，注册地址，法定代表人，公司咨询服务机构名称、电话、传真、联系人，股票上市地及股票简称、股票代码等。

2.财务资料。包括会计数据及财务指标、本年利润总额及构成、报告期内股东权益变动情况等。

3.股本变动及股东情况。列示股本变动情况，说明股东总数，列示主要股东持股情况，列示公司董事等持股情况。

4.募集资金使用情况。包括资金募集情况，资金使用项目，项目的名称、总投资额、计划进度、实际进度、闲置待投资金运作情况等。

5.重要事项。简要介绍股东大会、董事会会议、监事会会议情况；简要介绍增资扩股事项；说明董事会、股东大会批准的公司法定代表人、董事、监事人事变动情况；说明重大关联交易事项；说明重大诉讼、仲裁事项；说明公司股权重大变动事项。

6.财务报告。包括审计意见、财务报表、会计报表附注。

7.备查文件。包括董事长、总经理亲笔签名的年度报告原本，法定代表人、财务总监、会计主管人员亲笔签字盖章的财务报告，会计事务所盖章、注册会计师亲笔签字并盖章的审计报告正本。

(四)落款

写发布人名称和发布日期。

三、股份公司年度报告的写作注意事项

(1)股份公司年度报告除了报告本身外，还应有资产负债表、损益表、股东权益变动表、财务状况变动表及其附注说明。

(2)股份公司年度报告应请会计师事务所审查。

(3)上市公司年度报告须由股东大会批准，并在公布前三天分别报送4份给主管机关和交易所备查；凡涉及上市公司经营情况及其财务数据的报道文章，在刊登前须经交易所审阅，并报主管机关备查，否则便视为有意操纵该股票价格；上市公司不得随意对外披露和提供有关影响价格的消息；影响价格的重要消息的披露，须提前48小时向交易所和主管机关报告并获得认可；如24小时后交易所未作答复，便视为认可。

(4)股份公司年度报告具有很强的政策性，应按照《中华人民共和国公司法》以及有关法律法规的规定编写。

四、例文简析

【例文3-9】

××××股份有限公司1999年年度报告摘要

重要提示：本公司董事会保证报告所载无任何虚假记载、误导性陈述或重大遗漏，并对其内容的真实性、准确性和完整性负个别连带责任。本年度报告摘要摘自年度报告，投资者欲了解详细内容，应阅读年度报告。

一、公司简介

(一)公司法定中文名称：　　简称：

公司法定英文名称：

(二)公司法定代表人：

联系地址：　　电话：

传真：　　电子邮箱：

(三)公司董事会秘书：　　公司董事会秘书授权代表人：
联系地址：　　电话：
传真：　　电子邮箱：
(四)公司注册地：
公司办公地址：　　公司邮政编码：
公司国际互联网网址：　　公司电子邮箱：
(五)公司选定信息披露报纸：
公司年度报告登载互联网网址：
公司年度报告备置地点：
(六)公司股票在上海证券交易所挂牌上市，股票简称××××，股票代码为××××××

二、会计数据和业务数据摘要

(一)公司本年度主要会计数据：　　利润总额：
净利润：　扣除非经常性损益后的净利润：
主营业务利润：　营业利润：　　投资利润：
补贴收入：　营业外收支净额：
经营活动产生的现金流量净额：
现金及现金等价净增加额：
注：
(二)公司前三年的主要会计数据及财务指标：(略)
(三)股东权益变动情况(单位：人民币元)：(略)

三、股东情况介绍

(一)截至1999年12月31日，本公司股东总数为53567户。
(二)报告期末持有本公司5%以上股份及前10名股东的持股情况：(略)

四、股东大会简介

本公司于1999年5月6日召开了第一届股东大会第二次会议。审议通过的决议分别刊登于1999年5月7日的《中国证券报》、《上海证券报》。

五、董事会报告

(一)公司经营情况
1. 公司所处的行业及地位：(略)
2. 公司主要业务范围及其经营状况：
(1)主营业务收入、主营业务利润分类构成情况(略)
(2)对占主营业务收入10%以上的主要产品介绍(略)

3. 经营过程中出现的问题及解决方案：

(1)1999 年受中国电信管理体制变化的影响，电信设备市场启动较晚，使公司 1999 年第四季度签订的大量合同推迟至 2000 年执行。

(2)虽然公司 1999 年销售总量比去年有所增加，但由于市场竞争日趋激烈，主导产品交换机的销售价持续下降，产品利润率有所降低。

(3)1999 年公司统一了市场平台，加大了市场销售力度，集中投入较大，故本报告期内营业费用的增长较大。

(4)应收账款数额较大。由于受市场状况和电信体制调整的影响，公司的销售合同集中在第四季度体现，导致年终时段内应收账款陡增。

针对上述问题公司主要采取了以下措施：(略)

4. 报告期内公司实现利润数与年初预测数吻合，完成了预期的经营目标。

(二)公司财务状况

1. 公司财务状况如下(单位：元)：

	1998 年	1999 年	增减变动(%)
总资产			
长期负债(数据略)			
股东权益			
主营业务收入			
主营业务利润			
净利润			

财务状况变动的主要原因：公司生产经营规模扩大，业务增长较快，带来公司资产和负债规模以及主营业务利润和股东权益的相应增长。

2. 本报告期内××会计师事务所出具了无保留意见审计报告。因此公司对此无解释性说明。

(三)公司投资情况

1. 募集资金使用情况：

实际投资项目资金投入情况，项目进度及预计收益。

单位:万元

承诺募集资金投资项目	承诺投资额	实际投资额	其中:募集奖金投入	备　注
SDH光传输系统技术引进	4950	4604.04	4600	承诺投资与实项目际投资一致
合资生产开发W-CDMNA项目WLL系统项目	19505	6008.66	6008.66	承诺投资与实项目际投资一致,进度有所推迟

2. 投资项目及资金使用情况:(略)

3. 报告期内公司非募集资金投资开发项目:(略)

(四)生产经营环境变化以及宏观政策法规发生变化及其影响(略)

(五)新年度业务发展计划(略)

(六)董事会日常工作情况(略)

六、监事会报告(略)

七、重大事项(略)

八、财务报告(略)

××××股份有限公司 2000 年 2 月 17 日

(引自余国瑞、贺明海主编《国际投资文书写作规范》)

股份公司年度报告的写法比较复杂,必须按国家的有关法律法规、证券主管机关和有关部门的规定来写。本篇年度报告(摘要)的写法基本规范,主要内容项目均已具备。

从结构上看,除标题、落款外,全文分重要提示和正文两部分。重要提示又称"说明",是报告人对年度报告所载资料负责解释和负法律责任的态度和声明。每份年度报告都必须有"重要提示",以制约个别股份公司的虚报、假报、瞒报、漏报等误导或欺诈的违法行为。本报告的重要提示写得明确、肯定,符合规范。本报告正文部分,以条目式写法,分"公司简介"、"会计数据和业务数据摘要"、"股东情况介绍"、"股东大会简介"、"董事会报告(公司经营情况、公司财务状况、公司投资情况、生产经营环境变化以及宏观政策法规发生变化及其影响、新年度业务发展计划、董事会日常工作情况)"、"监事会报告"、"重大事项"、"财务报告"等 8 个方面来写。结构形式合理、清晰,信息内容准确、完整,文字表达也较简洁。

第十节 涉外商务文书

一、概述

涉外商务文书是进行涉外商务活动和管理的具有特定形式的各类书面材料的总称。

随着我国对外开放的继续扩大和外向型经济的不断发展，我国与世界各国的商务交往日渐频繁。在这种形势下，作为处理涉外商务关系和商务活动的重要工具，涉外商务文书的写作和应用，越来越受到人们的广泛重视。

涉外商务文书与其他经济文书相比较，其最大的特点是涉外性，即涉及海外（国外）的商务活动。除此之外，涉外商务文书还具有以下几个特点：

（一）较强的专业性

涉外商务文书用于涉外商业业务交往和管理的方方面面，如商务交往和联系、商务谈判、商务契约、商品行销、商务诉讼等，而任何一个方面都带有很强的专业性——除了本国的商业业务，还有海外（国际）商业业务。

（二）目的的明确性

涉外商务文书是与商业的经济效益紧密相关的。涉外商务文书中的订购确认书、索取样品书、申请保险书、要求报价书、索赔书、商用函电、商品推销方案、涉外合同、贸易会谈纪要、商务诉讼文书等，其写作目的，无一不从经济利益出发，既不像文学作品那样是为了“怡性”，也不像一般文章那样是为了“载道”，而是为了“赚钱”，为达到一定的经济目的服务。

（三）格式的国际化

涉外商务文书的格式，不能按本民族或本国的通用格式，而要按国际通行的格式和国际惯例。如与某外国某商号老板联系商务，就要按国际通行函件格式；如与外商打官司，就要按国际惯例制作有关诉讼文书。

（四）表述的准确性

涉外商务文书所表述的含义必须十分准确，不能模棱两可或使人产生歧义。如对某些重要商品的发盘，若写要求客户“×月×日复到有效”，就欠准确，而应写“×月×日北京时间复到有效”。有时仅一字之差，但一旦用错，就有可能造成经济损失。涉外商务文书的任何数字、计量单位甚至标点符号，都要十分准确，不能有任何差错。

二、涉外商务文书的分类

涉外商务文书种类很多，根据不同的分法可以有不同的种类，而每一类又有许多具体的文种。根据性质和形式来分，一般把涉外商务文书分为以下几类：

（一）涉外商务信函

涉外商务信函，是用书信形式联系商务及有关事宜的文书。主要有：

1. 邀请信函（请约信、邀请信、应邀函、谢绝函）

2. 咨询信件（订购确认书、索取样品书、要求刊登广告函、要求资产保险函）

3. 推荐信函（推荐人才信、自我推荐信、产品推荐信）

4. 要求报价书

5. 信用证书

6. 索赔书

7. 商用通知书

（二）涉外商务电文（国际电报、电传）

（三）涉外商务行政管理文书

1. 涉外商用通知书

2. 聘请书

3. 国际贸易会谈纪要

4. 国际贸易交往备忘录

（四）涉外商务契约

1. 涉外合同

2. 涉外协议书

3. 涉外意向书

（五）涉外诉讼文书

1. 起诉书

2. 答辩书

3. 法律意见书

4. 仲裁调解书

5. 仲裁裁决书

6. 公证书

（六）涉外商务礼仪文书

1. 演讲词

2. 欢迎词欢送词

3. 鸣谢词

4. 请柬

三、几种涉外商函的写作

涉外商函，是以信函形式联系涉外商务的文书。这种信函，除了掌握英文、日文等特殊的信封和信件书写要求外，主要要掌握以下几种具体商函的写作格式。

（一）邀请函

邀请函包括请约信、邀请信、应邀函、谢绝函等。

如果甲方要出国到乙方去了解投资环境或考察乙方产品生产和经营的情况，希望乙方能发给甲方一份邀请信，这种信就叫请约信。

如果乙方接到甲方的请约信，或者乙方认为需要甲方参加某项商务活动，就要向甲方发出邀请信。

甲方收到乙方寄来的邀请信后，表示愉快接受和衷心感谢，并就参加商务活动的具体事宜提出自己的建议，需要给乙方发出应邀函。

如果甲方收到乙方的邀请信后，由于种种原因不能应邀前往，需要及时向乙方发出谢绝函，尽可能解释清楚不能应邀或暂时不能应邀的原因，以求乙方的谅解。

邀请函的写法，与一般书信相同。如：

【例文 3-10】

邀请信

尊敬的戈特华德先生：

您的来信收到了。我很荣幸地通知您：为商谈商务，特邀请先生一行三人于明年五月十五日至十八日来我公司访问考察。我们将十分愉快地迎接先生的到来。往返旅费由贵公司自理，在我处的食宿由我公司负责。谨祝您一切如意。

你诚实的

新潮服装公司总经理

李德华

【例文 3-11】

应邀函

李总经理德华先生阁下：

收到了您寄来的邀请信，十分感谢您和您的朋友们给我提供了这样一个令人难忘的良好机会。我的妻子和女儿也和我一样快乐。她们对贵国神往已久，希望能伴我前往，当然，她们的一切开支是由她们自己负责的，不知是否方便。时间安排照您的意思办。最好能多安排一点参观时间，商谈放在参观之后，因为我对你们的情况无所了解。见谅。衷心祝愿您快乐。

您的亲切的朋友

戈特华德

（二）咨询信件

这是一类涉外商业性咨询信函，包括订购确认书、索取样品书、要求刊登广告书、申请保险书等。这类咨询性信函的特点，一是专用性，即其使用范围只限于某一个具体方面；二是单一性，即信的内容单一；三是详尽性，即联系地址等要写得具体详细。

1. 订购确认书。这是一种向对方核对所订购的商品名称、数量、款额的信函。具有确认性特点。如：

【例文 3-12】

订购确认书

百老汇大街××××号

戈特华德有限公司经理部

电话号码：

电报挂号：

电传号：

年　　月　　日

中华人民共和国

上海市嘉定县曹王镇××号

新潮服装公司

亲爱的李德华先生：

今天上午9时我曾用电传向贵公司一位姓王的服务人员订购一批服装。现来函确认如下：

仙鹤牌男式衬衫1000件，单价20.01元，合计20010元

嫦娥牌女式衬衫2000件，单价25.70元，合计51400元

共计71410元

现随函附寄71410元支票一张，希望尽快将上述货物寄来。谢谢您！

第二批货待订。

您真挚的

戈特华德

2.索取样品书。这是一种要求对方提供样本或样品的信函。写作时，先要写清索求样本或样品的目的，接着要写清具体要求。如：

【例文3-13】

事由：联系商品销售事宜

李德华先生：

前一批货销售极佳，颇受好评，除电报中向您订购的数量外，公司同仁意欲扩大经营范围，我想请您给我寄上下述样品：

①6岁男式童装　2套

②6岁女式童装　2套

③5岁儿童套裙　2套

并请附上有关资料与说明文字，供我们查看，宣传，倾听消费者的反映。我估计你们的产品是会受到欢迎的。一旦公司作出决定，我们将大批量向贵方订货。具体事宜日后联系。请你们从速寄上样品。谢谢您对此事的关照。渴望赐复。在资料中请附上样品的价格、质量规格说明。

您诚实的

戈特华德

3.要求刊登广告书。为使自己的产品在国外打开销路，就要想方设法利用某国的新闻媒体做广告。这种与国外新闻媒体联系广告事宜的信函，就叫要求刊登广告书。如：

【例文 3-14】

要求刊登广告书

中华人民共和国杭州市
半山广济路 18 号
电话:544437　544370
544601
电挂:4507
杭州保灵有限公司
2000 年 10 月 29 日

美利坚合众国纽约市
榆树大街第 28 号《××时报》
广告部经理

尊敬的经理先生:

为了让美国公众了解我们的产品,更好地为他们的身体健康服务,希望能借贵报一角刊登一则广告,广告全文附后。

如果贵报能给予支持,可否在 12 月 20 日、21 日、22 日三天连续以显著位置刊登上述广告。广告一经刊出,我们即付缴费用。希望你们及时将广告刊出的样张寄给我们。至盼至盼。

你们的朋友
杭州保灵有限公司经理
×年×月×日

(广告全文略)

4. 申请保险书。这是一种写信联系、要求保险的书函。这种书函,可以是个人的,也可以是公司或企业的;可以根据不同的保险类型来写,也可以根据保险的范围来写。书函仅仅是一种联系。如:

【例文 3-15】

申请保险书

亲爱的先生:

本人在日本有 10 万美元的家具与电器设备,准备运往中国,现存放于××港第一仓库,共分装××箱,标记为[×××],[×××],请贵公司代为保各种危险 40 天,时间从 2000 年×月×日算起。希望你们收信后速将保险单照信端地址寄来。如蒙应允，十分感激。谨致谢意。

你们的诚实的
李德华

（三）推荐书

这是在对外商务活动中，向对方推荐人才与产品的信件，包括推荐人才信、自我推荐信、推荐产品信。

推荐人才信要在信的上端写清被推荐者的基本情况，以及与推荐者的关系；信中着重介绍被推荐人的才能，以便对方录用。如：

【例文 3-16】

推荐书

被推荐者：黎明，男性，24岁。2000.10.30

职务：本公司管理人员。

从业计划：经营管理。

专业范围：对外文化经营管理。

推荐人与被推荐人的关系：经理与职员。

推荐者：乔羽

希尔顿文化服务公司米勒董事长先生：

欣闻贵公司急需一名对外文化经营管理人员，本公司职员黎明自己前往贵公司应试，并取得了合格成绩，为尊重其本人意愿，兹推荐如下：

黎明1997年毕业于××大学管理系，现任我公司对外文化经济译员。读书期间成绩优良，从业期间，工作勤恳，专业英语能作口头翻译，也能作英语笔译。日语能笔译。潜心于文化经济的研究，著有《对外文化经济》一书，有能力胜任你计划安排的工作。为此，本人乐于推荐他到贵公司任职。顺祈董事长先生一切顺利。

您的亲密的朋友
为民服务公司总经理乔羽

自我推荐信是向对方单位进行自我推荐，如实介绍自己的情况，不能夸大，不能傲慢，也不能卑屈地向对方乞求，信要写得诚恳、朴实、不亢不卑。如：

【例文 3-17】

自我推荐书

尊敬的米勒董事长先生：

欣闻贵公司要招收文化经济管理人员，特投书自报。我叫黎明，今年24岁，原在为民服务公司工作。本人大学文化程度，能用英语、日语对话与翻译，主攻对外文化经济专业。由于在为民服务公司专业不太对口，故投书贵公司，愿为贵公司的发展与繁荣助一臂之力。盼能给一个效力的机会。等待您的回复。

您的忠实的
黎明顿首

推荐产品信，要向对方着重介绍产品的特点和市场上的信誉。要根据对方的心理要求和适用要求作如实介绍。如：

【例文 3-18】

推荐产品信

横山清照先生：

敬复者：来信收到。得知先生身体健康、精力充沛，十分高兴，谨表庆贺。

先生询问景德镇的瓷器与宜兴的陶瓷，何者为佳，这事颇难尽言。可以说各有特点。就陶制品而言，以宜兴为主，宜兴的紫砂茶具，历史悠久，做工考究，用料独特，且常常以著名诗画家题款设计而传于世，因而往往是十分珍贵的艺术品；如果烹上阳羡茶，与几位朋友倾谈于台亭水榭之间，自然是别有风味。以瓷器而言，以景德镇瓷为上。景德镇的瓷器也同样有悠久的历史，做工考究，早就闻名于海内外。它们之间不同的，一个是以陶名，一个是以瓷名，各享誉千秋。先生若欲馈赠文坛圣者，自然新颖紫砂，更有妙趣。如若为豪华居家增色，景瓷是光彩照人的。抉择由先生自定。

请向先生的太太致问候之意。

陈城敬上

(四)要求报价书

本国公司对外国公司的交易中，要求对方对他们感兴趣的产品报出价格，如果认为价格合适,复信表示接受;如果认为价格不合适,则可以提出降价要求;再次复信表示同意报出降价,双方满意,即成交。

要求报价书,包括报价书和接受报价书。

1. 要求四川府绸报价书

【例文 3-19】

要求报价书

中国丝绸进出口公司杨新华先生大鉴:

惠寄本公司府绸样品两件已收到,十分满意,客户表示欢迎,为此我们欲先购 1 万磅,望你方能提出有竞争力的价格。恭候先生复函。

日本大中贸易公司
田中敬启
×月×日

2. 四川府绸报价书

【例文 3-20】

报 价 书

日本大中贸易公司田中先生:

祝贵公司生意兴隆,事事如意。

先生大函收悉,知贵公司欲购我方府绸 1 万磅,甚为高兴。经研究,为满足贵公司期望,即日已电告该批货物的报价,现录如下,书报先生。

丝绸 1 万磅,单价 300 便士,以　　月　　日　　时之前接到复信为条件,确认预定。因为该绸料争购者多,故请先生尽量缩短报价期限,以免误事。急盼复信。

中国进出口公司
杨新华敬启
20××年×月×日

3. 接受四川府绸报价书

【例文 3-21】

接受报价书

中国丝绸进出口公司杨新华先生：

来电来函均悉。谢谢您和您的朋友们。

根据你提出的条件，我们与客户洽商，决定接受贵公司提出的报价。电报于今日 20 时发出，请接信后协助办理合同手续。望复电，接到您的电报，我即派人前往。敬祈繁荣。

日本大中公司

田中敬启

20××年×月×日

（五）信用证书

这是对外贸易往来中的信用凭证。生意成交后，发货之前，发货人据此发货装车装船。请求开信用证，应以合同内容条款为依据，要求写明开出时间、开出进出口货物总金额。如：

【例文 3-22】

请求开立信用证书

理查德先生：

贵公司 11 月 12 日来信悉。深蒙惠顾，谨致谢意。关于 001 号合同所陈 500 件工艺品，已分箱包装完毕。如你们能在 12 月 1 日前开出信用证，我们即可于年底之前装运。故此，敬希即速开出××万元之信用证。谨此致谢。

黎明再拜

20××年×月×日

吴瑛美等编著的《日文书信大全》所拟信用索求书比较详细，连文件号、对方公司公启都一一并载，兹录如下：

【例文 3-23】

畜字××号

件名:要求速开信用证

贵公司12月11日来函已悉。衷心感谢贵公司愿与我方加强合作的愿望。

关于351号合同30吨茴香,如贵方所开信用证于1月5日前到达我方,我方将尽力提前向日月号轮船装货。

第342号合同之货物,已做好装货准备,希火速开立信用证,我们愿早日装运。

恭候回音

中国土产畜产进出口广西分公司
神户香辣料股份有限公司公启
20××年×月×日

(六)索赔书

索赔书即索取赔款书。在对外经济贸易中,一方给另一方造成经济损失,另一方有权要对方赔款。如:

【例文 3-24】

件名:关于氯化铵的索赔

拜启者:

12日进港的日本号运送的氯化铵发生了下述意外情况:

一、氮含有量在23%以下者约占10%。经查牛皮纸,大抵三层或四层,显然是包装不善所致。首批到货即出现此种不幸,我们自然对今后进货感到不安。因而除希对此次之问题做好善后事宜外,还望保证今后装货不再发生此种不幸。

我方已于×日电告你方,兹将本地商检局检查证附上,再以书面奉知。

中国化工进出口总公司
××贸易股份有限公司公启
20××年×月×日

【例文 3-25】

件名:支付索赔款问题

拜复者:

关于来函所提索赔问题,已收到制造商下列答复:

"本公司根据××股份有限公司送来的检查证,进行了全面调查,终究未能查出明确的根本原因,尽管如此,此项索赔款,将按对方要求支付,并充分注意今后不发生此种事态。"

请速告上述最后确定金额及检查费。

××贸易股份有限公司
中国化工进出口总公司公启
20××年×月×日

(七)商用通知书

涉外商用通知书,应该归于涉外商用行政管理文书中去,但由于我们这里所指的商用通知书,仅仅是个人之间有关商务问题的书信,因此将它放在"涉外商务信函"中加以介绍。

这里所说的商用通知书,用得最多的是汇款、发货或收款、收货;会议或会谈;通知车、船、飞机的时间等,要求写得简短明确。如:

【例文 3-26】

为查询样品未到事

黎明先生台鉴:

您的通知书中说明月前已寄出我所需要的样品,现已是 20 号,尚未收到,敬希查询。是否在运输途中发生事故,我很怀疑。艺术样品的邮寄需要格外谨慎。恳请先生火速查询此事。并将结果告知。

您的朋友
加拿大工艺品进出口公司
理查德
20××年×月×日

【例文 3-27】

通知样品已收到

黎明先生如晤：

给您的信才寄走 3 天，样品已收到。真使人高兴。这批东西我们非常满意，待我们商量一下，旋即派人前来洽谈订货事宜。样品费用已寄出。希望您不要为这事烦恼了。谢谢您。

您的朋友

理查德再上

20××年×月×日

【例文 3-28】

关于会期更改事

理查德先生：

给您的邀请书早已发出。原订我们的会议地点在庐山，由于五月是旅游旺季，在庐山开会多有不便，因此把洽谈地址改在上海市××路××号。特此告知。那里有十里桃园，安静、舒适，又是黄浦江上游，还可一览上海郊区风光，岂不美哉？届时我们在虹桥机场迎接您。欢迎您光临。

您的朋友

黎明

20××年×月×日

（本部分涉外商函的例文，引自林士明主编的

《企业必备文书》，复旦大学出版社 1993 年 12 月版）

第四章　传播文体

第一节　概　述

一、传播文体的含义

传播文体是通过各种大众传播媒介与公开的传播渠道传扬一定的信息，包含一定的宣传目的，以影响受众的书面文字形式。

传播文体有广义狭义之别。从广义方面来看，一切公开发表的书面文字都具有传播的意义和作用，如国家的法规，报刊的社论、科学论文，文学作品，乃至个人为实现某些意愿而告知公众的文字等等，都具有公开的传播性。狭义的传播文书则指以传播信息为主的、公之于众的文字材料，如新闻报道、产品说明书、声明、启事、广告说明等，它的宣传功能主要在于使人们获取客观事物的一定的信息，了解事物的情状及传播主体的意向，它的传播材料大都是第一性的。那些以理论探讨、政策法规宣传、感情的传递与交流为主的文字材料，尽管具有公开的传播性，但不属狭义的传播文体的范畴。本章所述主要是指狭义的传播文体。

本章的新闻短论和申论，虽都具有议论说理性，但由于它们的议论对象主要是新闻材料，所以也把它们归入传播文体一类。

随着经济建设的发展，在深化改革、扩大开放的进程中，各种新的信息纷至沓来，信息的传播与交流已成为人们日常工作和生活的重要内容，传播文体对于社会的发展发挥着越来越重要的作用，掌握传播文体的写作也是时代的要求。

二、传播文体的基本特点

(一)真实性

传播的信息是真实的存在，而且准确无误，这是传播文体的生命所在。信息的真实性决定了传播文体的社会效应，准确的信息会使传播文体产生积极的社会影响，从而达到预定的传播目的。那种凭空捏造、任意夸大事实的传播，都是对社会公众不负责任的表现，只会把传播文体导入误区。至于为了某种不可告人的目的，蓄意欺骗公众而制作假信息，更应坚决杜绝。无论是消息报道，还是广告启事，传播真实的信息都是最基本的原则。

(二)应时性

传播文体是应时而发的文字，它反映的是当前社会生活的各种信息，注重传播的应时性是它的鲜明特点。这种应时性表现在传播速度、传播时机与传播效果的统一。在真实性的前提下，传播要力求迅速及时，讲究最佳时机，考虑如何取得最好的传播效应。新闻报道、广告说明、声明启事等，传播信息都应做到快速、适时、注重实效。那种过时的、不合时宜的传播，往往也失去或减弱信息效率，难以取得很好的传播效果。

(三)周知性

把有关信息公开向社会宣示，使公众知晓所传播的内容，这是传播文体的又一特点。从传播主体来说，希望所传的信息尽可能扩大社会影响；从传播渠道来说，则有通过新闻媒体、公开发布或公开张贴等多种形式。

传播文体的周知性，决定了它的内容的无保密性，也决定了它不同于那些内部文件或材料、小道消息、个人隐私的传递与扩散。它的广泛周知性是传播者的主观意愿的表现，是通过负责任的公开宣传以达到一定的社会目的，收到一定的信息效应。

三、传播文体的写作要求

(一)要有对公众负责的态度

传播文体具有公开扩散性，它必然在社会上产生正面的或负面的影响，必然直接地或间接地作用于公众的工作质量与生活质量。因此传播文体的写作首先应有严肃的态度，应有高度的社会责任感，作者应如经商者一样，应有视公众如“上帝”的强烈意识。那种马虎草率的态度，自欺欺人的态度，那种为谋一己之私利而作任意宣传或不光明正大的做法，都是对社会公众不负责的表现。在商品经济日益发展、市场竞争日益活跃的今天，此点必须强调。一则消息、一条广告因其不负责任的传播而害人不浅,这样的事例今天已非罕见。可以这样说:没有对社会负责的态度,就不会有积极、良好的传播效果,最终也达不到宣传目的,甚至产生负效应。

(二)了解现状,有的放矢

所有传播文体都是从现实的需要出发而制作的。离开当前的客观实际,传播文体也就谈不上它的宣传方向与宣传目的。传播者应尽可能熟悉与传播内容相关的现实情况,把握公众的行为需求与心理需求,了解各类公众的关注点与不同的需求趋向。这样,制作传播文体就具有现实针对性,才能使尽可能多的公众接受所传播的信息,或在一定范围的受众中取得最佳的信息效果。

了解现状,明确宣传对象的需求,对于传播文字主旨的确立、角度的选择、材料的取舍、体式的运用都至关重要。若不明对象,不察实际,传播文字就会泛泛无特色,流于一般化,也难以引起公众的接受兴趣,从而减弱或失去传播的意义与实效。

(三)真实准确地传播信息

传播者对社会公众是否负责,直接表现于传播的信息材料的准确度与可信度。信息材料务必确凿可靠,真实可信,表达务必实事求是地反映事物的真实情况。因此,对材料的来源必须核查,对传播的内容必须郑重推敲,传播的语言应恰如其分。那些故作惊人之笔而失实的消息,那些哗众取宠的广告,那些言不由衷、虚华浮饰的声明、启事,既有损传播文体的声誉,也会给受众带来不良影响。信息的准确可信,是指信息具有原始的真实性,而且由传播者忠实地反映出来。这是传播文体的真实性要求与文艺作品的艺术真实的要求的区别所在。

(四)精心创造传播艺术

今天,新的信息层出不穷,社会的生活节奏不断加快,要使某种信息得到最大限度的扩散,取得最佳的传播效果,在遵循真实准确这一传播原则的前提下,传播者还得十分注重研究传播艺术。例如,要恰当地选择传播媒体,发挥某种传媒的特长,尽可能使传播内容快速、灵活、高质、多量地影响受众;要精心研究传播的具体形式与手段,从体式的类型、图文的配置、版面的设计、手法的运用等等,都应该力求吸引人;要运用鲜明简洁、生动活泼的语言,增强表达的艺术性与表现力,使传播文体既有求实的本质,又有多姿的风貌。传播文体的艺术创造天地是十分广阔的。传播者应该而且可以发挥独创性,避免亦步亦趋,落入俗套,力求新颖活泼,使传播的内容与形式达到完美的结合。

第二节　消　息

一、消息的含义与特点

消息是迅速、精短地报道新近发生的有意义的事实的一种新闻体裁。所谓有意义，应作广泛的理解，自然现象、社会现象乃至人们的日常生活中，凡是新鲜的，对人们有所启迪或教益的事实，都具有某种新闻价值。所以，消息的报道范围是十分宽广的。

消息通过传播媒体向社会公众传播各种信息，具有很强的宣传效能，会产生很大的社会影响，是报刊、广播、电视常用的新闻体裁。

消息的特点可以用“真”、“新”、“短”、“实”几个字来概括。

（一）真，指信息的真实准确

真实是消息的生命，真实性是消息报道中必须坚持的基本原则。消息的内容必须是真实的客观存在，报道的事实必须准确无误，不允许虚假失实。那种无中生有、合理想象、添枝加叶、张冠李戴的报道，只会危害党的新闻事业，造成不良的社会影响。反假仍是新闻战线的重要任务，国家新闻出版署已经决定，今后对假新闻将每年公布。《中国报刊月报》1994 年就将六条假新闻公开曝光，就说明新闻界对维护真实性原则的重视。

（二）新，指消息内容新鲜，报道的及时快速

新闻要“新”，消息有很强的时效性，要以最快的速度反映新近发生的事实，以取得最佳的宣传效果。同时，消息的“新”，不仅指快速报道别人没有报道过的新鲜事实，还指别人即使报道过而自己又有新的发现或新的报道角度，这样的事实报道仍然具有新意。消息的“新”与“快”紧密联系，要做到新鲜及时，就要求报道者具有强烈的事业责任感和对客观事实的敏锐的反应力。

（三）短，指消息的精粹简短

消息篇幅短小，语言精练，抓住主要事实加以叙述，既有极强的概括力，又包容较丰富的信息量。这种精短的特点，在生活节奏日益加快的今天，具有更强的适应性。那些长而空、繁而杂的报道，与消息这一体裁特性是格格不入的。

（四）实，指消息要用事实说话

消息的宣传力量与作用决定于事实本身，真实准确的事实最具有说服力，

报道者的态度和倾向自然地体现于事实的报道中。消息不同于议论文,不是凭借抽象议论来表达见解,而是在鲜活的事实报道中包含着宣传意图,让公众从事实中了解客观世界,并受到启发。让事实说话这一特点,决定了消息的表达方法以叙述为主。

二、消息的类别

从写作特点来看,消息一般可分为以下几类:

(一)动态消息

动态消息是对新近发生的大事或各种新情况、新成就、新动态的迅速而简要的报道。在各类消息中,它反映最迅速,篇幅最精短,内容单一性,大都是一事一报,表达直接明晰,结构上也最能体现新闻要素完整构成的特点。它是报纸、广播、电视为公众提供大量信息的主要形式之一,在各种传播媒体中,它的使用频率很高。例如,报道国家领导人的出访,报道一条铁路建成通车,报道一次重要会议的召开,报道某地发生强烈地震等等,都属动态消息。

近年来大量出现的标题新闻当属最短小简捷的动态消息,仅用一个标题就传播一则信息,如:"截至2005年底,全国共青团员达7214.6万"。

(二)经验消息

经验消息是对某些地区、行业、单位的典型经验和成功做法的报道,又叫典型报道。这类消息在报道事实的基础上,重在揭示新闻事实的典型意义,从事实中引出规律,概括出普遍性的结论,以个别指导一般,推动实际工作,具有典型引路的作用。在写作上,这类消息常常是有例有理,把事实、做法、经验及实践的过程与规律性认识熔于一炉。它很像经验总结,但又不同于总结。总结是当事人对自身实践的概括与认识的深化,用第一人称写作,内容上也有较多的理性分析与综合。经验消息尽管有规律性的揭示,但它不是自我总结,它是在报道经验获得者取得成功的事实与做法、认识,用第三人称写作,它更重于对典型经验的客观述介。较之于经验调查,它篇幅更短小,内容更概括。

(三)综合消息

综合消息是对不同对象具有相同性质的事实、动向、成就或问题进行概括归纳的报道。这类消息与动态消息的一事一报不同,它不是反映个别,而是抽取许多"个别"的共同点,进行综合反映,具有更强的概括力,也更具有面向全局的特色。它点面结合,从整体上反映各个地区、各个领域的形势与趋向,既有反映的广度,又有概括的深度。这类消息的写作,要求作者掌握丰富的材料,把握全局的动向,准确地选择材料和报道角度,提炼出与现实密切相关的主题。例如,报道全国农村安定团结,喜气洋洋,生活改善,就反映许多省的农村新貌,从中见出党的"三农"政策给全国农民带来信心与力量,概括出改革开放的政策是农村形势发展的保证这一本质。这样通过对个别的归纳来反映全局的报道,就属于综合性报道。综合报道较之动态报道,一般篇幅也较长。

三、消息的结构体式

消息的内容包含时间、地点、人物、事件、原因、结果六个要素,简称五个"W"和一个"H"。消息的构成体式适应内容的要求,就应力求把这六个要素交代清楚。在长期的新闻实践过程中,消息形成了独特的结构体式,这种相对稳定的体式鲜明地体现了消息这种文体的形式特征。

消息的体式由标题、电头、导语、主体、背景材料等几部分组成。

(一)标题

消息的标题概括消息的主要内容,揭示消息的实质意义。消息的标题应力求题文一致、简洁明快、生动醒目。标题制作的成功与否,直接关系到一条消息能否立即吸引读者,因此,标题从内容到文字都应精心推敲。

消息的标题有单行与多行之别。单行标题语言准确简练,题旨鲜明,事实突出。多行标题由引题、正题、副题组成,每题各标一行。引题又叫眉题、肩题,用来说明背景、烘托气氛或概括事实的意义,以引出正题。正题又叫主题,是对消息主要内容的概括,它要求写得准确实在,鲜明集中,力戒浮虚空泛、不着边际。副题又叫子题、辅题,是对正题的补充说明,一般是主要事实的结果或某方面的提要。例如:

同心同德　开拓进取(引题)

省八届人大三次会议隆重开幕(主题)

×××主持开幕式　×××作政府工作报告(副题)

多行标题不一定引题、正题、副题齐备,也可以只有引题与正题,或只有正题与副题。例如:

此景只应天上有　人间今岁又相逢(引题)

杭城筹备元宵大型灯会(正题)

全国政协八届三次会议今天下午开幕(正题)

人民日报发表题为《发挥自身优势作出更大贡献》的社论(副题)

消息标题在一语破的、简明准确的前提下，还应力求新颖活泼，富有表现力，可运用各种表现方法与修辞手段，增强可读性与吸引力。如前述《杭城筹备元宵大型灯会》的引题就化用了杜甫诗句“此曲只应天上有，人间能得几回闻”，显得别致有味。

（二）电头

电头说明消息的来源与时间。如报纸上常见的“新华社北京×月×日电”即是。有些不是由通讯社发布的消息，则可能没有电头，如报纸上发表的由个人采访的大量社会新闻，通常不标明电头。有的只写“本报讯”。电头的位置一般在正文开头之前，也有些转载消息在全文结束后用括号注明电讯的来源与日期。在广播、电视的消息报道中，电头通常由播音员口述说明，如“新华社北京消息”或“据××社报道”等。

（三）导语

导语是消息的开头语，它只用简要的一句话或一段话，概括出最主要的新闻事实，或点明全篇的核心意义。导语写作应突出要点，直扑主旨，抓住新闻根据，有实质性的内容，并力求引起读者对事实的关注。那些一般化的，难以揭示主要事实的导语写法，应尽量避免。例如：“××公司总经理，今天在北京召开的公司第三次董事会上作工作报告。”这条导语只是写在会议上作报告，而未能突出概括会议或报告的主旨，缺乏新闻根据（新闻由头），并无实质性内容，如老生常谈，因而也难以吸引读者。

从表达方式来看，导语通常有以下几种写法：

1. 直叙式。直接叙述最主要的事实，要言不烦，简捷入题，读者一看便明白这条消息的主要内容。这是导语最常用的一种表达方式。例如：

英勇的人民解放军二十一日已有大约三十万人渡过长江。

（新华社 1949 年 4 月 22 日电）

动漫行业品牌“动漫大场”在第八届中国国际动漫游戏博览会上大出风头——14 家优秀动漫企业作品，展示了中国原创动漫的风采，其中包括中国首部获得耶路撒冷国际电影节提名的动漫电影《犹太女孩在上海》及同名书籍；调皮可爱的原创动漫形象悠嘻猴以及以悠嘻猴为主角的网页游戏《乱舞青春》、《逐鹿中原 OL》；兼具传统艺术与现代感的卡通公仔“宝宝”等。

（2012 年 7 月 15 日《文汇报》）

2. 描写式。以形象生动的语言描写新闻事实，或对新闻事实进行渲染烘托，起到引人入胜的作用。例如：

烈日炎炎，阻挡不了江西广大师生聆听宣讲报告的步履匆匆；酷暑难耐，割舍不了师生们崇尚师德师魂的似火热情。7月12日上午，教书育人楷模先进事迹报告团职业教育分团来到"博士妈妈"、南昌大学教授石秋杰生活、工作过的英雄城市南昌，开展师德师风宣讲活动。感人的宣讲、坦诚的交流、热烈的探讨，师德师风的崇高与伟大充盈在每一个人的心里。

（2012年7月13日《光明日报》）

雨后的松潘，朗润清爽，小溪在草甸上哗啦啦地流淌。海拔3000米的高原上，满坑满谷的绿和散漫在空气中的青草气息迎面扑来，让人情不自禁"爱上呼吸"。

汽车出了九黄机场行驶十几分钟，进入位于省道与213国道交汇处的川主寺镇。干净整齐的街道、店面，一栋栋藏羌风格的小楼，让我们似曾相识又充满好奇：隶属阿坝州的松潘藏羌牧民，究竟过着怎样的日子？

（2012年7月13日《人民日报》）

3.议论式。这种开头方式或以理发端，或归结事实的意义，或提出问题引人深思。例如：

高中教育是局限于发挥大学预备教育的功能，还是应当适应时代需求全面育人？昨天在上海黄浦区举行的申粤辽高中校长第二届高端论坛上，一些专家指出，在转型发展、创新驱动的背景下，高中教育要"突围"，不能让高考"绑架"高中教育。

（2012年7月13日《文汇报》）

征地拆迁不是与农民做"一锤子买卖"，而是要保障好农民的长远生存权、发展权。通过制度设计，让土地收益最大限度地用之于农民。

（2012年7月15日《人民日报》）

导语的写法多种多样，不应该只有固定不变的模式。随着新闻体裁的发展，导语的写法也日趋活泼多姿，这有助于消息可读性的增强。导语是消息的重要构成部分，但这并不是说篇篇消息都非要有导语不可，有些短讯、快讯本身只有几句话，也不必强求冠以导语。至于标题新闻，标题本身就是新闻主要事实，更没有什么导语、主体之别了。

导语要防止流于形式与交代不清。有些消息内容不多，篇幅不长，导语的文字与主体部分大多重复，或只是量的缩减，为求结构体式的完整而写上第一段，就显得累赘。有些消息导而不明，或只是装腔作势敷衍，落入空套。比较下面两则导语："在首都人民欢庆建国三十五周年的日子里，传来了北京地铁二期工程建成通车的喜讯。""北京地铁二期工程，今天在北京建国门地铁车站举行通车庆祝大会。"前一则就不如后一则写得实在、明白。后一则把时间、地点、事实都交代得很清楚，前一则貌似生动振奋，实则有虚华之弊，何时通车、于何地通车均写得不够具体准确。导语的首要任务是让读者了解新闻事实，要紧紧抓住读者，这是写作导语必须掌握的原则。

（四）主体

消息的主体是对导语的展开。导语只是简括地述介事实或揭示要旨，主体部分就要接续导语，对基本事实或基本观点作进一步的述介与说明，使之具体化。导语中已提到的要素，在主体部分要有充实的材料作印证；导语中未提及的次要事实，亦可在主体部分作些补充。例如：《我三十万大军胜利南渡长江》这则消息，导语已交代"二十一日""三十万人""南渡长江"这一事实，主体部分除了我军人数这一项没有什么可以补充以外，对时间、地点与渡江态势都作了进一步的述说："渡江战斗于二十日午夜开始，地点在芜湖、安庆之间"，"不到二十四小时"，我军即已"突破敌阵"，"现正向繁昌、铜陵、青阳、荻港、鲁港诸城进击中"；同时还概述了我军与敌军的进退大势：敌军"军无斗志，纷纷溃退"，我军"万船齐发，直取对岸"。这个主体部分不仅具体申述了导语，使人清楚地了解渡江战事的发展情况，而且气势酣畅，笔墨淋漓，写得明白而生动。

主体部分的结构格式大体有两种：

1. 按照时间先后写出事件的发展变化过程。前述我军胜利南渡长江的消息，就是从渡江开始到结束依次展开事态进程的。这种写法时序清楚，事件经过易于把握。它最适宜于报道具有进展性的动态。

2. 按照事实中各部分内容的逻辑关系来安排层次。这种结构，打乱时间顺序，以报道对象的各种组成要素的内在联系来组织材料。这种逻辑关系可表现为并列关系、主次关系、因果关系、递进关系等等。例如《我国发现一颗特大天然金刚石》这则消息，若按时间线索结构，应该是先写如何发现，再写金刚石状貌，接着写送有关方面鉴定，然后写上级表彰发现者，这才符合事件的发展顺序。而这则消息，要突出这颗金刚石特大之罕见，以见出它的新奇，显示其新闻价值，一开始就突出金刚石状貌：重量达158.7860克拉，色透明、淡黄，是难得之宝石，引起人们高度兴趣。再接着的几个层次顺序是：女农民×××如何发现并上交；上级表彰她并开庆祝会；最后写经中科院全面鉴定，认定它是真宝石。若按时序，表彰应在鉴定之后，而此文把表彰提前来写，正是为了颂扬发现者的精神境界，显示这一发现的意义不仅在于物贵，而且在于人品更高，全文以主次关系来安排结构。

主体结构线索清楚，内容充实，有点有面，主次分明，表达准确生动，是消息写作成功的关键。

（五）背景材料

背景材料是与新闻事实密切关联的情况和事实，如历史事迹、环境情况、同类事物的情况等等。背景材料的作用在于帮助读者深入了解新闻事实的意义，增加报道内容的广度与深度，增强消息的趣味性与可读性。

背景材料一般穿插在主体之中，但亦并无前后固定位置。它对主要事实进行烘托、说明、解释，或与主要事实进行对比，视内容需要作适当穿插。例如1948年11月9日《东北日报》发表的《中原我军解放南阳》，就是一篇运用背景材料的典范作品。此文在导语报道我军占领南阳之后，紧接着引用历史材料，简述三国时代曹操与张绣于此争战，光武帝刘秀于此地起兵反对王莽，说明这里自古是兵家重地；然后又指出国民党统治集团曾于此苦心经营一年，力图阻遏我军南进；再综观一年多来全国各战场的发展形势，阐明解放南阳与全国战局的关系。这样，把历史的、现实的，正面的、反面的与南阳战事密切相关的各种背景材料织成一体，突出了解放南阳的重要意义及我军必胜的态势。全文谈吐自如，笔调灵动，知识丰富，把主要事实置于纵横深广的背景中，既让人了解战局，又让人感到趣味横生。

穿插背景材料要防止喧宾夺主，枝节横生，支离破碎。主要事实是消息的主干，背景材料应围绕主干而点染、烘托、辅衬。背景材料是消息体式构成的一个要素，但并不是说每则消息都一定要有背景材料。是否需要穿插背景，还应从内容容量、表达需要与宣传效果等方面来考虑。

（六）“倒金字塔”的结构形态

“倒金字塔”是消息最常见的也是消息所特有的结构形态。所谓“倒金字塔”，就是以材料的重要程度为序，由重到轻、由主要到次要、由概括到细末来安排层次。它要求把最重要的事实或事实的高潮与结果放在最先写，然后由总体到局部逐层依次写下去，次要材料后写，直至结束，后一层往往是对前一层的补充。在一则消息中，导语是最重要的事实，主体就是对导语的具体展开，这就体现了整体的“倒金字塔”式结构特征。例如，有一则消息，报道某国总理遇刺，开头第一句就报道主要事实与结局：××总理×月×日在××（地）遇刺身亡。接着写如何遇刺，刺客身份，再接着透露遇刺的因由，就是前重后轻、前总后分的安排方式。即就主体部分来看，有的消息也是由重到轻、由概括到具体来安排层次。例如：新华社 1995 年 2 月 26 日发的一则消息《中美就知识产权问题昨达成协议》，导语说："中美两国代表今天在北京就知识产权问题达成协议。"主体部分一开头就交代"本月 15 日开始的第九轮中美知识产权磋商今天在这里结束"，并述介两国参加草签仪式的负责人姓名。这比导语的概括性显得具体化了。但对下文来说，这个主体的开头仍是相对概括的，也相对具有更重要的新闻价值。下文接着分别扼要报道了两国有关负责人在草签仪式后发表的谈话内容。从这条消息的结构看，倒金字塔特征很明显，三层内容，导语最重，主体开头次重，负责人谈话复次，而且后者都是依次对前者作具体补充。

消息这种"倒金字塔"结构形态，适应读者阅读的需要，读者可以依照自己的生活节奏或实际需要，可以取前略后，选择重要的部分来读。尤其在信息量大增的今天，读者不可能把许多消息都从头到尾读到底，这种结构形态方便读者这一长处更显而易见了。

除了"倒金字塔"以外，消息的结构形态还有不少类型，如"正金字塔"型，正、倒金字塔结合型，自由散体型等等。社会生活日益丰富发展，消息结构也在不断创新，拘守于一成不变的套式，将不利于新闻的发展。

下面这篇例文六要素齐备，结构上基本属于倒金字塔型。开头导语提炼主要事实，中间主体部分对"中国国家博物馆建馆 100 周年纪念大会"的实况作了交代，对导语有具体展开，结尾段补充了有关中国国家博物馆的历史背景材料。

【例文 4-1】

胡锦涛致信祝贺中国
国家博物馆建馆 100 周年
李长春出席纪念大会并为文博界老专家颁奖

本报北京 7 月 9 日电　（记者刘维涛）在中国国家博物馆建馆 100 周年之际，中共中央总书记、国家主席、中央军委主席胡锦涛致信中国国家博物馆，向全体员工和离退休同志表示热烈的祝贺和诚挚的问候。中共中央政治局常委李长春出席中国国家博物馆建馆 100 周年纪念大会并为文博界老专家颁奖。

胡锦涛在贺信中指出，100 年来，中国国家博物馆始终以继承和传播中华文化为己任，经过一代又一代员工筚路蓝缕、拼搏奋斗，在重要文物的征集保护、科学研究、陈列展览等方面取得了显著成就，为促进我国文博事业发展、提高人民精神文化素养、构筑中华民族共有精神家园作出了突出贡献。

胡锦涛强调，党的十七届六中全会提出了建设社会主义文化强国的战略任务。希望中国国家博物馆坚持走中国特色社会主义文化发展道路，以建馆百年为新的起点，解放思想、开拓进取，进一步丰富馆藏内容、提升科研水平、改进展陈方式、创新体制机制、优化服务质量、拓展对外交流，加快世界一流博物馆建设步伐，更好地发挥展示中华文化的重要窗口作用、培育民族精神的重要基地作用、引领文博事业科学发展的重要示范作用，在社会主义文化大发展大繁荣的进程中再创辉煌。

9日上午，中国国家博物馆建馆100周年纪念大会在该馆隆重举行。李长春出席大会并为获得“学术成就与突出贡献奖”的4位文博界老专家颁奖。纪念大会前，李长春参观了中国国家博物馆百年简史与成果展。

中共中央政治局委员、中央书记处书记、中央宣传部部长刘云山，中共中央政治局委员、国务委员刘延东出席纪念大会。刘云山在会上讲话时，希望中国国家博物馆深入贯彻落实党的十七届六中全会精神，按照胡锦涛总书记在贺信中提出的要求，坚持人才立馆、藏品立馆、业务立馆、学术立馆，努力把中国国家博物馆建设成为世界一流的博物馆。中国国家博物馆和文博界要始终牢记传承历史文明、弘扬先进文化的重要使命，珍视无比丰厚的优秀文化传统，珍视中华民族的伟大创造，让传统文化的有益思想价值不断发扬光大，成为我们今天建设社会主义核心价值体系的精神滋养。要切实履行好服务人民大众、满足人们文化需求的基本职责，完善服务规范，拓展服务功能，把专业性、知识性和趣味性、观赏性有机结合起来，更好地普及历史知识、传播优秀文化，充分发挥博物馆的文化传播和社会教育作用。要大力弘扬锐意改革、勇于创新的进取精神，积极推进展示内容、展陈方式和管理运营方式的创新，多运用形象化、具象化的展示方式，多开展互动式、体验式的活动项目，不断增强文博展示的吸引力、感染力。要充分发挥促进文化交流、推动文化走出去的独特作用，坚持“请进来”与“走出去”相结合，开展多渠道多形式的对外文化交流与合作，充分发挥文化的桥梁纽带作用，让世界更好地了解中国、感知中国，让中国更好地了解世界、走向世界。各级党委、政府要高度重视，加大投入力度，完善扶持政策，加强人才培养，努力为我国文博事业发展创造良好环境。

文化部部长蔡武主持了纪念大会。会上，中国国家博物馆馆长吕章申、专家代表孙机和英国国立维多利亚与艾伯特博物馆馆长马丁·罗特作了发言。

中央和国家机关有关部门负责人，在京文博界、艺术界老专家及外国博物馆馆长代表等参加大会。

中国国家博物馆的前身创建于 1912 年 7 月，新中国成立后在北京天安门广场东侧建起中国历史博物馆和中国革命博物馆，2003 年 2 月两馆合并组建中国国家博物馆，2012 年 3 月改扩建后重新对外开放，现有藏品 120 余万件，是目前世界上建筑面积最大的博物馆。

（2012 年 07 月 10 日《人民日报》）

第三节　通　讯

一、通讯的含义与特点

通讯是运用多种表达方式较具体形象地报道有一定新闻价值的人物、事件、工作经验、社会风貌等实际存在的新闻体裁。

通讯的主要特点是：

（一）真实性

通讯报道的是直接的真实，它的事实材料都可以在现实生活中找到确凿的依据，不能无中生有，弄虚作假。这一新闻真实性的特点，是通讯与通过虚构想象而创造艺术真实的文学作品的主要区别。即使是文学性较强的文艺通讯，写的也是真人真事，而不是虚构的艺术形象。

（二）形象性

通讯对客观事实的报道较具体、细致、生动，它以灵活多样的表现手法来展现报道对象的情状与涵蕴，给人以较强的直感，从而具有形象化的特点，使这种新闻体裁带有一定的文学色彩，这一点又是消息所不及的。不过它的形象化必须基于直接的真实，而不是虚构的形象。

（三）典型性

通讯的新闻价值，很重要的一点是在于它所报道的新闻事实具有很强的典型意义。它并非琐屑事故的实录，而是通过对具有普遍社会意义的人物、事件、经验、风貌的反映，揭示生活本质，体现时代要求，给人们以积极的启示与引导，从而推动社会的发展。

通讯与消息有一些共同点，如报道要真实准确，反映要及时，有一定时效性，内容要有一定的新闻价值等等。但是，通讯与消息又有一些不同点，主要是：

1. 消息较概括，通讯更具体。消息往往只是报道事实的概貌轮廓，是粗线条的；通讯的报道则有更详细的展开，它可以说是具体化、形象化了的消息。

2. 表现方法上，消息让事实说话，主要运用叙述手段，少用描写议论，避免抒情；通讯则可以兼用各种手法，对报道对象作较全面细致的刻画，表达方式更显得灵活。

3. 与上述两点密切相关的是在篇幅上，消息较简短，通讯则稍长。如果报道同一对象，这一区别更显而易见。如报道一次劫机事件，消息只需寥寥数语把人、时、地、事、结果诸要素概要地报道清楚就可以了；而写通讯，则要把劫机与反劫机斗争整个过程的始末及其中的一些细节加以真实再现，那就非增大篇幅不可了。

二、通讯的类别

通讯这种新闻体裁在自身的发展过程中，在不违背真实性原则的前提下，随着艺术加工程度的增大，文学性的增强，出现了文艺通讯。于是，通讯就形成了新闻通讯与文艺通讯两个分支。文艺通讯或称特写，今天已发展成为报告文学这一独立的文学体裁形式。新闻通讯更显现直接真实的新闻性特点，文艺通讯则具有新闻性与文学性相兼的特点。

如果按报道内容来分类，通讯常见的有以下几种：

（一）人物通讯

它以一个典型人物为报道中心，常以模范先进人物为主人公，反映他的事迹和思想精神面貌。这些人物往往会产生榜样的力量，使此类通讯引起巨大的社会反响。焦裕禄、王进喜、孔繁森、牛玉儒等模范人物的事迹品行，就是通过这类通讯的传播而深入人心的。

（二）事件通讯

它着重报道具有典型意义的新闻事件，展现事件蕴涵的思想精神，显现其社会价值。这类通讯虽也写人物，但与以一个人物为报道中心的人物通讯不同，它展现的是在事件发展过程中的人物群体活动的风貌。例如，在列车或飞机上，有旅客暴病或有孕妇临产，各方面紧急动员，大力帮助，积极抢救，化危为安，就展现了救助者的人物群像，讴歌了新型的人际关系和社会新风尚，事件本身也包含着积极的社会意义。

（三）工作通讯

它以工作中的情况、经验或问题为报道对象，报道的内容和主题具有普遍意义，对工作具有指导性与探究性。如例文《餐桌上痛心的800亿元》，报道普遍存在的惊人的浪费现象，此类问题平常见多不怪，习以为常，一经揭露，振聋发聩，令人深思。

（四）风貌通讯，或称概貌通讯

它反映一个地区、一个系统、一个部门或单位的发展变化的状貌，长于展现社会的新气象、新风尚、新特色。巡礼、见闻、掠影、剪影、纪实、纪行等等就是此类通讯常见的品种。如青藏铁路纪行、三峡工程掠影、春节前首都市场巡礼等等，就属于此类通讯。例文《用新文化塑造新农民——江苏文化兴农纪实》，就反映了江苏农村文化发展的新风貌，是我国农村发生日新月异变化的一个缩影。

（五）小通讯，或称新闻小故事

它篇幅短小，事件单一集中，摄取某一生活片断，展现其思想含义与人们的精神世界，是小中见大的活泼生动的通讯体裁。如例文《寻找"顺自然"》，就是通过述说寻找匿名慈善捐款者的较曲折的过程，讴歌爱心奉献，赞颂和谐社会建设的新风尚。

除上述几种以外，还有以记言为主的人物访谈，以反映自然风光与地域风物人情为主的旅游通讯等。

三、通讯的写作要求

（一）选择典型，提炼主题

通讯报道的新人新事、新风貌、新经验，应具有典型意义。关注社会发展情势，把握时代脉搏，体现时代精神，剖视社会普遍存在的现象或问题，从生活素材中提炼出有现实意义的主题，是通讯写作的首要任务。对象的典型性与主题的深刻性，是通讯具有活力的两个相关的决定性要素。选材典型，主题深刻，通讯才可能激起社会反响，引发人们深思，推动时代前进。

例文《用新文化塑造新农民》，其典型意义就在于：在物质生活日益改善的农村，今天迫切需要加强精神文明建设，而江苏文化兴农的新风，正具有这方面的典型性。这篇通讯着眼于农村文化建设发生新变的角度，提炼出让文化融入农民的日常生活，用新文化冲击旧观念，从而塑造新农民的主题，反映农村新风，体现时代要求，在当前就具有积极引导的现实意义。

（二）具体细致，充实完整

如果说消息主要是让事实说话，简明概括地报道新闻事实，那么，通讯在让事实说话的同时，还要让形象说话。也就是说，通讯所反映的事实，不只是粗略的概貌，它还需要凭借一些典型细节来刻画，使之具体化，形象化，使报道的内容更充实完整。诸如人物言行的记述，事实发展变化过程的交代，生活镜头的鲜明再现等等，都具有显微的特征；写人记事，反映工作，描述风貌，甚至述说一个片断的生活故事，也都力求报道对象本身的完整性，让读者把事实的来龙去脉、因果得失看得清清楚楚，其主题也因材料的充实而得到有力的支撑。这就要求通讯写作的采访要深入细致，掌握丰富的感性材料；写作中要选取典型细节，鲜活地显现对象。写人物，有血有肉；写事件，有声有色；写风物，如见于眉目之前；写经验问题，亦让人可感可触。这种具体充实的反映，是通讯具有活力的重要原因之一。

例如，例文《餐桌上痛心的800亿元》，不仅举出了大量惊人的浪费数据，而且用许多实例来揭示这些数字背后的种种浪费因由，把方方面面屡见不鲜的浪费现象的细部表现活生生地剥露出来，让人触目惊心。例文《寻找“顺自然”》，把事情的来由和寻找始末娓娓道来，甚至对捐款人的年龄、肖像、口音、书写汇款单的经过等细微之处也逐一述介，既使故事具有完整性，又增强了生动性与真切感。

（三）结构灵活，手法多样

通讯的结构不拘一格，较自由灵活，开头、主体、结尾都没有固定的程式。它的结构安排要根据报道对象的实际而确定。不过，从结构体例来看，通讯常见的有两种，即纵式结构与横式结构。一般来说，反映对象的发展变化，具有进程性的，多以时间顺移为序，安排纵式结构，如《寻找“顺自然”》就是按时序推移来反映寻找的过程与结果。而反映对象的不同侧面的情状或各方面不同特点的，则多用横式结构，如《用新文化塑造新农民》，就从几个方面反映改变旧习惯的必要性与“塑造”工作的做法和成效。工作通讯、风貌通讯，用横式结构最为常见。此外，因果关系较复杂的内容，还可采用并列与递进相兼的纵横交错的结构形式。

通讯的表达方式多种多样。它以叙述为主，并视表达需要兼用其他手法。可以描写对象，细致刻画；可以由作者站出来，对报道对象的全貌或局部发表看法，具有评论性；甚至可以抒情，增强感情色彩。《餐桌上痛心的800亿元》一文的结尾两节，就有较强的评论性与抒情性，评说浪费现象的危害，表达了作者对此类现象的深切忧虑，从而发出了遏制浪费的强烈呼吁。

【例文 4-2】

餐桌上痛心的800亿元

倪迅 李可 刘波

餐桌上痛失800亿元

你知道餐桌上的浪费有多少吗?

据某市环卫部门废弃物统计数字显示,近年餐桌上食品垃圾呈上升趋势,该市平均每天约产生1600吨的剩菜剩饭泔水,均占垃圾总量的17%。还有一个大都市的餐饮业每天产生泔水垃圾1100多吨。这是滤去液体后的"干重",实际上,每日餐厨垃圾超过2000吨。不仅是大都市,各地中小城市、大批县城的饭店、酒楼等餐饮场所也是同样。餐桌上饭菜酒水的浪费普遍存在,只是在程度上有所不同罢了。

西北某省大大小小宾馆饭店超过10万家,一天就浪费掉5000吨饭菜。去年上半年,该省餐饮业实现零售总额100多亿元,如果按浪费10%计算,一个省餐桌上造成的直接浪费就超过10亿元。

记者在北京分路采访,餐桌上的浪费随处可见:

3月29日,从中午11:30到12:30,记者在某单位食堂就餐时看到,一个年轻的女士刚把吃剩的大半碗米饭倒进盛剩饭菜的桶里,一个小伙子紧接着就倒进大量青菜、鱼肉,他剩下的真不少。很快,容量200升的桶接近满了。记者看到桶里有整块的红薯、一点没吃的包子,更多的是米饭,还有大块的肉。食堂工作人员告诉记者,虽然有"不准浪费"的提示,但大家对浪费习以为常,两个大桶装满倒掉的食物,每餐都有这么多。

3月30日晚上,方庄地区一家有50桌台面的两层餐馆人声鼎沸。记者看到。邻桌的4个人酒足饭饱离开了,10个菜盘都有剩菜,肉剩了半碗,鱼刚动过几筷,油菜几乎没吃。剩菜不是10%,而是50%以上。过了一会儿,又一邻桌的两个客人离开了,剩菜稍少一些,但也有三分之一的菜和半碗面没有吃。据这里一个倒食桶的服务生介绍,他们店盛剩饭菜的桶每个可以装一百多斤,这样的桶他们有几个,每天全部派上用场。

3月29日晚上7:00,一路记者来到黎昌海鲜酒楼,在一个包间里,记者看到餐桌上剩下的茅台酒、啤酒及饮料。几瓶茅台,各剩三分之一左右。此店15年茅台53度(500毫升)1380元。不算饭菜,仅此一个包间的一桌客人的酒水就浪费了大约1400元,36个包间,一个晚上仅酒水的浪费能达多少?

3月31日中午11:30到下午2:15记者走访了十余家酒楼、饭店。在地安门西大街，天赐庄园，看到一对情侣，剩了将近四分之一的饭菜，其中有一盘煎鱼几乎没动。在京味楼，一对男女剩了一大盘菜，匆匆而去。服务人员介绍每天中午饭店收拾的剩饭剩菜有200多斤。

在崇文门附近的便宜坊烤鸭店，记者看到许多桌上有剩余的饭菜——只动了几筷子的鱼，剩下三分之二的酱牛肉，还有剩了一碗的大虾、炒菜等等。在崇文门饭店5层生生海味餐厅的一个包间里，记者看到服务员正在收拾餐桌，可供8到10人用餐的饭桌上，有近一半吃剩的饭菜。没人打包带走。

浪费，尽是浪费！

痛心，真是痛心！问题的严重性在于，餐桌上的浪费已经习以为常。在"世界粮食日"期间，某机构曾对京沪两地市民做过入户调查。结果表明，有45%的被访者对浪费粮食的行为持认可的态度。他们认为，随着生活水平的提高，吃剩菜剩饭的年代早已过去了。

据有关人士估算2004年全国餐桌上的浪费高达600亿元，2005年升至800亿元。800个亿这个数字是否准确？据国家权威部门统计，2005年全国餐饮业零售总额是8800多亿元。按照餐饮界最保守的计算，大大小小饭馆的餐桌上至少有10%的食物浪费掉了。经营餐饮的人士大多认为，10%这个估算数字是很低的。8800亿元的餐饮零售总额中浪费的食物至少约800亿元。即使是保守的算法，也是一个惊人的数字。

社会学家吴忠民说，有些餐饮零售额没有反映在这个数字里。各地每年有大批的会议，相当数量的会议餐，入账在会议费或住宿费里，这不是个小数字。还有一个很大的数字也不包括在内，就是散布在全国城乡各地大量的无照摊贩，他们走街串巷叫卖，或在晚上进入社区。这样的非法夜市全国会有多少？这笔餐饮零售额会是个多大的数字？

惊人数字的背后是什么

这个惊人的数字是怎样形成的？

有媒体报道说，去年东北某市搞美食节，展演了"满汉全席"，有冷热荤素近200道菜品，演员80余人，高级厨师30余人，另有工作人员30余人，耗资约20余万元。然而，3天展演期结束后，这些耗巨资制作的美味佳肴大部分都倒进了垃圾桶。扔掉的20余万元约相当于这个地区1个农民30年的收入。

据记者了解，在外就餐的人群中，家人、同事、朋友之间的聚餐，浪费现象较少。最节约的是家庭消费，三口之家到饭店吃饭，一般就是两菜一汤或三菜一汤，吃不完就打包带回家去。但遗憾的是，餐桌上的节约现象与浪费的情况不成比例。在很多人心目中，请客的诚意与花钱的多少和浪费的多少成正比。浪费的原因很多，有的是不自觉的，有的是不在乎的，有的是不得已的。

主要有这样几种情况：

——恋爱中的青年男女要面子，浪费比较多。有个饭店的服务员告诉记者，很多小伙子带着女朋友来吃饭，本来两个人点三个菜已经够吃，但却点了六个菜。吃不完，浪费了还觉得挺有面子的。

——浪费更大的，是婚宴和节假日亲戚朋友请客吃饭。记者曾经参加过一位朋友的婚宴。10个人一桌，服务员不断上菜，大家都快吃完了，一道一道菜还在继续上。当大家离去时，许多菜特别是大鱼大肉还是满满的，有的菜基本没动过筷子。这些剩饭剩菜被倒进泔水桶，都浪费了。各种节假日及婚庆宴会上的浪费，不但被许多人忽略，甚至还成了烘托喜庆气氛的必备条件。刚刚举行过婚礼的一对年轻人告诉记者，虽然知道婚宴上准备的十几道菜肯定要剩不少，但还是要超量预备，如果婚宴上的饭菜量正合适，或所剩无几，会被人笑话。有的地方，在婚宴和节假日请客吃饭时，点菜很讲究，为了图个吉利，一般都是双数：四个凉菜、八个热菜被称为“四平八稳”，六个凉菜、六个热菜寓意“六六大顺”，十个凉菜、十个热菜叫做“十全十美”。这样点菜，一般都吃不完，浪费特别大。因此，节假日往往是餐桌浪费的“高发”期。

——很多大饭店的餐饮部经理向记者介绍餐桌上的浪费时说：浪费最大的要数公款吃喝、商务宴请，通常花费比较大。常听公司经理们说：“招待客户就是想让人家吃得舒心，菜要点得高档，量要大，吃得有剩余，才显得大方有诚意。一顿饭钱都花得起，谁还在乎多点几个菜呢？”服务员告诉记者，这样的消费，至少一千元一桌，高的起码要四五千元一桌，点的都是鲍鱼和鱼翅类的高档菜肴。从来都吃不完，浪费很大。一个外企业务经理说：“我毕竟代表公司，点少了面子过不去。剩点菜不要紧，一桌菜能签一个订货合同，还是很划算的。”请客的代价不仅是金钱，还有浪费的食物。似乎花钱越多、浪费越大，就越有诚意。常听餐馆的老板和服务员说起，“老外”抠门，比中国人小气。是有点让人不解，很多国家比我国发达，人均收入远远高于我们，但是他们在餐桌上反而比我们节俭得多。有位饭店服务员告诉记者，客人在大厅吃饭，约70%打包；在包厢吃饭，爱面子、讲排场的多些，只有50%的人打包。有个饭店总经理助理告诉记者：“平时商务宴请，政务宴请：打包的较少，朋友聚会家庭聚会，婚宴寿宴打包的比较多。”

浪费的不仅仅是饭菜

餐桌上浪费800亿元虽然触目惊心，但它并没有包括餐桌上发生的全部浪费。中国烹饪协会2005年8月对北京、上海、广州、杭州、青岛等55个大中城市的餐饮企业的资源浪费、浪费原因及改进措施作过一次调查。被调查的企业中，总面积在3000平方米以上的占50%强。调查报告显示，餐桌上的浪费包括四大部分：水、一次性餐具，剩余饭菜、电。68.89%的被调查企业认为，企业浪费最多、最严重的是水资源；其次是剩余饭菜和一次性餐具。

北方某大城市一家餐厅，一个月至少要用掉4000多双一次性筷子。据有关资料显示，我国每年消耗一次性筷子450亿双，耗费木材约2200万立方米。大多数一次性木筷还有一层塑料薄膜包装，又是一种资源浪费。

在构建节约型社会的过程中，餐桌浪费这个不和谐音该休止了，它既大量消耗着国家的财富与资源，又对社会风气和人的精神，产生很大的负面影响。

我们的餐桌像个漏斗，人们应该警醒了！

（原载2006年4月18日《光明日报》）

【例文4-3】

用新文化塑造新农民

——江苏文化兴农纪实

郑晋鸣　董讯实

“深入基层才知道农村最迫切的是塑造新农民，用新文化冲击旧观念。”近日，徐州一位28岁的大学生村官对新农村建设的理解给记者留下了深刻印象，这位已经在农村基层干了一年多的大学生告诉记者，“给农民送点文化并不难，难的是让文化融入农民的日常生活中，从而改变农民的旧思想旧观念，新农村建设才会有盼头。”

陈规陋习成为新农村建设的桎梏

近日，记者走访了苏南苏北的十个县市，发现一些陈旧落后的观念成为新农村建设的桎梏。

在盐城，记者遇到一对办婚事的年轻人。在谈婚论嫁时，女方就已向男方“明码标价”，订婚时要一万元的彩礼，婚前要拍全套的婚纱照，婚礼时要全程录像。同时，金项链、金耳环和金戒指必不可少，结婚时还要五万元的聘礼。正因如此，有人把“喜宴请柬”戏称为“红色罚款单”。当地的一位农民掰着手指向记者感慨：“现在结不起婚啊，不论谁家办事都得送礼。我家一年收入一万多元，光‘人情费’每年就要3000多元，真是劳民伤财！”

清明节祭拜祖先、追忆逝者本是人之常情。但是，记者在南京郊区看到，很多与“祭拜”本意背道而驰的封建迷信在潜滋暗长——念经布道、超度亡灵、烧冥币、献祭品、鞭炮齐鸣、纸灰满天。在祭拜过程中，除了元宝、冥币等传统的祭品外，一些如“信用卡、旅行支票、洋房”等时尚祭品也都登堂入室。一位祭祀品店的老板不以为然地表示：“我们活人生活节节高，死人在阴间也应该享受享受嘛！”

在连云港一家幼儿园，记者惊讶地发现，全园170多名小朋友中，女孩只有71名，男女比例严重失调。一位妻子已经流产了2个女儿，仍然坚持要生儿子的父亲告诉记者，生儿子除了能传宗接代、延续香火，更是荣誉和希望的象征。农村里这种“重男轻女”的思想引发了农村地下“B超市场”的盛行。

今年春节，记者在徐州农村过年时发现，农村饮酒劝酒方式花样迭出，更有人以灌醉对方取乐。再加上随地吐痰、饭前便后不洗手等不良生活习惯，不少医院在春节期间的“生意”异常火爆。此外，在闲来无事时，农民们喜欢用赌博来打发时光。凡此种种，陋习不除，新农村建设怎能成功呢？

让新文化人冲击旧观念

“新房子不等于新农村，新衣服不等于新农民。”江苏省委书记李源潮告诉记者，“只有在广大农村地区不断注入文化人，让这批‘新文化人’冲击农民的旧观念，才有资格谈得上农民文化生活的丰富，才谈得上全面建设小康社会。”

为了给农村带来一批“新文化人”，近年来，江苏省出台了一系列鼓励大学生下基层、进农村的政策：为了提高农村地区的师资水平，江苏在农村中小学明确提出“小学教育大专化、中学教育本科化”的要求，并且挑选一批高校毕业生到农村任教，然后准许其免试、免费读研究生；为了鼓励大学生到乡镇企业和村委会工作，江苏推出一系列奖励政策，用此方法选拔了一批大学生村官。

除了把城里的大学生送下去，江苏还启动了“一村一名大学生”工程，通过现代远程开放教育的形式，面向农村地区招收学员，为农村培养“留得住、用得上”的“本土大学生”。

此外，针对大量外出务工人员，江苏见缝插针地对他们集中培训，据统计，仅2005年，江苏就对100多万建筑业进城务工人员进行了岗位和技能培训。外出务工人员的素质提高以后，江苏各地又组织他们集中为当地农民宣讲，用城里先进的观念和技术潜移默化地影响本地的农民。

2005年，江苏发起了一场轰轰烈烈的“婚丧整风运动”。宿迁市出台了“婚丧限桌令”，严格规定“党员、干部办理婚丧事宜宴请全过程累计不得超过

5桌”,“居民举办婚丧喜庆等事宜宴请不得超过8桌”;连云港市也出台了相应的严禁婚丧喜庆事宜大操大办的规定。

采访中,记者深切感受到,江苏的“新文化人”正在用新思想、新观念,冲击着农村落后观念的堡垒,农村“养儿防老”、“重男轻女”等传统价值观在慢慢地发生转变。

“文化联动”搞活农村舞台

“早上听鸡叫,白天听鸟叫,晚上听狗叫”,这曾经是江苏农民单调的文化生活的真实写照,也正是这种乏味的生活,为农村陈规陋习的代代相传钻了空子。近年来,江苏农民找到了“文化联动”这样一种新形式,搞活了农村的文化舞台,活跃了农民的文化生活。

“文化联动”首创于吴江市。据吴江市一位领导介绍,在吴江地区,“文化联动”首先是十镇联动,吴江市的10个镇各自排演一台节目,演员是当地农民和外来打工者,用小品、戏曲、歌舞等形式表现他们自己的生活。这台节目先在本镇演出,然后再去其他各镇互演。十镇联动之后,吴江接着举办县市联动。江苏其他县市的节目相继来到吴江搭台表演,而吴江又在十镇联动中选出优秀的节目回访。“2005年,我们共举办了21场广场演出。‘文化联动’的快乐情绪传遍了全市的每一个镇。整个活动每年参加演出的演员达2000人次,全市上演的节目300余个,观众人数达20余万人次。”这位负责人骄傲地告诉记者。

据记者了解,如今在江苏地区,“文化联动”已经成了丰富农民文化生活最时髦的形式,扬州和镇江,苏州和盐城等这种不同城市之间的结对联动演出在老百姓中间刮起了一阵“文化风暴”。

“这些年来,城里每年都会给我们村里送书、送戏、送电影、送医、送药、送科技等等,确实给我们农村带来了不小的变化。但只是‘送’下来解决不了根本问题,老百姓看过了、笑过了也就结束了。现在我们村里有了这批带不走的‘文化轻骑兵’,农民的文化舞台一下子就被搞活了。”无锡的一位村支书说。

如今,江苏农民正在谋划把这种文化联动做强做大,扩大到省际,把自己的文化交流到全国各地。

(原载2006年4月15日《光明日报》)

【例文 4-4】

寻找"顺自然"

唐湘岳 陈丹凤 陈冠军

一张五万元的大额汇单,一笔匿名慈善捐款。捐款人是谁?他(她)住在哪里?做了好事为什么不愿留下真实姓名?请看湘潭演绎的故事——

阳春三月,草长莺飞。一个"顺自然"的名字像春风般在湖南湘潭市传开,令人们倍感春意浓浓。

3月22日上午,湘潭市慈善会收到一张5万元的大额邮政汇票,汇款单留言栏内注明为慈善捐款。这是湘潭市慈善总会成立10年来收到的最大一笔捐款。工作人员仔细查看汇票,汇款地址为"湖南湘潭县政府人民路15号",汇款人为"顺自然"。

这是一笔匿名的大额捐款。而"顺自然"三个字使人联想起浙江宁波的"顺其自然"这个名字来。1999年,宁波慈善会组织第一次"慈善一日捐活动",收到一笔5万元的捐款,捐款人化名为"顺其自然"。此后,在每年的"慈善一日捐"活动中,"顺其自然"都会向宁波慈善会捐款,至今已累计捐献117万元。而"顺其自然"这个名字也成了宁波奉献爱心的代名词。现在,湘潭慈善会收到的这笔大额捐款,捐款人化名为"顺自然",他(她)是否也想用自己的行动唤起湘潭各界对慈善事业的关心,感染更多人参与到慈善活动中来?

"这个做好事的人可能是个成功的商界人士""可能是位慈祥的学者"……湘潭市慈善总会收到一笔5万元匿名捐款的消息传出后,人们纷纷猜测。为解开人们心中的谜团,也为了让受益者有机会对这位好心的捐款人说一声"谢谢",从3月23日起,湘潭慈善会就着手寻找这位"顺自然"。

第二天,湘潭市慈善会派员来到湘潭县,按图索骥寻找"人民路",问了许多人,都不知道"人民路"在哪里。好不容易找到一位上了年纪的菜农,才打听到许多年前确实有条"人民路",现已改名为"凤凰路"了。但来到凤凰路,却没有谁知道"15号"在哪里,当年的"人民路15号"更无从谈起。

慈善会人员又从邮局汇单入手查找。经查对票号,知道此汇款单是从湘潭县易俗河的老邮政所汇出的。25日,大家来到易俗河老邮政所打听。提起"顺自然"这张汇款单,营业员周美马上记起了当时的情景。

"寄这笔款的人是一位气质很好的中年女子。"周美说。3月20日下午,一位身高1.56米左右、年龄40来岁、烫短发、戴眼镜的女士在营业厅门外徘徊了一会儿,然后走近汇兑窗,填好汇款单,署名"顺自然",汇款地址为"易俗河”。由于第一次办理这样大的汇款业务，周美以为顾客将5000元写成了50000元，提醒了一下。这位女士用湘潭口音回答说没有错。周美要求她将汇款地址写清楚，她就将地址改成“湘潭县政府人民路15号”。

湘潭县城里根本就没有“人民路15号”这个地址，也没有人听说过“顺自然”这个名字。寻找“顺自然”的行动无果而终。

既然找不着，就说明“顺自然”在捐款之前已做好了让人们找不着的准备。3月28日，湘潭市慈善会对外公布：充分尊重这位捐款人行善不图名的个人意愿，停止寻找“顺自然”。

寻找“顺自然”的行动停止了，但“顺自然”在湘潭市所产生的影响却越来越强烈。湘潭华银娱乐城的几十位员工捐来了6228元，红叶窗帘城的个体经营户捐来了4275元，岳塘区教育系统的师生们捐来了21820元，还有江苏南通的一位匿名的好心人也于3月31日捐来了900元。到4月3日止，短短10天内，全市就新开慈善捐款户头23个，收到慈善捐款12万多元，是去年全年捐款的3倍。

“顺自然”现象才刚刚开头，据湘潭慈善会工作人员介绍，现在，他们办公室的电话每天响个不停，除了继续有人在打听“顺自然”的情况外，更多的是表达自己追寻“顺自然”足迹的意愿，联系慈善捐献事宜。

（原载2006年4月7日《光明日报》）

第四节　广　告

一、广告的涵义与特点

（一）广告的涵义

广告一词源出拉丁文，原意是“我大喊大叫”。随着现代社会商品经济的发展，广告已由当初的“我大喊大叫”逐渐变为商品宣传的形式与手段，继而又突破商品经济的领域，成为个人或单位向社会传播各种信息的手段。今天，广告已发展成为一种独立的产业与独特的信息传播体式，对社会生活有很大的影响。

广告有广义的和狭义的不同涵义。广义广告是指个人或单位通过传播媒体向公众宣传自身的某种信息、意愿的播扬手段，包括那些不一定具有商业性，并不都是以营利为目的的广告。如征婚广告、招聘广告、礼仪广告等，都属于广义广告之列。

狭义的广告即指商业广告。它的涵义在《中华人民共和国广告法》(下简称《广告法》)中已有明确的界定,它“是指商品经营者或服务提供者承担费用,通过一定媒介和形式直接或者间接地介绍自己所推销的商品或者所提供的服务”的一种经济宣传手段。商业广告这一定义说明了:广告主是商品经营者或服务提供者;广告的传播渠道是一定的传播媒介(电视、广播、报刊等);广告的基本内容应是介绍所推销的商品的有关方面(如性能、特点、价格等)或提供服务的途径与方式。这一定义特别指出了商业广告包括“服务提供者”“所提供的服务”内容,这说明商业广告不仅可以包涵产品经销中的服务项目,而且还包涵非产品经销的服务性经营,例如,各种为民排忧解难的“帮忙公司”,就仅是“服务提供者”,并非推销产品。不论是推销产品还是单纯地提供服务,都有一定的商业营利的目的,所以都属于商业广告。

随着改革的不断深化,市场经济日益活跃,商业广告在我国发展迅速,它的数量、宣传声势与社会效应都是其他广告所难以比拟的,它无疑是广告领域的主体。本节所述,主要是指商业广告。

(二)广告的特点

1.诚实性。是指广告内容真实无误,立诚守信。《广告法》指出:“广告不得含有虚假的内容,不得欺骗和误导消费者”,从事广告活动,应当遵循“诚实信用的原则”。广告的真实性,是广告主、广告经营者或发布者的商业文明道德的体现,是对消费者负责的表现。我国商界历来就提倡“童叟无欺”,这一原则今天仍须予以强调。只有诚实的宣传,才能使商品在消费者中取得信誉。现在有些广告,无中生有,名不副实,甚至为了牟取经济利益,蓄意欺骗坑人,害苦了消费者。那种虚假的广告,不仅损害了消费者的利益,不利于经济的发展,而且最终也会使所宣传的商品或服务提供者失去市场竞争力,那无异于广告生命的自我扼杀。

2.引导性。这是指广告具有引导消费的特点与作用。对于消费者来说,广告就如同消费指南,会诱导与激发消费行为。随着商品的不断丰富和人民生活水平的提高,广告这种指导消费者对商品进行选择的特点益见鲜明。广告说明产品的特点、功能、用法、价格等等,都是为消费者提供导引性的信息,使他们对该产品有所了解,并能对不同的产品进行比较。

必须指出,广告对消费者的引导,应该是健康的、正当的引导。《广告法》指出,广告不得“违背社会良好风尚”,不得“含有淫秽、迷信、恐怖、暴力、丑恶的内容”,不得“含有民族、种族、宗教、性别歧视的内容”,不得“妨碍社会安定和危害人身、财产安全，损害社会公共利益”，不得“损害未成年人和残疾人的身心健康”等等，都对广告的消费引导与舆论引导作了明确的规定，不得违反。如有一则饮料广告说：“要考 100 分，就喝×××。”这不仅内容失实，夸大其词，而且是对未成年人的误导，不利于他们的身心健康。

3. 艺术性。这是指广告本身具有艺术美的特性。广告除了它具有推销产品的实用价值以外，还具有艺术品赏性与知识趣味性。广告本身是一门艺术，它能够而且应该给人们提供艺术享受，扩大人们的知识视野。一则好的广告，从构思创意到画面、音响、文字的表达，都如同一件精美的艺术作品，让人品赏回味，赏心悦目。那种平庸的、人云亦云的自我宣传，是难以引起公众的消费兴趣的，更谈不上艺术美。广告制作应在真实性这一原则的前提下，力求精新，溶实用性于知识性、可观性、品赏性之中，使之具有艺术独创性与引人的魅力。

二、广告活动的主体构成

《广告法》指出：“广告主、广告经营者、广告发布者在中华人民共和国境内从事广告活动，应当遵守本法。”这就说明，从事广告活动的主体由广告主、广告经营者、广告发布者三者构成，他们也是《广告法》的三大执法对象。广大公众则是广告的受体，它对于广告主体有着重要的信息反馈作用与监督作用。

所谓广告主，是指为推销商品或者提供服务，自行或者委托他人设计、制作、发布广告的法人、其他经济组织或者个人。

所谓广告经营者，是指受委托提供广告设计、制作、代理服务的法人、其他经济组织或者个人。常见的广告公司就属于广告经营者。

所谓广告发布者，是指为广告主或者广告主委托的广告经营者发布广告的法人或者其他经济组织。大众传媒是广告的载体，报社、广播电台、电视台就成为广告的发布者，其他经济组织也可以成为广告发布者。

之所以要明确广告活动的主体，是为了使《广告法》的三大执法对象更好地遵循广告准则，形成良好的执法环境，使广告活动纳入法律的规范轨道，促进广告业的健康发展。

三、广告的分类

广告的类型很多，按照不同的分类标准，常见的有以下一些类别：

1. 按传播媒体来分，有报刊广告、广播广告、电视广告、公共场所广告（如车船广告、交通路牌广告、橱窗广告等）、邮寄广告、包装广告等。广告媒体很多，主要有新闻媒体、户外媒体、实物媒体几种。上述各种广告就通过这些媒体向社会传播信息。

2. 按制作与传播形式来分，有文字广告、图像直观广告、表格广告、表演广告、综合性广告等。

3. 按广告内容的表现方式来分，有报道式、诉求式、意会式等几种。报道式广告重在简明地述介与说明，把商品的有关属性及价格、使用方法等如实告诉公众，如“科龙(空调)，好得有道理”这条广告语：“科龙将宁静和省电指标确认为设计、制造的目的和主题”，就突出介绍了该产品的特点；诉求式广告重在作用于受众的感情，激发消费兴趣，或用祈请的语气，或渲染商品使用的环境气氛，或在简要提示中制造悬念，贴近受众的购买心理，如上海四川北路商业街的广告语：“看看逛逛其他路，买卖请到四川路”，就属此类；意会式广告具有暗示性，它不凭借述介说明与感情直接求诉，只是通过几个简洁鲜明的画面、镜头或几句意味深长的语言，让受众领略广告的内容与主题，这类广告艺术化的成分更浓。

文字广告是商业广告中运用最多的广告形式。以文字表达来分类，有简介式、表格式、文学表现式、荣誉证书式、使用效果式等等。

在实际运用中，广告各种传播形式与表现形式往往不是互相排斥，而是取长补短、交叉渗透、综合运用的。

四、广告的构思与创意

广告要把有关的商品或提供服务的信息传播给消费者，并尽可能激发消费者的需求欲望，就必须有精心的构思与独特的新意。在广告制作设计阶段，构思立意是关键，它关系到一则广告的成败优劣。

要使广告具有新颖独特的构思与立意，应注意以下几点：

(一)把握市场趋势

商品的市场需求经常发生变化，把握市场趋势是商品能否畅销的命脉所在。商品是否适应市场趋势，是广告构思立意的基本依据。一般说来，市场趋势有长期趋势、同期变动、季节变动、不规则变动四种形态，广告的构思立意就要摸准行情，根据不同的趋势因时制宜，因势利导。例如，裘衣、空调需求，冬夏两季差异很大，不同季节的同类产品的广告也应有不同的构想；往年春节后副食品销售趋淡，今年一反常态，节后旺销，这种同期变动的态势，促使广告设计者对明年春节后的副食品销售趋势进行预测，从而有必要突破常规性的构想，别出心裁地创造新意，以适应变动的时需。这些都说明，广告的新意，来自设计者对市场趋势的灵敏感。有些商品，市场已经饱和或滞销，广告还是一副老面孔，当然无助于促销。这种情况要打开市场，除了产品本身需要更新发展以外，广告的创新也是重要的因素。

（二）抓住特点，突出主题

一种产品或服务，要向消费者介绍的内容是很多的，若是方方面面都说到，主次不明，有面无点，就无特色可言，也难以给消费者以深刻的印象。广告的构思立意应突出该产品或服务与众不同之点，述说其特长之处，显示其在某一方面的优势。设计者可从功能、质量、工艺、价格、用途、效应、服务方式诸方面，作出最佳选择，确定最佳的宣传角度。尤其在同类产品竞争激烈的今天，产品的样式品种日益多样，广告更应突出产品或提供服务的主要特点，才能收到更好的宣传效应。如一则洗衣粉广告，强调其去除油污的效能；一则电视机广告，从一定的高度落下，完好无损，依然图像清晰，突出其抗震性能；一则"疤痕灵"广告，着重说明"适用于烧伤、烫伤、疮痛、创伤而遗留的疤痕及增长性疤痕"等等，都是抓住主要特点加以宣传。广告切忌舍本逐末，或只是说些"质量保证、实行三包"之类一般化话头。

（三）紧扣消费心理

广告具有心理功能，即诱发消费者的感情，使他们对产品产生信任感，从而产生消费行为。制作者要善于研究消费心态，有针对性地进行构思创意。消费者的心理是多种多样的，诸如从众心理、好奇心理、逆反心理等，都会影响消费行为。广告就应从商品自身的实际出发，选择不同的心理需求，确立新颖的主题。例如，一则水果广告称："不酸不要钱"，就利用了消费者对"王婆卖瓜、自卖自夸"的抵触情绪，偏偏强调其"酸"；日本一种手表广告称："这种表走得不太准确，24 小时会慢 24 秒，请君购买时要深思。"在诚信无欺，不隐讳产品的不准性能的同时，又抓住消费者的逆反心理，让人产生偏要买来试试的心态。德国莱维内衣公司的内衣广告称："会让你的腰身变小，但不会让你的钱包变小。"这则广告既暗示产品价格便宜，又使人产生好奇心，忍不住想去试穿这使腰身变小的内衣。把握消费者心理，广告才可能避免千篇一律，才可能令人有耳目一新之感，有跃跃欲试之念。

五、广告语言

广告的语言运用是广告的基本功能在文字上的直接体现。广告的基本功能有二：一是认识功能，即帮助消费者了解所宣传的产品和所提供的服务内容与方式；二是心理功能，即引发消费者的感情，激起消费欲望。基于这两种功能，广告语言应该做到准确简洁、幽默机智、亲切平易、通俗上口。

（一）准确简洁

广告文字一般都不是洋洋巨制，而是以精粹的语言切中商品或服务的特色。广告内容的准确性，除了取决于商品信息传播的真实性这一原则以外，还取决于语言表述的准确性。用词造句要准确，概念要明确，语法要合乎规范，表意要恰当，这样才能使消费者对产品有个准确的认识。在许多广告中，语言不当的时有发现，有的会产生歧义，使人误解，甚至会令人莫名其妙。例如："本店经营新到的羽毛色裤子"，"羽毛色"是什么颜色？不可理解；"山花牌花布雕刻精细"，"花布"竟可以"雕刻"，令人啼笑皆非；"本公司新近组织到一批××××（国名）进口的服装"，显然不合语法规范，应在该国的国名前加上"从"字。"××疗效牙膏是××军医大学的科研成果，××软管厂生产的中药牙膏对口腔中的各种细菌有抑杀作用"，这两句话既不简洁，也不准确。本来宣传的是同一种牙膏，表达出来变成两个概念，一个是"疗效牙膏"，一个是"中药牙膏"，而且仿佛有两个不同生产单位。揣摩其本意，应该是某软管厂采用某军医大的科研成果生产的具有中药性能的疗效牙膏。上海南京路的广告语"中华商业第一街，独领风骚数百年"，上海开埠至今不过150年左右，南京路怎有"数百年"历史？此语经上海有关部门依法审查，认定言过其实，必须修改。诸如此类，屡见不鲜。在广告领域，力求语言表达的准确简洁，还须作很大的努力。

（二）幽默机智

幽默的语言艺术，使广告风趣横生，使读者在感情上引起共鸣，进而对产品产生兴趣。如渲染特定的广告情景，运用谐音双关词语，借用成语、诗词、掌故翻出新意，选择生活谐趣细节加以强调，正话反说、反话正说的艺术，用变形手法突现商品的某一特征等等，都是广告语言幽默机智的表现。科尔盖特牙膏公司的一则广告是"每天两次，外加约会前一次"，让人心领神会，发出善意的笑；一位相声演员给"嘉陵"摩托做广告说："我太喜欢嘉陵了，她容貌盖世无双，风度潇洒，平地走路如仙女腾云驾雾，爬坡就如嫦娥奔月，与嘉陵结为伴侣真太幸福了，连姑娘也追求她。"就用了拟人手法描述"嘉陵"的外观与速度性能，让人忍俊不禁。"胃复春"药物广告语"山重水复医无路，柳暗花明胃复春"，就运用谐音，化用陆游诗句；白丽美容香皂广告语"今年二十，明年十八"，用了夸张的修辞手法，于反常中见风趣。总之，在真实诚信的前提下，注意发挥语言机智幽默的艺术，广告会更具有趣味性与吸引力。

（三）亲切平易

好的广告语言常会缩短产品与消费者之间的距离，读了以后，仿佛是广告主或商品在与消费者贴心交谈，亲近无间，娓娓动听，使消费者产生可信度与亲切感。此类广告语言常用第二人称“你”字，与消费者相对诉告；或者用第一人称自叙使用某种产品的感受。伦敦最大的书店布莱维尔书店的广告是：“当您光临布莱维尔书店的时候，没有一个人会问您要买什么。您可以信步所至，随便看书，放心浏览。店员只在您需要时才为您效劳，您不招呼，他决不打扰。无论您来买书或浏览，均受欢迎。这就是布莱维尔书店一百多年来的传统。”这些语言就如与读者对面自由谈吐，道出了该店传统的经营方式的特色，让你感到进店那种宽松、随和的气氛，亲切感油然而生。那则南方黑芝麻糊的广告语，用那个戴瓜皮小帽的小男孩的自述语气，道出这产品的香味令人难忘，再配上小男孩舔净碗底的天真可爱的画面，特别显示出童年回味的美，使人如身临其境。

（四）通俗上口

广告的视听者是广大公众，广告语言必须具有可接受性，在追求艺术美的同时，还应做到通俗易懂，并力求琅琅上口，让人易记。那种佶屈聱牙、隐晦生涩的语言表达，难以有良好的传播效果。下面几则广告语言就易懂易记，亦较别致，具有一定吸引力：

你能时常听说它，但却听不见它的声音。（伊莱克冰箱制造公司）

假如你的钓钩是韦伯制造的，那么鱼肯定会咬它。（韦伯渔具公司）

牛奶香浓，丝般享受。（德芙巧克力广告）

要想皮肤好，早晚用大宝。（大宝化妆品广告）

盼盼到家，安居乐业。（盼盼防盗门广告）

驾驭你的想象。（奥迪 A4L 汽车广告）

这些广告，多用短句，并用对偶、双关、比照等修辞手段，读来流畅而明确，人们从广告语言中会很快识记这种产品。

广告语言在遵循“诚实信用”的原则，“不得欺骗和误导消费者”的前提下，根据《广告法》的规定，还必须注意以下两点：

1. 不得使用国家级、最高级、最佳等用语。诸如“国家级新药”、“最新一代的产品”、“全球最多选用的品牌”、“最佳的售后服务”、“亚洲第一店”等，都应避免使用。

2. 不得贬低其他生产经营者的商品或者服务。如某玻璃厂称过去人们使用的保温瓶都有毒，该厂生产的保温瓶可保命，就有贬低别人、抬高自己的弊病。

六、广告结构

广告一般包含五个要素：广而告之的事物；事物的特点；提供商品或服务的方式；广而告之的标语（口号）；广而告之的单位、地址、电话等。当然，不少简短的广告也不一定五要素齐全，报刊广告栏发表的许多广告就是如此。

广告结构包括标题、正文和结尾三大部分。

（一）标题

广告标题是广告内容的集中概括，应该明确、醒目、新颖，能强烈吸引消费者。

广告标题要准确地表现广告主题，需要作艺术上和技术上的处理，力求在外观上给人以美感，如标题的位置、字体字形的选择、色彩的运用、排列方式等等，都应精心考虑。

广告标题有直接性标题与间接性标题两种。

直接性标题把最重要的信息一语道破，直接明确地告诉消费者。例如"保护皮茄克有新剂"、"酒久归一、洋河大曲"等。

间接性标题用委婉曲达的语言或艺术形象化的手段，把要传播的信息暗示给消费者。例如，一则旅游广告的标题是"轻轻地踱过历代君王们漫长的沉睡"；上海长命牌牙刷的广告标题是"一毛不拔"，暗示其经久耐用。

也有的广告标题把直接诉告与间接暗示结合起来，这是复合型标题。如美国通用电器公司一则广告标题是"为什么还要苦熬另一个夏天呢？让通用空调机使你保持凉爽吧！"前一句属间接性，后一句则直接诉告产品名称。

与广告标题相类似的是有一些企业、单位以简短一两句话，来概括本企业、单位的从业精神与经营的基本原则，成为企业、单位的精神口号与座右铭。如"忘了技术开发，就不配称为佳能"（日本佳能公司），"我们每一个人都代表公司"（美国波音公司），"普及的服务"（美国电报公司），"用眼、用心去创造"（日本本田科研）。这些精神口号有助于提高企业、单位的知名度，使人一听就知道该企业、单位的传统与特色。

（二）正文

正文是广告标题的具体化展现与说明，是广告的核心部分。它的内容主要包括提供商品或服务的信息，对有关信息作简要的述介说明，引起消费兴趣，敦促消费者作出行为反应等等方面。

广告正文的表达方式多种多样，常见的有以下几种：

1. 述介体。平实简明地介绍商品或提供的服务的特点。这种方式在广告中使用最多。

2. 描写体。用形象的描绘突现所宣传的事物的特点，加深消费者的印象。如宣传某种月饼，描述圆月及嫦娥奔月的情景，渲染圆美的气氛。描述体广告亦可配置一些图画，给消费者以生动的直感。

3. 诗歌体。以诗的形式宣传商品。例如一位诗人为某种肥皂作的广告诗：给你肥皂/洗净世上的污垢/让生活更加纯洁/让生活更加美好。

4. 证言体。用专家或权威机构的鉴定来证明产品的优势与知名，宣扬这种产品获得的荣誉。这类广告常写明奖级与奖名。如“本品荣获××××年××博览会金奖”等。

5. 问答体。运用问答形式(自问自答或设问客答)吸引消费者，让人释疑。如一则洗衣机广告，先是画面上一少妇在盆里搓洗显出很费力的样子，接着说：“你还能继续承受吗？××牌洗衣机能帮你解除劳累。”

其他表达形式还有幽默体、抒情体、议论体、表格体等等，不一一述说。广告的表达方式随着商品经济与广告业的发展，是可以不断创造出新的。

(三)结尾

广告结尾是广告的随文与落款，主要写明产品的经销单位、地址、银行账号、电话号码、联系人等方面内容。

广告结构的形式还应力求美观醒目，各组成要素排列有序，组合形式明朗大方，使人一看就明白。除了文字的准确、引人以外，设计制作中也不可忽略构建的形式。如以下一则广告的结构形式就颇见匠心：

加盟五交市场　　助您事业鹏程

浙江杭州五金交电市场

3月18日起

隆重推出

两点利

一条街、厂家窗口式销售点

总经理××　市场地址：杭州凯旋路317—319号

问询电话：6958610

占尽天时地利　更有人和政通

第五节　启事　声明

一、启事与声明的含义

启事是机关、团体、企事业或个人就某些事项公开进行陈述、说明，并有所希望或要求，祈请公众予以协助的一类应用文体。

启事可以包括在广义广告的范畴之内，与广告一样，具有公开告知的性质，并期盼取得一定传播效果，亦可称为“启事广告”。不过，在实际运用中，广告与启事有所不同，广告大都具有商业性，运用于经济领域；启事涉及的领域更广，凡工作、生活中要公开告知公众并希望得到协助与配合的，均可用启事。有不少启事并不具有商业性质，不是商业广告，而可称为“人事启事”。

常见的启事有寻领启事、求征启事、求聘启事、参赛启事、变更启事、礼仪启事等类别。寻找或招领失物，征文、征集意见，举办竞赛活动，征集行业徽标，聘用人才，变动单位名称、印章、电话号码，婚礼丧仪告知有关人员等等，都可用启事形式来传播信息。

声明是机关、团体、企事业单位就某些重要事项向公众作郑重说明，并表明取向、明确态度的应用文体。它着重于在说明事项或情况的基础上，澄清是非真伪、认定从违，以正视听。

常见的声明有遗失声明、法律事务声明、致歉声明、政务声明等类别。如支票遗失声明，企业法律顾问声明，侵害他人名誉或权益的道歉声明、外交部声明等。

启事与声明同具有公开周知性，但两者亦有不同。它们的主要区别在于：启事在说明事项或情况外，常有所要求或祈请，希望公众参与或给予某些协助支持；声明则重在表明态度取向或立场、责任，不一定对公众提出求请协助。声明的严正性也是启事所不及的。

二、启事的写作

启事的结构包括标题、正文、落款三个部分。

（一）标题

启事标题有三种写法：最简单的只写“启事”二字；另一种是在“启事”前面加上启事内容的范围或类别名称（事由），使人一看便知道是哪一方面的启事，如“招领启事”、“寻人启事”、“更改校名启事”、“招聘启事”、“开业启事”、“征订启事”等等，或在标题中把启事内容进一步突出，如“征集‘浙江邮电’徽标启事”等；还有一种是全称写法，类似于公文标题，由机关（单位）名称、事由、文种三者组合而成，如“××公司招聘科技人员启事”、“×××厂更换电话号码启事”等。除了这三种以外，也有的启事在标题中不标明“启事”二字，而只写明事由或内容范围的，如“失物招领”、“寻找失物”、“征求徽标”等。

（二）正文

启事正文一般包括启事缘起、内容事由、希望要求三个方面。

【例文 4-5】

征求商标图案启事

为适应生产发展的需要，经××市工商行政管理局同意，我厂生产的羊毛衫的商标为“春光”。现征求“春光”牌羊毛衫图案一枚，要求设计美观大方，色彩醒目，构图简明而有意义，望有意者踊跃投稿，一经录用，即奖给作者人民币5000元；未录用者，本厂亦赠送适当的纪念品。

来稿请寄：××市××羊毛衫厂办公室

截稿日期：××年×月×日（以邮戳为准）

××市××羊毛衫厂

××年×月×日

这则启事正文开头的一个句子就是说明缘起，以下就是启事的主要内容（征求商标图案）及对设计者的要求与希望，还对录用与否作了必要的说明，内容比较全面准确。

也有些简短的启事省略了缘起或要求，只把启事事项告知公众。

【例文 4-6】

寻　人

×××，男，16岁，身高1.62米，于×月×日在××市走失，穿淡蓝西装，白球鞋，望知情者告××市××中学，联系电话×××××××××，当面酬谢。

这则启事就直说事由与要求，省略了开头的缘起。

【例文 4-7】

电话号码更改启事

我校自即日起启用新电话号码××××××××,原直线电话××××××××继续使用。

××××学校
××年×月×日

这则启事省略了缘起与要求,没什么复杂情况,只需简要地把新号码告诉公众就行了。

(三)落款

写明启事者的单位名称或个人姓名、启事日期、联系地址及电话号码等,以便联系。

启事的主要表达方式是说明,要把事由准确清楚地告知公众,特别是那些对公众有所希望或要求协助的启事,更应把有关事项说得明明白白,不能含糊其辞或造成歧义。

启事的语言要质实、平直,力戒浮华生涩。语气要平和真诚。因为启事要对公众有所要求,希望予以协助,启事者就必须有诚恳的态度,措辞语气就得注意分寸,体现文明礼貌,切不可有哗众取宠或颐指气使的语辞,这样,公众才可能乐于给以帮助,才能达到发表启事的目的。

三、声明的写作

就声明者的动机与目的来看,发表声明不外乎为了澄清是非、确认真相、警告某些不正当的言行以保护自身的合法权益。要达此目的,声明的写作应该做到有据可查(事实清楚),有法可依(是非明确,具有合法性),有理可辨(观点鲜明,而且表述合乎逻辑)。

一则声明的内容,就体现有据有理、合法这几项准则。具体地说,声明的内容由发表缘起、事实经过、是非辨证、明确态度四方面要素构成。

缘起部分写明发表的来由或与声明事项相关的背景等,应要言不烦,用一、二句话即可。如"经上级主管部门研究决定"、"鉴于我厂已与××厂合并"或概述发表必要性等。

事实经过与是非辨证是声明分清真伪、确认正误的关键部分,为表明态度提供坚实的基础。事实要清楚确凿,是非界线分明,辨析要有逻辑性。这部分尽管在声明中占主要篇幅,但仍要有概括力。陈述事实变化过程,不可精雕细刻，而应择要概述；说明事理亦不宜如议论文那样有完整全面的论证过程，而应直接揭示是非曲直的实质，并使事实情况与明理辨证严密结合，不可有逻辑上的破绽。

表明观点、态度部分，要旗帜鲜明，直截了当，应该如何或不该如何，都要说得明明白白，切不可含糊其辞，模棱两可。这部分在声明中文字不多，却直接表明声明者的最终目的，是声明的结论所在。前面的事由、是非辨证的述说，都是为了最后归结出明确而有力的结论。

【例文 4-8】

严正声明

近日，我局接到举报，有不法分子冒用国家文物局名义，在全国组织建党90周年红色经典纪念馆巡礼活动，收取相关费用，造成不良社会影响。为此，声明如下：

一、我局从未参与组织该项活动；

二、该活动组织者必须立即停止侵害行为，消除不良影响；

三、我局将配合有关部门对涉嫌违法犯罪行为进行查处；

四、受到侵害的单位或个人，请及时向公安机关报案，以维护自身合法权益。

国家文物局办公室

二〇一一年五月十日

（2011年5月30日发布在中华人民共和国

国家文物局网站"通知通告"栏）

这则声明缘起部分指出社会上假托"国家文物局"名义组织建党90周年红色经典纪念馆巡礼活动并收取费用的情况，造成了不良社会影响，说明了发表声明的来由原委。接下来四条声明内容明确地把事实情况和严正态度予以表述。四条内容环环相扣，在事实的基础上层层递进，对该活动的组织者提出要求，责成其停止侵害行为；既然侵害国家文物局的权益，则应受法律制裁；声明中表明自己将配合有关部门追究其法律责任：此违法行为，收取了相关费用，这又侵害到一些单位或个人，声明中同时希望他们及时报案，积极维权。全文要素齐全，事实清楚，态度明朗，义正辞严。

有的短小声明，也不一定四要素求全，如遗失声明："××厂遗失××××

银行转账支票壹张，号码××××，声明作废”，就无须繁言陈述遗失情况，也无须作是非辨正。

声明的结构与广告类似。标题写“声明”，内容重大者，写“严正声明”或“郑重声明”，或在“声明”前写上机关单位名称，以示严肃。外交声明一般都写明政府机关全称，如“中华人民共和国外交部声明”。正文部分视行文需要写明声明的有关内容要素，有些要素可以省略(如遗失声明的缘起)，但所有声明都不得省略声明者的态度。结尾即声明落款，署上声明者的单位、机构名称或个人姓名，再写明声明的日期。

与启事的语言注重分寸、措辞平和相比较，声明的语言显得义正辞严，有果断硬朗的特色，显示出声明在道义上和法律上的严肃性。

第六节　说明书

一、说明书的含义与特点

说明书是用说明的表达方法，对事物进行解说、介绍，使人获得某种知识并产生直接与说明对象接触的行为与愿望的一种说明文。

说明书的含义有其特指性，并非所有说明文都可称为说明书。有些说明文尽管对事物进行解说，也能使人了解某些知识，但其传播目的并非要有关公众直接参与同说明对象的沟通活动或实践交流。如传达一个会议的精神，对有关情况和议程作了说明，并不是要听众去参加这个会议，听众也不会产生与会的愿望，更不可能有再次赴会的行为；报刊上关于国旗、国徽的设计含意的说明，并不是要公众再去参与重新设计国旗、国徽的活动。这些都不是本节所特指的说明书。这里所说的说明书，除了运用说明手段、授人以知这一点以外，更有其实用的目的。有些说明对象与说明书一起为人亲眼所见，希冀人们产生正效应行为；有些说明对象尽管尚未为人们所亲见，但人们会被说明书激起亲临其境、亲试其物的欲望，从而产生直接接触说明对象的行为，说明对象也就获得切实的传播效应。如看了一件产品及所附的说明书，人们要去购买这件产品；读一部作品的出版说明，人们想去读这部作品；看了古迹景点的说明，人们就产生亲身游览的愿望并付诸行动。这些都可见说明书具有某种内在的实际功利性，这是它与一般说明文的区别所在。

上述含义体现了说明书的几个基本特点：

（一）说明性

主要用说明的方法来解说事物的有关方面的特征，如性质、功能、成形、用途、内在构成、外在形式等。说明书中，有一些叙述、描写作为适当的辅助手段，而抒情、议论的方法则基本不用。

（二）知识性

说明书是要使人了解说明对象，获得有关的知识。通过对某种事物的说明，使人从不知到知，从知之较少较浅，到知之较多较深。准确地传授有关知识，是说明书的职能特点。

（三）客观性

说明书对事物的解说应是客观的、科学的，符合事物的实际，以取得人们对说明对象的确信。这就要求作者如实解说，不容许虚拟、夸张、变形，不容许以主观感情倾向来代替甚至扭曲科学的说明。这一点与广告稍有不同，广告虽也要对事物作实事求是的说明或介绍，但广告常可亦真亦幻，亦实亦奇，有更多的渲染，其创意也有更浓的主观色彩，其客观性常通过主观的艺术创造来体现。而说明书则不需要这种虚实相兼的幻化式构想与艺术性的创意，它的说明要实在得多，它原原本本告诉人们事物的真实存在的形式和特征，其内容也常比广告具体得多。

（四）目的性

任何文章都有一定的写作目的。说明书的目的性不同于一般文章的是它包含着直接的功利目的，就是说包含着为被说明对象张扬或推销自身的目的。说明一种产品，希望人们购买它、应用它；简介一部作品，吸引读者去买去读；说明某处名胜古迹自然风光，激起人们去实地参观游览的兴趣。总之，它在宣传事物的同时，含有期望人们光临惠顾的本意。在市场经济日益活跃的今天，说明书的这种功利目的更加明显。这一特点只有广告可居于其上，而且广告的功利性更加显露，说明书相对隐曲一些。当然，各类不同的说明书，对功利性的追求程度是有差异的，产品说明书的经济目的最为明显。必须指出，不能孤立地夸大说明书的功利性，它是与知识性、科学性紧密相关的。如果歪曲知识，传播伪科学，那是说明书追求功利效应的悲剧。

二、说明书的种类

（一）按照说明对象、内容来分

1. 物质产品说明书。说明某种产品的形状、功能、工艺、结构、价格、用法等等。如“××牌洗衣机”说明书、某种药品说明书等。

2. 精神产品说明书。着重说明该产品的含义、创造特征、表现形式及其创造价值等。如文学作品出版说明，影视情节述介、书法要领、建筑、雕塑、音乐、美术作品的创作说明等等。这类说明文字有的带有赏析性或叙述性，但它们不是分析性文章或记叙文，它们仍然重在说明，使人获得某方面知识。

3. 自然景观说明书。说明某处山水风光、人文景观的成形与特色。其中有一些是属于精神产品，如园林设计、文物古迹、题诗吟联等；也有些是纯自然风物，如奇峰异石、飞瀑流霞、古树怪禽等。这些说明可使人了解景观风貌，吸引人们身临其境。

4. 地域、单位说明书。重在介绍某地、某单位的基本面貌、发展概况。在深化改革、扩大开放的今天，这类说明书常是各地、各单位宣传自身的重要手段。如说明本地区的面积、人口、资源、交通、特产、景观、发展优势等等，以增强吸引力，促进各方面的发展。

（二）按照表达方法来分

1. 解释性说明书。重在诠解、阐说，把事物的有关方面解说清楚，此类说明书的知识性、科学性特别强。如解说某种药物的成分、作用、用法、禁忌等。

2. 陈述性说明书。重在介绍事物的概貌或发展变化的历程。如作品简介、剧情简介、一个单位的情况简介等。虽用陈述式，但不是记叙文。记叙文写人记事为主，而且因事见情。这类说明书仍在于使人了解说明对象的概况，并不作人、事的具体刻画。

3. 描写性说明书。或称文艺性说明书。用形象性的笔墨来述介对象，生动有趣。如景观说明，可活画出逼真之态；一些科技产品说明，寓知识于趣味之中，深入浅出。但这类说明书又不同于文艺作品，它不是为了塑造形象，而仍然是为了借形象来说明事物的一些特征。

按格式分类，有条文式与短文式两种。条文式说明书或罗列条目，各条分别说明事物的某一方面，如《双喜压力锅说明书》："①食物和配料不得超过锅内容量五分之四。②合盖前要检查阀厘孔是否畅通……"；或不用数码，而用条目标明说明的方面，如"原料"、"功能"、"使用方法"、"注意事项"等。短文式说明书按一般文章结构原则分段说明各有关方面，如景观说明，第一段是形成的历史，第二段是主要特色，第三段是影响所及等。

三、说明书的写作要求

（一）要显示事物的特征

事物的特征是这一事物区别于另外事物的标志。说明书在提供事物的完整信息的同时，只有突出事物的特色、优势，才具有鲜明的个性，才能加深人们的印象。如例文中关于台州的说明书，是一份在一次新闻发布会上的宣传材料。台州可介绍的东西很多，而此文抓住了具有地域特色的某些方面，如果品、水产、港口、工艺品、名胜古迹等，着重予以说明，就使人对该地区的地理、经济及发展潜力等有个基本的认识。说明书的内容既应全面完整，更要突出重点，事物的特征就是重点之所在。

（二）要条理清楚，安排有序

说明书要解说、介绍方方面面，必须注意内容组织的条理性，讲究顺序有致。或按照事物发展的先后顺序来组织材料；或按照事物的空间方位，分清内外、远近、上下等关系，逐层说明；或按照事物的特征归类，逐一说明各方面特征；或按照事物的全局与局部的关系，先总后分，先概括后具体进行说明。例如，述介事物古迹，一般先说它始成的年代，然后再说它的有关特点；说明一个单位、地域的情况，一般先说总体概况，再分别说各组成部分的情况；说明一件产品，则一一列举它的成分、功能、组合、用法等等（例文“21 金维他”说明就是如此），材料安排井然有序，使人一目了然。

（三）语言要准确明白

说明书要向大众传播，要科学地说明事物，语言必须通俗易懂，含义准确，切合事实，避免虚浮模糊、深奥艰涩。与记叙文相比，说明书语言的准确性，特别要求表述的具体确切。例如，时间表述，记叙文可以写“一会儿”、“过了不久”、“经历较长时间”，说明书则必须写明实际时间几年几月几小时，如可说某种食品“保质期一年六个月”，不可说“保质期较长”；表述高度，记叙文可用“高耸云天”、“直冲云霄”之类形容或夸张词语，说明书则必须写出实际高度，如某大楼主楼高 108 米等。具体性、确定性而非模糊不定性，正是说明书语言的一个重要特点。当然，这种确定性必须符合科学性。由于说明书具有实用性或功利性，语言必须浅显明白，让人一看就懂，使之产生良好的传播效果。为加强语言说明效果，说明书还可配以适当的图画、照片，使解说更明晰，形式更美观。

【例文 4-9】

21 金维他片

人体所必需的营养存在于各种食品之中，通常人们将机体本身代谢不能产生而且也不能为其他物质所代替的物质称之为必需营养素。目前确认的必需营养素有50余种，包括维生素、矿物质、氨基酸、微量元素等类。

本品含有上述必需营养成分共21种，经合理配方、科学精制而得的新产品。旨在满足机体对这些物质的需要，来防治因缺乏这些物质所产生的疾患，同时也可作为成人或儿童发育的食物辅助剂和良好的营养补给剂。

[成分]每片内含(略)

[作用与用途]维生素及微量元素类药。参与体内糖类、氨基酸、脂肪代谢。用于维生素及微量元素缺乏症。

适用于：

营养不良，病中病后失调，新陈代谢障碍，肝肾脏机能不全，甲状腺功能亢进症，贫血，食欲不良，多发性神经炎，脚气病，口角炎，舌炎等。

高温、高湿、寒冷、太阳光线少的环境作业，繁重的操作及剧烈运动的营养补给。

癞皮病、皮肤炎、湿疹等各种皮肤病。角膜炎、夜盲症、视力衰退眼睛疲劳，眼球干燥症。

防治坏血病、牙槽炎、牙槽出血、牙龈松软、牙质细胞萎缩和退化。

本品为多种效能的营养补给剂，妇、幼、老、弱皆宜。

老年体弱者：能增强生理机能，增强新陈代谢，预防过早衰退，减少疾病，维护健康，延年益寿。

妊娠期、哺乳期妇女：供给营养不足，可预防或减少孕妇贫血、软骨病，恶心呕吐，周身不适等现象，并能使出生婴儿减少佝偻病。哺乳期妇女乳汁中含量能满足婴儿的生长发育。

儿童：发育不良，软骨病以及看电视而影响视力的补给剂。

剂量：维持正常健康每日2片。促进儿童发育每日0.5—2片。

妊娠期及哺乳期营养补给每日1—2片。

剧烈运动或高温、高湿、严寒下操作每日2—3片。或遵医嘱。

注意：服用本品后尿色会变黄，无须顾虑。

贮藏：遮光、密封置阴凉干燥处保存。

杭州民生药厂

【例文4-10】

台　州(节录)

台州地处浙江中部沿海开放地带，南接温州，北连宁波，陆地总面积9411

平方公里，大陆海岸线长达780公里，人口520万。

台州物产资源丰富。黄岩蜜橘在古代就成为朝廷贡品，名甲天下。玉环柚在中国优质农产品评奖中连年夺魁，玉环被列为国家级柚类生产基地。海洋捕捞量居浙江省第二位，海水养殖产量居浙江省首位。

台州沿海共有大小港口21个，海门港现已开通了至香港、日本的定期货轮航班。黄岩机场可起降大中型客机，并已开通了上海、杭州、广州、武汉等航班。全区7县(市)已全部实现市话自动化，进入国内长途电话自动网。

台州目前已形成了以机械、电力、医药、化工、轻纺、食品、工艺美术、建材等门类比较齐全的工业生产体系。医药工业产值居浙江第二，效益居全省首位。浙江水晶厂为中国最大规模的水晶厂，在世界排列第二。台州还是中国四大工艺美术基地之一，“一绣三雕”(绣衣、木雕、石雕、玻璃雕)在国内外享有盛名。

台州风光秀丽，古迹众多。天台山为国家级风景名胜区，天台国清寺是中国佛教天台宗的发祥地和日本佛教天台宗的祖庭，名播中外。

第七节 新闻短论

一、新闻短论的含义和特点

(一)新闻短论的含义

新闻短论是通过大众传播媒介对当前存在的社会现象进行简短的评论的文字样式。它评述的对象是某种新闻事实。它与新闻事实的报道构成了新闻的两大体裁。社会现象有各种各样的表现，或是某种事实、事件，或是某种行为，或是某种说法、思想倾向，或是某种风气。新闻短论就是以这些现实材料为评论的依据，又以说理评议为主导，通过对现象的分析，来表达作者的见解。新闻短论虽不像消息、广告那样以传播信息为主要目的，但它又与一定的社会信息密切相关，包含一定的传播目的与意愿，所以仍可归于传播文体的范畴。

新闻短论是思想战线的轻骑兵，它的主要任务与作用，是引导舆论，明辨是非，扶正祛邪，提高人们对社会现实的认识，提高人们的思想觉悟，从而推动社会物质文明与精神文明建设的发展。在我国进行伟大变革的新时期，不断出现各种新情况、新风貌、新问题，新闻短论更是思想上、理论上一种重要的宣传工具。

（二）新闻短论的特点

1. 针对性。直接针对现实存在，有的放矢。它的目的也在于直接回答解决现实问题，它的论题也来自现实，作者常常从耳闻目睹中，有感而发，反应迅速敏捷。

2. 简短。它的内容常常是一事一评，非常集中，篇幅短小，通常几百字、千把字就说明问题。

3. 述与评相兼。它所评述的是现实提供的材料，需要对有关情况作必要的述介；同时，它又要因事及理，揭示存在的本质，表明提倡或反对、赞扬或批评的态度，得出正确的结论，这就需要分析综合，进行评说。述是评的前提，评是述的必然引申与结果。

4. 严密的逻辑性。新闻短论是评论的一种，尤其讲究论说的逻辑性，具有雄辩的力量。概念准确，判断推理符合逻辑，材料与观点有机结合，行文无懈可击，都是逻辑严密的表现。

二、新闻短论的结构

新闻短论虽没有固定的结构格式，但其内容组合亦有大体的序列，表现出一定的规律性。毛泽东在《反对党八股》中指出："一篇文章或一篇演说，……总得要提出一个什么问题，接着加以分析，然后综合起来，指明问题的性质，给以解决的办法。"新闻短论就明显体现了这种结构的基本规律，即提出问题——分析问题——解决问题。

这种结构形式，在短论中，最常见的是"三部曲"的组合方式。

（一）开头

即"提出问题"，或用简要的语言述说评论对象，使人明白所评的是何人、何事、何种现象与问题；或用三言两语点明题旨。如例文《有识之举》第一段，即指明了对象，要评的是杭州大学"花大气力培养高层次人文人才"之举措，又概括得出"不失为有识之举"这一基本看法。有些社会现象需要作些具体交代的，也要用概述的方法力求精要，开头切忌叙述过长过碎。

（二）主体

即"分析问题"，对社会现象进行由表及里、由此及彼的分析剖视，揭示事物的本质。这部分常常包含几个说理层次，就特别要注意总论点与分论点的关系，要注意各层次之间的内部联系，要注意材料与观点的统一关系，要善于由"事"入"理"，做到说理辩证周严。切忌就事论事、简单化、偏激走极端等毛病。

（三）结尾

即“解决问题”，实际上在主体部分的分析中也在解决问题，不过结尾更是对全文内容的归纳概括，得出结论，它是主体部分的分析的自然归结。有的结尾也可以提出希望或要求，或展望未来。

三、新闻短论的写作要点

（一）研究对象，选准论题

研究评论对象是新闻短论写作的第一步。如果已有特定的对象，就要思考对象具有的某些方面的本质含义。一件事实、一种现象，可能会有多方面的含义，这就需要作者在动笔前把握住一定的论述范围与评论角度，甚至明确评说的中心。把握得准，论题也就能切中对象的实质。例如，近年来，大学新生入学，许多是由轿车送来的，有不少还用公车，校门前车满为患。针对这种现象，可以有不同的论述范围或论述角度，或从大学生角度，提倡艰苦奋斗、自立自强，反对养尊处优，从而确立论题；或从用车单位的角度，批评公私不分的不良风气，从而确立论题。这些都触及了评论对象的某方面实质。若是抓住校门前小车太多，影响观瞻，要美化环境这个中心来论述，提出“大学校门不能成为停车场”的论题，就游离了对象的本质含义，显得不伦不类了。

如果在短评写作前并无确定的评论对象，就要从对各种现象的研究中来确定论题。一般说来，选择与确定论题的原则是抓住值得一议的社会现象或存在问题。哪些是“值得一议”的呢？一是现实中普遍存在或大众关注的而又需要加以解决的问题。如例文《副县长套牌，套的是“霸道”》一文中揭露的干部霸道作风就普遍存在，公众很有意见，反腐倡廉大有必要，就很值得一议。二是现象或问题本身有一定的正面或反面的意义与思想容量。社会现象纷纭万状，不是任何无意义的微末琐事都值得一议，应该选择那些对人有一定教育意义或引人深思的论题。例如某机关两个办公室仅一楼之隔，一封公函竟通过邮寄在两楼之间经一星期才传递到对方；办一件事要在一份报告上盖几百个图章等等，这些看来似是小事，但其中却含着相当大的思想容量，很有典型意义，说明官僚主义危害不浅，就可针对官僚主义作风来确定论题。旅游中的种种不文明行为，看似小节，但反映出一些人缺乏正确的荣辱观，缺乏社会责任感，小事不小，思想容量颇大。三是被掩盖的某种倾向或苗头值得一议。跟随或认同一种大势或潮流来发表看法，一般容易做到，但在这种大势或潮流中包含着的另一种倾向，往往易为人们忽略，而它们常常会从正面或反面表现出“不合时宜”、与众不同的方面来，这种不同寻常的现象应该抓住。例如，报载某部队团部决定，今后对带病工作的战士不予表扬，提倡领导要懂得爱护战士的身体健康，这与通常提倡鞠躬尽瘁、表扬带病工作相悖；某部队对因为不会游水而没有立即跳入激流却借助工具救起落水儿童的战士给予表彰，这与常人称道的“奋不顾身”、“舍己救人”相悖。这些现象曾引起争论，它们正包含着被常情掩盖的另一种倾向，这些部队的决定的正确一面需要通过评论来揭示。这样的论题也是很有价值的。选择这样的论题还需要有一定的勇气。

（二）深入分析，因事论理

短论虽短，也要以理服人。善于分析，因事析理，理缘事发，逻辑地揭示评论对象的含义，得出规律性的结论，这是短论写作的关键。刘勰《文心雕龙·论说》指出：“论之为体，所以辨正然否，穷于有数，追于无形，迹坚求通，钩深取极”，就说明议论要分清是非，透过现象分析，触及本质。

要分析好，应做到以下几点：

第一，评论主体对评论客体必须有正确与明晰的认识。己之昏昏，必然难以使人昭昭，作者对评论对象的美丑、好坏、是非、真伪等等，要有正确的判断，即使现象复杂，也要通过辩证分析来宣示真理。只有正确而明晰地认识与理解对象，才能使文章破与立旗帜鲜明，才可能对现象展开深入分析。

第二，基于现象，引发道理。新闻短论的说理不是无的放矢，更不是空对空地说些抽象理论，它是社会现象给予作者的理性启示，它的“理”是现象本身所包含的，所固有的，作者的任务是善于从中引发和揭示。“理”与“事”的关系是：理基于事，理缘事发，事凭理析，事明理达。所以，新闻短论常从现象引入正论，然后由此及彼、由表及里作出分析，生发出道理。例如例文《何妨多用一个“请”字》，从一家医院用粗暴告示语这个具体事例，引发出文明用语对于文明社会的建设及促进人际关系的和谐至关重要的道理，由个别推及一般，由事及理，作了深入的分析。

第三，推理要严密，分析要有逻辑性。论点只是一个判断，要阐明论点还必须作中肯的分析，进行严密的逻辑推理，那样才能以理服人。事物的各个侧面的关系，材料与观点的关系，各个层次间的内在联系等，都应是有机的统一，使全文顺理成章，构成严密的整体。例文《有识之举》，是《人民日报》1995 年 1 月 24 日发表《杭大培养高层次人文人才》这条消息的同时而发的一则新闻短论。这篇短论的主体部分，先指出社会主义现代化事业迫切需求人文学科的人才，说明培养人文人才的必要性；接着分析优秀人才在建设中的作用与贡献，而从实际情况看，“人文人才尤显缺乏”；然后再自然引入原因分析，说明造成人文人才缺乏的重要原因是“忽视人文学科的作用”，再有针对性地阐明人文学科与理工科对于社会发展同样重要,"两者均不可偏废",正面阐明"重理轻文更不对"的道理。该文不仅论题有现实意义,针对当前人文学科普遍受到冷落的现状,抓住杭大培养人文人才这一新闻事实,提出了关系到现代化建设的人才培养这一重要问题,而且全文层层剖析,从不同侧面说明了道理,各层次都围绕着培养高层次人文人才是有识之举这一中心,构成了严密的整体,有一定的逻辑性。所以,新闻短论的分析要环环相扣,前后统一,有条不紊,切忌思路混乱,行文无章,在内容、结构、语言表达各方面,都要有严密的逻辑性。

(三)语言要准确简明

新闻短论篇幅不长,尤须注意语言准确切要,简明练达。一个概念、一个判断都要含义准确明确,表述恰当;词语尽可能有较强概括力,不可拖泥带水,烦琐冗长;遣词造句要掌握适度分寸,含义要严谨准确,不偏激简单化,不含糊其辞或造成歧义。此外,短论的语言在准确的同时,还应力求生动活泼,适当借用形象、巧设比喻、对比,化用成语典故等等,都可增强表达的活力,使说理的严谨性与表达的生动性达到统一。

【例文 4-11】

有识之举

杭州大学认真采取措施,花大气力培养高层次人文人才,不失为有识之举。

社会主义现代化事业是一项规模宏大的系统工程,它需要各个方面的人才。也就是说,不仅需要理工科的人才,也需要人文学科的人才。这样才能不断满足现代化建设发展的迫切需求。

改革开放以来,我国教育事业取得了长足的进展,大批优秀人才脱颖而出。他们思想敏锐,知识扎实,富有创造性,在经济建设中作出了突出的贡献。但是,从发展的眼光看,从满足需要的程度来看,目前人才的状况尚存一些不足,特别是人文学科的人才尤显缺乏。

造成这种状况的原因是多方面的,其中忽视人文学科的作用是其中之一。有些人觉得,搞经济建设,理工科最吃香。于是便趋之若鹜,人文学科则显冷落。这种想法是片面的。

从促进社会发展角度观之,理工科、人文学科两者均不可偏废,都是社会发展不可缺少的力量。"重文轻理"不可以,"重理轻文"更不对。在某种意义上讲,人文学科发挥的作用尤为不可缺少。纵观历史发展及一些发达国家所走过的道路，都可以明显看出，人文学科人才的作用是十分突出的，它往往发挥着促进宏观思考、加强计划性等功效。

杭州大学在培养人文学科人才方面，率先迈出了步伐。希望有更多的高校效仿而行，为培养出更多的人文学科人才作出贡献。

（原载 1995 年 1 月 24 日《人民日报》）

【例文 4-12】

副县长套牌，套的是“霸道”

高　路

陕西渭南市民王先生最近当了回冤大头，自己的车子莫名多出好几个违法记录信息。更让他没想到的是，套他车牌的居然是潼关县的一位副县长。潼关县政府工作人员向记者证实了这一消息，涉事套牌车为一辆丰田霸道越野车，使用者为潼关县副县长张毅锋。（详细报道见 A15 版）

副县长开个套牌车想干嘛呢？有关方面回应，是为了方便工作，下去明察暗访。如果是为了工作，正大光明地开个公车出门更加方便。如果是为了暗访，那就奇怪了，副县长不是执法部门的执法人员，需要他暗访什么呢？别人暗访都是很低调的，不整个破点的脏点的车子都不好意思开出门。潼关也是个穷地方，开辆丰田霸道越野车去暗访，也太“霸道”了点，这不等于告诉人家有大人物来这里了，大家要留个神吗？如果有关部门非要说开个四五十万的越野车也能暗访，那请有关部门把副县长暗访的记录拿出来，这样才有说服力。

王先生凭空多出的 9 个违法记录，大多是在西安及高速公路违法。县政府办公室人员称：“那可能他到西安去汇报工作。”该工作人员的说法是对领导工作的不负责任，汇报工作又不是什么见不得人的事，需要开个套牌车去吗？领导开着套牌车去汇报工作，这岂不是对更大的领导的不尊重？除非你去西安，干的多是些见不得人的事。

开上套牌车，副县长的确是方便了，想去哪就去哪，不用担心公车私用的问题，还有隐藏行踪、逃避监管的功能；想开多少钱的车就开多少钱的车，不用整天为自己的车超标可能被举报头疼；想怎么开就怎么开，闯红灯、超速，来个实线调头，反正违法了也算不到自己的头上。

可是副县长方便了，他是爽到了家，被套牌的车可就太不方便了，凭空多出 9 次违法记录，什么闯红灯，超速行驶之类的烂账都算到了别人头上。副县长违法，破坏公共交通秩序，影响了别人的正常出行，副县长一个人方便了，却让更多的人不方便了。如果有人拿着这辆套牌车干些见不得人的事，那岂不是连这口黑锅都要扣到被套牌车主的头上，这罪过也实在太大了点。副县长在工作之余，方便之余，一点都没考虑过这些问题吗？

即使如工作人员所说，是为了工作方便。那与人方便，才能与己方便。这句话套牌到公共秩序上就是，你得遵守公共秩序，你才有相应的权利。显然一个副县长是没有权利不遵守公共秩序的，更没有权利开个套牌车方便自己，难道拿别人的利益当垫背，损害别人方便自己也是你的特权？有关方面坐视副县长开套牌车，就一点都没觉得这口子开得有点大了。

（2012 年 7 月 15 日《钱江晚报》）

【例文 4-13】

何妨多用一个"请"字

近日，笔者带孩子去北京一家著名儿童医院看病，分诊台的一块黑板上写的告示让人着实一惊：让开分诊台！！！语气中的不耐烦、粗暴、驱赶的意味十分明显。看到这样的语言，患儿家长的心中难免有不快，感觉很不被尊重。

分诊台周围的环境的确比较嘈杂，孩子不舒服，家长也心急如焚，护士心里烦躁也是情有可原，但是，何苦把这种情绪公示给大家，彼此更添烦躁呢？只要稍做改变，前面加一个"请"字，再去掉后面的那三个大大的惊叹号，语气就能平和许多。其实，言语中少一些火药味，少一些戾气，生活中的许多纠纷就可以避免，这样一点简单的改变，不费什么气力，就能有很好的效果，为什么不做呢？所以，生活中的许多改变完全可以从多使用文明用语做起。

文明用语是文明社会的缩影，渗透于日常生活的方方面面。古语讲："言为心声"。语言不仅是表达交流的工具，也反映了人们潜在的思想道德、文化修养水平，进而展现社会的和谐程度。"良言一句三冬暖，恶语伤人六月寒"。用语文明与否直接关系沟通效果。在社会交往中，粗俗、生硬的语言，往往让人心生反感，甚至行为抵触。一句不文明的语言，轻则伤和气，重则伤感情。而文明礼貌用语是人与人交往的润滑剂，使用"请"、"谢谢"、"对不起"等这些文明礼貌用语，往往能够春风化雨，使人与人之间减少几分摩擦，增加几分友爱，也会使我们的生存环境变得更加和谐。

医院的服务对象是人，而且是身体不适、需要帮助的人和心有焦虑的家属，他们对是否平等和尊重或许更加敏感。对于他们，在用语上理应更加文明、更加和缓、更加温暖，让人体会到医者仁心，而不是动辄以教训、斥责的口气予人。其实，许多医患纠纷都是源于最初言语上的摩擦，最终导致医患双方的利益都会受损。而医院如果用好语言这个工具，给患者一个良好的就医环境，不但能有效救治患者，也能带给自己良好的心情和工作状态。

语言和谐体现智慧、蕴涵情感，好的语言听来赏心悦目，用来备感享受。文明用语是文明内涵的体现，是精神文明的表现，文明用语是通向良性社会交往的一把钥匙，是人与人沟通情感的窗口和桥梁。不只是医院，在任何需要人与人交流沟通的场所，不吝使用文明礼貌用语，都会给自己带来意想不到的收益：自己说文明话会心情愉悦，他人听文明话会更愿意与你沟通，彼此气氛和谐，交流顺畅有效，这样的事，何乐而不为？

文明语言环境的形成，需全体社会成员身体力行，在生活之中共同构建和创造。生活中处处都是文明用语的展示平台。使用文明用语，人人将会如沐春风，和谐之音也将永驻。

（华羽）

（2012年7月15日《光明日报》）

第八节　申　论

申论是2000年以来国家公务员录用考试中实行的一种新样式，是测查从事机关工作应当具备的基本能力的考试科目，主要通过报考者对给定材料的分析、概括、提炼、加工，测查报考者阅读理解能力、综合分析能力、提出和解决问题能力和文字表达能力。根据考试大纲，申论考试按照省级以上（含副省级）综合管理类、市（地）以下综合管理类和行政执法类职位的不同要求，设置两类试卷，其对能力要求的侧重点有所不同。前者主要测查报考者的阅读理解能力、综合分析能力、提出和解决问题能力、文字表达能力。后者主要测查报考者的阅读理解能力、贯彻执行能力、解决问题能力和文字表达能力。具体要求见下表：

表格：中央机关及其直属机构2012年度考试录用公务员公共科目考试大纲中关于申论的要求及比较

副省级	地市级	对照
阅读理解能力——要求全面把握给定资料的内容，准确理解给定资料的含义，准确提炼事实所包含的观点，并揭示所反映的本质问题。	阅读理解能力——要求能够理解给定资料的主要内容，把握给定资料各部分之间的关系，对给定资料所涉及的观点、事实作出恰当的解释。	由于对材料理解的深度要求有区别，能力要求也相应有别。
综合分析能力——要求对给定资料的全部或部分的内容、观点或问题进行分析和归纳，多角度地思考资料内容，作出合理的推断或评价。	贯彻执行能力——要求能够准确理解工作目标和组织意图，遵循依法行政的原则，根据客观实际情况，及时有效地完成任务。	副省级侧重在理解基础上的评判能力，而地市级则侧重在理解基础上的执行能力。
提出和解决问题能力——要求借助自身的实践经验或生活体验，在对给定资料理解分析的基础上，发现和界定问题，作出评估或权衡，提出解决问题的方案或措施。	解决问题能力——要求运用自身已有的知识经验，对具体问题作出正确的分析判断，提出切实可行的措施或办法。	地市级重在解决问题，副省级不仅要解决问题，还要能提炼出问题。
文字表达能力——要求熟练使用指定的语种，运用说明、陈述、议论等方式，准确规范、简明畅达地表述思想观点。	文字表达能力——要求熟练使用指定的语种，对事件、观点进行准确合理的说明、陈述或阐释。	副省级重在阐述思想观念，而地市级侧重于陈述具体对策。

二、申论的含义

“申论”一词，语出孔子的“申而论之”。从考试形式上分，包括“申”和“论”两部分。“申”可作说明、申述、申明、引申之意，“论”可作议论、论说、论证之意。从答题的整个过程看，首先需要对给定的文字材料进行整理归纳、提炼概括，然后对事件、社会现象、问题、思想观点等进行说明、申述，进而形成自己的观点，发表中肯见解，提出方略，进行有理有利有节的阐述和论证。所以，“申”是“论”的前提和基础，“论”是“申”的归结和提升。先“申”后“论”，“申”不清则“论”不透，“申”不足则“论”无以立。在整个写作过程中，“申”和“论”要相互照应，不发无“申”之“论”。

申论往往要求报考者能够准确理解材料所反映的主要内容，运用基本理论知识全面分析问题所涉及的各个方面，并能在把握材料主旨和精神的基础上，形成并提出自己的观点、思路或解决方案，准确流畅地用文字予以表达。从申论试题中的要求看，可以分成三个层面：一是对所给材料进行概括和归纳；二是对问题或主要事实进行思考，提出解决方案或具体措施；三是对自己提出的对策、观点进行论证。

二、申论考试的特点

测试内容的公共性：申论考试是一种素质测试，所给定的材料具有普遍性和非专业性，内容涉及面广，包括政治、经济、文化、教育等方面的现实问题，往往涉及某一个或某几个社会问题或社会现象，多为当时的社会热点问题。申论测试的目的是选拔公务员，是对在公务员日常工作中处理实际问题潜能的测试，也是在考查应试者是否关注生活中的热点、焦点问题，是否具有关心大事的大局意识。如2012年国家公务员副省级考试的试题是关于食品安全、假冒伪劣产品的问题，地市级考试的试题是关于天灾、人灾、政府应急的问题，2012年浙江省公务员考试的试题是关于海洋经济发展的问题。这些问题都非常贴近社会生活，而且也涉及千家万户，为广大民众所关注。试题所给资料往往由若干段材料构成，这些材料往往涉及不同的层面。

测试主题的针对性。考试所给的材料往往是杂乱无序的汇编，具有多义性和层次性。这些材料表面上似乎没有逻辑关系，事实上各部分之间的逻辑关系是清晰的，甚至材料背后有着深刻的含义。这些都引导应试者紧扣材料，根据其内在逻辑进行概括分析。考生要在充分把握材料本质内蕴的前提下，由表及里，整体审视，理清层次，紧扣主线，抓住重点，条分缕析，有针对性地回答和论证问题。

测试答案的非唯一性。无论从材料背景看，还是从答题要求看，申论都不会有一个确切而唯一的标准答案。就对策和论说部分来说，都需要针对某个问题或观点，提出可行的办法或进行逻辑的论证。而针对性和可行性是相对的，在不同的地区、不同的发展阶段、不同的部门，解决问题的方法就不可能一样，只有针对性和可行性更强，方案才更合理。同时，每个人的思维特征和表达习惯不同，他们看问题的角度，表达手法的运用，主体构架的搭建以及论据材料的选取等也绝不会整体划一，也无法采用具体唯一的标准。所以，最终只能是根据其观点、措施、表达、论证等综合情况给予等级式的评定。这实际上给了应试者发挥的空间，可以让他们充分展示自身的能力和水平。

三、申论考试的环节

根据以往的申论考试试题，我们可以归纳出申论考试的四个环节，即审读材料、概括要点、提出对策、分析论证。

1. 审读材料：所有的申论都要求在审读材料的基础之上完成。审读材料，是指根据题目的意思和要求，对给定的材料进行仔细阅读、审视、理解、分析，确定材料反映的主要内容、观点和问题，从而为完成答题做准备。而给定的材料，往往情况复杂，问题纷呈，彼此交错，表里并存。审读材料时，要从整体上全面把握材料，揣摩命题意图，理清材料的思想性，挖掘材料的隐含义，梳理材料之间的关系。

2. 概括要点：根据申论要求，对给定材料的主题、内容、观点及反映的问题等进行总结归纳的过程，是对应试者阅读理解能力、分析归纳能力的综合考查，也是答题过程中承上启下的关键环节。概括要点时，要明确题目要求，准确把握材料，用简练的语言客观、清晰、流畅地勾勒出所有的主要信息点，摈弃与题干要求没有本质联系的材料，从事物表面现象中剖析出问题的主要本质。

3. 提出对策：根据题目要求，提出解决问题的具体措施或方案的过程，是对应试者思维广度、创新意识、应变能力、解决问题能力、贯彻执行能力的重点考查。提出对策和方案时，必须针对材料所涉及的范围和条件，吃透材料、分清主次、突出重点，所提的对策要合情合理合法，具有可行性和可操作性。

4. 分析论证：根据题目要求，对材料中列出的某个或某几个思路、观点或理念进行评析，对材料中特定事实、现象、问题、观点等展开论述，表明自己的观点或见解，是对应试者理论水准、思维水平和文字表达能力的综合考查。分析论证时，要充分利用给定材料，紧扣主要问题，观点鲜明新颖，论证严密有力。

四、申论的写作要求

申论具有一般议论文所具有的普遍特性，要求逻辑严谨，说理清晰，用词精当，观点明确等，同时又是一种特殊的议论文，必须符合所给材料的内在主题，符合党和国家的法律、法规和有关政策，有自己独特的思维方式和文章风格。

（一）顶天立地的思维方式

考试大纲明确要求借助自身的实践经验或生活体验或自身已有的知识来思考分析，不能只是抄材料背理论，强调贯彻执行能力、提出和解决问题能力，这些都是实践性的表现。申论思维立足于机关公务员的实践，对给定的这些具体材料进行归纳和提炼，并为了解决这些具体的问题而提出自己的观点和对策。观点、措施、对策等要符合材料实际和社会现实，有合理性、可行性、有效性和针对性。同时，申论考试中出现的特定社会现象和问题，往往不是某一条具体的措施，或政府某一方面的能力就可以解决的，必须要通过系统的方案和配套的措施才能得到彻底的解决。这就要求应试者站在政府部门的立场和角度来理解把握这些现象，透过现象看本质，全面、系统、深刻地分析问题，着眼长远利益，制定宏观政策，高屋建瓴地解决问题。

（二）精简准鲜的语言风格

申论文章都有字数限定，要求准确精练，言简意赅，无论陈述事实还是论证道理都要抓住事物特征，高度概括，切忌啰嗦，严防堆砌。同时，要注意申论语言的规范问题，遣词造句应当准确、简明、规范，避免歧义，力戒各类套话、空话。文章中的时间、地点、人员、范围、性质、程度等数据项目必须表达明确，符合事实；使用语言应符合写作时的虚拟身份，言出有据，庄重得体。文章应当条理清楚，概念明确，观点鲜明，是非清晰，褒贬判然，能灵活运用各种修辞手段，巧用关联，活用词语，变化句式，准确有力地表达文意，深刻透辟地论述观点。例文《少说闲话多干实事》就首先对“议事”和“瞎议事”做了概念厘清，表述准确鲜明，概括得当。

（三）辩证严谨的逻辑结构

申论议论文要对具体事物或现象做理论上的分析和论述，这就需要按一定的理论和逻辑关系来表达自己的见解和观点。文章的语句、段落和篇章结构都要体现合理的逻辑关系，层次清晰，突出重点。申论要就材料所反映的主要问题进行论述，不必也不可能面面俱到。论证的过程要严密，合乎逻辑，以理服人，理从事出，虚实结合。论证应紧扣中心，首尾一致。例文《少说闲话多干实事》从“议事”和“瞎议事”两方面做对比分析，揭示“瞎议事”和“不干事”之间的本质关联，揭露“瞎议事”的错误实质及其危害性，击中要害。文章灵活流畅，正反两面相辅相成，在分析中自然亮出观点，富有说服力。

（四）思维要周全，善于运用辩证思维，不能以偏概全

内容涵盖要全面，是指答案务必要根据材料反映的主要内容或问题进行全面归纳。思维要周全，一求思维要全方位，多角度。在写作申论文章时，应开阔视野，从政治、经济、文化、社会等不同的角度去思考问题，灵活运用多种分析方法，避免就事论事。二要学会进行辩证分析。由于申论考试的角度、方式具有灵活性、机动性和多变性，有较大的开放性，所以应试者要善于运用发散性思维来进行答题，防止偏激极端的思维。可以说辩证思维对我们解决实际问题和做好申论文章的帮助很大。

【例文 4-14】

少说闲话多干实事

刘根生

谈到“改革创新，干事创业”，不少同志感叹：依旧有少数干部“坐而论道，不干事瞎议事”。

议事本是正常现象，民主决策就是“议而后决”。随着改革进入“深水区”，一些重要领域的改革牵一发而动全身，多些议论和探讨，吸纳各种意见中的合理成分，有利于决策更科学。把事情议论透了再行动，能把民生好事办到百姓心坎上。

议事前多个“瞎”字，味道就全变了。议事是真心查找为政得失，凝聚共识完善政事；“瞎议事”的出发点却不是解决问题，而是横挑鼻子竖挑眼。别人在那里埋头苦干，他在那里说三道四；别人干好了，他说风凉话；别人有失误，他放“马后炮”。许多时候，制定决策时，他心不在焉，提不出有价值的意见；决策刚定下，他就“这也不对，那也不行”，就是不说“怎么才行”。

诚然，我们不能要求所有议论句句在理。但对干部和对群众，要求终究有所不同。对于一些决策、做法，群众因为不了解、不理解，挑挑毛病，发发牢骚，本属正常。而作为领导干部，如果没有观照全局的意识，没有助人成事的自我要求，不琢磨事老琢磨人，光挑毛病不干活，总是“看的”指责“干的”，那就不是负责任的态度了。

“瞎议事”与“不干事”往往相伴而生。干事的人，一心在于成事，自然没有心思也没精力“瞎议事”；把心思和精力全用来“鸡蛋里挑骨头”，说风凉话、泄气话，当然也就不可能好好干事。在其位不尽其责已是大错，“不干事”还“瞎议事”，搞得干事者无法好好干事，就是错上加错了。

“瞎议事”的背后，也涉及对改革创新的态度问题。科学发展离不开改革创新，改革创新是在探索中前行，很难一步到位，也难免会有失误。真为改革创新计，就应对责任多些自觉，对改革多些坚定，对创新多些投入，对风险多些研判，形成合力而不是消解动力。如果对各种探索之举吹毛求疵、求全责备，将给先行先试者带来多少无端的压力？

我们正面临一个重要战略机遇期，能否抓住机遇，取决于各地、各级领导干部的思想认识、工作力度和推进改革发展的步伐。面对复杂局面，面对改革创新的繁重任务，尤需心往一处想，力往一处使，凝聚力量，攻坚克难。所以，对干事创业、改革创新者而言，应多些大无畏精神，不为流言所动，不为干扰所惑；而对"光挑毛病不干事"者，各级组织也不能听之任之，应坚持以科学发展实绩论英雄，以科学考评定优劣，以群众认可为标尺，这样，不仅能让干和不干绝对不一样，让"闲话"说了也白说，更能团结一心、形成合力、加快发展。

（原载2012年09月14日《人民日报》）

附录　2012年省级以上(含副省级)综合管理类中央、国家机关公务员录用考试真题

一、给定资料

1.某报记者在调查食品安全领域问题时，发现了一个地下黑加工点。记者暗访了该加工点利用双氧水、工业碱等有害添加剂，发制、漂白百叶、毛肚等食品的全过程。记者发现，雇用工小张的工作就是用煮、晾、泡等工艺制作百叶、茄参、毛肚等水发食品。制作过程中加入起增重作用的工业碱，起漂白、防腐作用的双氧水和起中和碱作用的盐酸。平时厂房里就小张一个人负责加工，产品有专人运往市场。据小张讲，利用工业碱、双氧水等食品添加剂制作水发产品，在这个行业不是少数。另外，在其他行业也有类似运作。

这个地下黑加工点，有自己的运货车、批发点、销售点，有毒、有害的水发制品从生产到销售只需要两天时间。该加工店每天生产1000斤左右的水发制品，在凌晨三四点钟用专门的运货车将成品运到老板指定的海鲜市场出售。"我知道做这项工作是昧良心和不道德的，实际也是违法的，整日生活在恐惧中。但看着老板不断地加薪，我的心又开始活动了，我从心里也在说服我自己，不就是加点添加剂，吃的时候用高温水烫一下也就没事了。况且干了这么长时间，政府也没有一个单位有人来管。"小张向记者坦言。

这个地下黑加工点一个月就销售非法加工的茄参2.6万斤，销售额达30余万元，毛利润能达到10万元。记者向有关单位反映地下黑加工点的情况时，发现处理此事牵涉工商、质监、农委、公安等多家单位，"三个和尚没水吃"，在实际管理过程中，出现了"好事人人都管"、"坏事人人管不了"的现象。

2.在2011年央视"3·15"晚会上，曝出了一则消息：H省不少养殖户在养猪时添加国家明令禁止的"瘦肉精"，让人难以置信的是，这些吃了"瘦肉精"饲料的"健美猪"，竟然过五关斩六将，突破多个监管关口，一路杀向一些大城市，甚至杀进了肉制品生产企业，最终走上百姓的餐桌。有人戏谑：我们应当"感谢"食品行业，它让我们从大米中认识了石蜡、从火腿中认识了瘦肉精、从辣椒酱里认识了苏丹红、从火锅里认识了福尔马林、从蜜枣中认识了硫磺、从木耳中认识了硫酸铜、从奶粉中认识了三聚氰胺……还有人说到"地沟油"问题，这起继三聚氰胺后的重大食品安全事件，再度引起社会公愤。一个涉及14个省市的“地沟油”制售网络，已经使“地沟油”流入市场，其所产生的危害，怎能不令人深以为忧？

2010年6月召开的第二届中国食品安全高层论坛上，某市食品添加剂行业协会的名誉会长P先生认为：食品行业是一个特殊的行业，如果不讲良心，任何环节都可能出问题。该市食品研究所技术总监M先生认为：食品企业应当将自律提到很高的位置，但在中国的现实环境中，不能把食品安全的“宝”，全部押在从业者的良心上，还应该强调“他律”，以真正实现食品安全。

改革开放初期，不讲诚信，假冒伪劣、以次充好者有之；坑蒙拐骗、赖账不还者有之；欺行霸市、以不正当竞争手段毁坏他人声誉者有之；大做虚假广告、以不正当手段推销者有之。这些行为不仅破坏了经济秩序，也败坏了社会风气。回过头去看，那些企业有哪一家真正做大做强了？据统计，在市场经济条件下，无论是国内的同仁堂、稻香村等老字号企业，还是进入世界500强的中外企业，无一不是严守法规、诚实经营才有今天的辉煌，没有任何一家企业能够靠造假而发展壮大。

3. 发达国家并非生来就是“世界上食品供应最安全的国家”。类似的“食毒时代”，他们也经历过。1906年2月，美国长篇小说《屠场》面世，揭露肉联厂工人非人道的劳动状况，“本想打动公众的心，不料却击中了他们的胃”。

“从腌肉车间里取出的猪肉常常发酸，就搓上苏打粉，去掉酸臭味，经过化学处理，需要什么颜色、什么香味、什么味道就能有什么颜色、什么香味、什么味道，然后卖到自助午餐柜台上去。”“凡是已经腐烂得再也不能派任何用场的臭肉，连同地面铲起的渣滓一道，用来制成罐头，或者剁碎制成香肠。已经生霉发白没人买又运回来的食品，用硼砂和甘油处理之后，又作为原料重新制成正品。”据说，当时的美国总统罗斯福在白宫边吃早点边读这本小说。看到这令人作呕的描述，总统大叫一声，跳起来，把口中尚未嚼完的食物吐出来，又把盘中剩下的一截香肠用力抛出窗外。《屠场》导致美国肉类食品消费和出口急剧下降，瞬间引发人们对食品安全和卫生的强烈关注。在舆论压力下，美国国会当年6月通过了《纯净食品和药品法》、《肉类制品监督法》，由此逐步进入了食品安全管理法制化的时代。

1927年，美国农业部成立了一个新的下属机构：食品、药品和杀虫剂组织。1930年，该机构名称改为“食品药品管理局”，也就是我们今天所熟知的FDA。和FDA一起在联邦层面上负责食品安全的，还有疾病控制和预防中心、农业部下属的食品安全和检验局、动植物卫生检验局等机构。20世纪以来,美国政府陆续通过了近20部重要的食品药品监管法律,赋予FDA更多的职权。对于被查出问题的食品,FDA毫不手软,生产商和销售商都会受到处罚,且要花巨额费用召回相关食品。

4.2011年9月,某报刊刊登了一篇评论员文章。文章指出,在“陌生人社会”里多数人会本能地希望把必须要相处的陌生人变成熟人,托关系、人找人,因为“熟人信得过”、“熟人好办事”。对偶然相遇的陌生人,则首先选择不信任。文章还认为,互不信任增加了社会运行的成本。一方面对陌生人处处提防,认为这是让自己利益免受伤害的必要方式,另一方面抱怨“人性冷漠”、“道德滑坡”;一方面指责他人“麻木不仁”、“见死不救”,另一方面又提醒亲人朋友遇事别“出手”、少“出头”。伦理学家指出:在漫长的封建社会中,中国传统的伦理道德,既有反映统治阶级要求,为维护封建统治服务的观念和规范,又有反映中华民族优秀品质的观念和规范。比如,孔融让梨中的谦让、孟光梁鸿举案齐眉中的和睦、乐羊子妻断机劝夫中的深明大义……每个故事都反映出一个时代所提倡的社会道德风尚,也成为今天我们增进人际和谐、维护社会稳定的参考教材。但封建伦理道德中宣扬的“三纲五常”、“男尊女卑”,则是糟粕,应该否定。正如毛泽东同志所说:“从孔夫子到孙中山,我们应当给以总结,继承这份珍贵的遗产。”

中国传统的道德观念以儒家的性善论为主流,在实践中,儒家以礼与法的结合作为人性修养在“他律”方面的补充。然而在一个道德松弛、舆论不张、管理乏力的社会里,“他律”的作用会大打折扣。某省委宣传部E部长认为:解决“他律”问题,道德教化也是一种比较有效的方法。当前主要应进行中华传统美德教育,通过教育,使人们的爱国主义情感、集体主义情感、人道主义情感、正义感、自尊感等都有正确的发展方向。当人们形成良好的道德观念,建立了具有良好公德共识的体系,一个社会的发展便将获得前所未有的巨大的推动力。

5.不久前,中央美院油画系研修班第一届部分同学在一家报纸上发表声明,称2010年6月,某拍卖行以7280万元高价拍出的徐悲鸿油画《人体蒋碧薇女士》系他们1983年的临摹习作。商人谢某自行伪造“金缕玉衣”,出钱请出国内五位鉴定专家为其鉴定。在收取了不菲的评估费后,专家用了不到一个小时的时间就联合签署了一份估价24亿元人民币的鉴定报告,谢某由此向银行骗贷5个亿。近年来,随着民主政治的进步、互联网的普及,网民意愿更加畅通的表达,每个公民都有自由言说的空间。从“天价烟局长”周某的落马,到在敦煌撒泼的新疆生产建设兵团某团副团长夫妇的被免职等等,一系列的案例，说明网民意愿、网友监督，在国家民主政治的进程中，作用越来越大。但著名文化学者、某大学Z教授认为：媒体和网络是一把双刃剑，本应站在客观公正的立场，去引导社会舆论，但有时部分媒体和网络却在没核实、没法甄别真伪、不明真相的情况下，充当了造谣者的“帮凶”。2011年3月，一位母亲为获捐款，抱着患眼癌的女儿跪地前行，这是职业网络推手精心策划炒作的“母亲跪爬求助”事件。推手已向“跪爬母亲”致歉，“跪爬母亲”也向社会道歉，表示愿将得到的二十余万捐款退回。对于此事，人们看法不一，有的人觉得利用谎言炒作募捐不道德，有的人认为救命远比道德更重要……央视某主持人说：网络推手出于善意目的制造“缺德炒作”，对社会诚信造成的损害是不可估量的。

某网站针对所谓“社会道德危机”，曾组织网民在网上进行讨论。

网民A认为：道德失范的根源应归咎于市场经济的快速发展。市场经济与生俱来的盲目性、自发性、趋利性、等价交换性等致命弱点，必然导致拜金主义和极端主义的滋长、蔓延和泛滥，引发社会秩序混乱，道德沦丧，诚信缺失。

网民B认为：市场经济大潮的冲击和物欲主义的侵蚀，使不少人越来越远离向内心的叩问，在不少人身上理想、信仰的感召力在减弱。人们应当重拾信仰，让信仰不再缺席。

6. 某媒体报道：当前医疗领域，个别医生不讲医德，“开单提成”收受医药产品销售回扣的现象屡禁不绝。更有甚者，将病人视作唐僧肉，不是从病情出发，而是多开贵重药品，动辄作“CT”、上“核磁”，徒增患者负担，为小团体牟利。另有报道指出：在教育界，也有一些学校出现少数教师借补课、家访、排座位、安排班干部等事务，公然收取好处的现象。某市一中学给学生家长每人寄了一封信，在信上学校划定了20本名著，要学生到“指定书店”购买。很多家长认为，学校给指定的书店打广告，个中原委令人生疑。还有个别领导干部忽视自身的道德建设。出了事故，主管领导极力隐瞒事实真相者有之；面对群众的质疑，搪塞推诿者有之。还有些干部利欲熏心，玩弄数字游戏虚报功绩，甚至大搞损害民生的“政绩工程”希图换来个人的升迁。

7. 近年来，“讲文明、树新风”志愿服务、关爱空巢老人志愿服务、敬老爱老志愿服务，成为社会主义精神文明的显著标志和重要推动力量。上海世博会上，200余万名社会志愿者参与世博活动的志愿服务；广州亚运会、亚残运会期间，有59万名志愿者投身其中；汶川特大地震发生后，不到一个月时间就有20万人次志愿到灾区帮助抗震救灾；玉树地震、舟曲特大山洪泥石流发生后不到一天，志愿者就成为救援大军中的重要力量。这种来自民间、集中爆发的志愿精神，诠释了民族精神新的时代内涵。

汶川大地震，这场突如其来的灾难，人类无法抗拒，但面对灾难，举国上下凝聚成了撼动人心的精神力量。大地震当夜，成都街头就出现了无数个献血点和医疗站，前来献血的人排队站满整条街；成灌高速路上，数百辆出租车开着应急灯奔赴都江堰灾区，没有人给他们一分钱，更没有任何人有过要求和命令；唐山市组织了医疗队和抢险队从抗震纪念碑启程，赶赴四川灾区。曾经有过同样伤痛的唐山人，在互联网上深情地留言："告诉灾区人民，我们和你们在一起。"唐山人曾被别人感动，在汶川大地震中则感动着别人。唐山某村13名老乡，自发组成了一支救援小分队，赶往四川北川救灾现场，用最直接、最朴实的行动，对"感恩"一词进行完美的诠释。

前不久，一位普通农妇刘女士在骑电动三轮车赶集的归途中，遇到同村76岁的李老太太及其孙女步行回村，遂热心搭载她们坐"顺风车"。不料路上三轮车侧翻，三人均受伤，其中李老太太伤情最重，经抢救无效去世。出于愧疚，刘女士主动提出给予经济赔偿，而李老太太家属四次坚决拒绝。刘女士说："如果不是我好心办坏事，老太太就不会走得这么早。无论花多少钱都必须补偿！"李老太太家属则说："我们不能让好人做了好事，却得不到好报"。

8.2010年2月9日，腊月廿六。在北京做建筑工程的孙先生回到天津，原定与暂住在天津的家人和弟弟聚一天再回武汉，但他查看天气预报了解到，此后几天，天津至武汉沿线的高速公路，部分地区可能因雨雪封路。他决定赶在封路前，赶回武汉，给先期回武汉的民工发放工钱。春节前发放工钱，是他对民工的承诺。当晚，孙先生提取26万元现金，带着妻子和三个儿女出发了。次日凌晨，他驾车驶至南兰高速开封县陇海铁路路桥段时，由于路面结冰，发生重大车祸，20多辆车连环追尾，孙先生一家五口全部遇难。第二天早上，弟弟打电话回家，发现哥哥仍未到家，手机也联系不上。预感不妙的弟弟开车沿途查找，结果在河南兰考县人民医院太平间发现了哥哥及家人的遗体。弟弟撬开撞得扭成一团的轿车后备箱，捆好的26万元现金还在。"我们家这个年是过不成了，但不能让跟着哥哥辛苦一年的工友们也过不好年。"沉浸在伤痛中的弟弟含泪决定，先替哥哥完成遗愿。腊月廿九，两天未合眼、没吃饭的弟弟赶回家中，通知民工上门领钱。因为哥哥离世后，账单多已不在，弟弟让民工们凭着良心领工钱，大家说多少钱，就给多少钱！钱不够，弟弟就贴上了自己的6.6万元和母亲的1万元。就这样，在新年来临之前，60多名民工都如愿领到工钱，弟弟如释重负。孙先生弟弟接受记者采访时说："新年不欠旧年薪，今生不欠来生债”，“包工头也要讲诚信，不能赚昧心钱，这是自己的良心账。”

徐先生是N市某希望小学教师，在婚检时被查出患有严重的肾衰竭及尿毒症。得知病情，他毅然和未婚妻解除婚约，作出一个旁人想象不到的决定——回到讲台前，将自己的余生奉献给教育事业。多年来，他忍受常人无法想象的痛苦，坚持自己在宿舍完成透析，坚守在教师岗位。2008年初大雪封山，他不顾病情严重，一次又一次护送山里的孩子回家；汶川大地震发生后的第二天，他就主动捐出了当月工资寄往灾区；多年来，他一直默默地从微薄的薪金中抽出钱来资助那些需要帮助的孩子，即使在他病情危重时刻也从未间断过。徐先生在日记中写道：“我无法选择自己的命运，但我可以选择对待命运的态度；我无法延伸生命的长度，但我却可以拓展生命的宽度！”

31岁的年轻母亲吴女士有一个她始终都有些不好意思接受的新名字——“最美妈妈”。今年7月2日，某市一住宅小区，2岁女童妞妞从10楼的窗台坠落。在楼下人们惊呼的一刻，吴女士甩掉高跟鞋、伸开双臂向妞妞掉落的位置冲去，在即将落地一刹那，她接住了妞妞。“事情发生在一瞬间，我根本来不及多想。我只知道她是一个孩子，我是一个母亲，孩子是母亲的心头肉，母亲救孩子是天经地义的事！”为了接孩子，吴女士左臂尺桡骨断成了3截，可她的脸上仍挂着明朗的笑。在家人看来，吴女士能这样做“既意外也不意外”。她丈夫说：“她继承了父母的朴实和善良，她今天所做的事情是平时养成的善良之心，关键时刻只是这种善良的习惯性流露。”吴女士所在社区的居民们自发地以系黄丝带和点燃蜡烛的方式为吴女士和妞妞祈福。该省省委书记也于第一时间前往病房探望。美联社等欧美媒体赞扬她“勇敢”、“无私”，是真正的“守护天使”。

9. 今年全国两会期间，温家宝总理在回答网友提问时曾指出，一个国家，如果没有国民素质的提高和道德的力量，绝不可能成为一个真正强大的国家，一个受人尊敬的国家。2010年9月20日，我国正式实施了《公民道德建设实施纲要》；2007年7月，中央文明办、全国总工会、共青团中央、全国妇联共同发起评选表彰全国道德模范活动，三次评选中160多位全国道德模范的名字深深印刻在人们心中。近十年来，我国不断把社会主义核心价值体系融入到国民教育、思想道德建设和群众性精神文明创建活动全过程，充分发挥道德模范的榜样引领作用，在全社会推行知荣辱、讲道德、促和谐的文明风尚，用榜样的力量凝聚起全党全国各族人民团结奋斗的强大精神力量，构建起我们共同的精神家园。

二、作答要求

（一）认真阅读资料，回答以下两道题目。（20分）

1. 给定资料2～6反映了市场经济背景下社会生活中的种种问题，请对这些问题进行概括和归纳。（10分）

要求：准确、全面、有条理，不超过250字。

2. 给定资料8介绍了最近社会上涌现出的先进人物事迹，某单位党委决定编印一期《内部学习资料》宣传他们的事迹，号召本单位全体人员向先进人物学习，请你为这期《内部学习资料》撰写一则"编者按"。（10分）

要求：概括全面准确，揭示各位先进人物的精神实质，200字以内。

（二）给定资料5中提到，某网站曾组织网民进行了一场讨论。请你根据给定资料，反驳"网民A"的观点。（20分）

要求：(1)观点明确，分析透彻，论据真实；(2)语言流畅，层次分明，有说服力；(3)不超过400字。

（三）给定资料1反映的问题需要妥善处理，假定你是市政府职能部门的工作人员，领导安排你处理此事，请你提出解决问题的具体措施。（20分）

要求：条理清楚，所提措施具体，有针对性，不超过400字。

（四）给定资料7中讲述了农妇刘女士和李老太家人之间发生的一段感人故事，请你以这个故事为话题，自拟题目，写一篇文章。（40分）

要求：(1)结合给定资料，并注意联系当前社会实际和自身体会；(2)观点明确，内容充实，层次清楚，语言流畅；(3)总字数800～1000字。

第五章　社交文书

第一节　概　述

一、社交文书的特点和作用

社交文书是人们在工作、生活中，进行文明的社会交往，密切人际关系的重要工具，是用来沟通信息、表达意愿、增进感情的实用性文体。

随着社会生活的发展，人们的交往日益频繁，交际的方式也日益多样。根据一定的工作与生活需要，在不同的场合，针对不同的交往对象，运用适当的社交文字处理各种关系，就成为社会生活的重要内容与必然要求。无论是机关、企事业单位、社会团体或个人，这类社交文字今天都已被广泛地运用。作为文秘人员，善于处理与协调复杂的工作交往、人际交往的关系，是一项很重要的职能，也是自身具有良好素质的表现，应该掌握各种社交文书的写作。

（一）社交文书的主要特点

1. 实用性。社交文书都是为了某种交往的需要而作的，有着明确的写作目的，其内容也大多与某件事、某项活动或个人生活际遇有关，且会产生交往联络的实际效果。迎送宾客、贺喜庆寿、聘请邀约、致谢慰问等等，都需要用社交文书来传情达意，以实现一定的意愿。社交文书正具有这种广泛的实际应用价值。

2. 礼仪性。社交文书是社交活动的产物。社交活动是一种“礼尚往来”的交流，活动者之间具有“双边”关系，这就决定了社交文书具有礼仪性的特点。社交礼仪是长期积淀的民族文化现象，中华民族历来注重礼仪，“来而不往，非礼也”，提倡“彬彬有礼”。社交文书的礼仪性正是社交文明的重要标志。这种礼仪性在称谓、措辞、语气等各方面都有鲜明的表现，在不同场合、对不同对象，讲究“适其宜”，讲究行文得体。

3. 规范性。社交文书大体有较固定的体式。这种体式的规范性虽不像公务文书那样严格，也不像公务文书那样通过正式发文作出规定，但它在长期的社交活动中，约定俗成，已形成了各种社交文书特定的体式。如何称呼，如何开头，如何结尾等等，都大体有定规。学习社交文书写作就必须熟悉有关的体式。

（二）社交文书的主要作用

1. 传递信息。在社交活动中，通过社交文书把活动信息向有关人士、有关方面传递。这种传递，或以寄发信电的方式，或通过传播媒介公开传播的方式，让人们得知有关活动的内容与要求，有关的信息接受者将会作出一定的信息反馈。如开业志喜、恭请赴会、悼亡吊祭，祝贺生日等，发个柬帖或在报上登个广告，都有一定的告知性，使有关人士获知信息并作出反应。

2. 交流感情。人际交往，需要感情的联系沟通，社交文书就是交流感情的文字样式。喜悦的、哀痛的、欢庆的、感谢的，各种各样的感情需要倾吐表达，于是人们通过社交文书架起沟通感情的桥梁。生日收到一封贺信，节日收到一张贺卡，病榻前收到一封慰问信，都会使人得到慰藉，加深相互间的情谊。社交文书这种交谊寄情作用是十分明显的。

3. 协调关系。社交文书可以使人际关系、工作关系更加融洽协调，有助于消除隔膜与误解，有助于社会的和谐发展。工作中的送往迎来、致贺邀聘，生活中的慰问祝福、表扬致谢，都可以增进相互理解，有时一纸社交文书甚至会使前嫌捐弃，收到“相逢一笑泯恩仇”的效果。人们在工作和生活中需要被人尊重，也要尊重别人，社交文书这种协调关系的作用正是在相互尊重的基础上得以充分发挥。

4. 促进文明。社交文书注重礼仪，是精神文明的体现。社交文书大量运用礼貌词语，使人们懂得“得礼为是，失礼为非”，这有助于提高人们交往中的文明程度，也促进人们自觉提高文化修养与精神素质，从而形成全社会以礼相交的良好风气。在交往中，使用“久仰”、“恭候”、“屈尊”、“谨致谢意”、“莅临指教”、“恭请海涵”一类词语，表现了彬彬之风，常能显示出交往者的谦逊文雅、诚挚亲切、宽容大度。社交文书既是礼仪文明的体现，又会促进人们精神境界的提高。

二、社交文书的种类

社交文书按内容、性质来分，主要有以下几类：

(一)庆贺类

用于吉庆祝贺,如祝辞、贺电、贺信、祝酒辞等。

(二)祭吊类

用于悼念缅怀,如悼词、讣告、唁电、祭文等。

(三)邀聘类

用于邀约聘请,如请柬、聘书、邀请信等。

(四)慰谢类

用于慰问致谢,如慰问信、感谢信、表扬信等。

(五)迎送类

用于送往迎来,如欢迎辞、欢送辞、告别辞、答谢辞等。

(六)题赠类

用于留念书赠。如题词、寄语、留言等。

社交文书具体文种很多,本章仅就各类中之常见者择要阐述。

三、社交文书的一般写作要求

社交文书的写作应注意以下几点:

(一)内容要单一具体

社交文书的内容都是单项性的,活动的项目、时间、地点,交往的对象,作者的意愿都必须具体述说清楚,切不可繁杂模糊,使人不得要领或造成信息误传。

(二)态度要诚恳,感情要真挚

人际交往重在真诚。社交文书表情达意贵在真诚,使人感到以心相交,可信可托。讲礼貌而非应付,善辞令而不做作。切忌言不由衷,虚浮矫情。

(三)格式要规范

各种社交文书的结构布局都有一定的基本体式。开头称谓、结尾礼貌用语、落款,不仅要表述准确得当,还要"各就各位",全文布局形式要恰当,行款要合度。有些文种(如请柬、聘书等)还要求布局美观大方。

(四)语言要简明得体

社交文书一般篇幅不长,文字要力求简洁明确。它要交流感情,但又不用细腻的抒情方式;它要陈述交往事项,但又避免精细的叙述;它更不可用抽象的议论性语言来长篇说理。它只要求把有关交往事项与作者意愿精简地表述清楚。同时,在语气上要注意分寸,视不同对象、不同场合而运用适当语言。祝颂而不谀媚吹捧,谦逊而不卑猥自贱。讲究措辞得体合度,是社交文书语言表达的特点和要求。

第二节 庆贺辞

交往对方遇有吉庆之事，用庆贺文表示道喜祝贺。大至国际间的国事庆贺，小至个人的喜庆祝贺，或者单位、团体遇有值得祝贺之事（如祝贺某学会成立十周年、祝贺某刊物创刊五周年、祝贺某校校庆等），就常用庆贺文来表示美好的祝愿。

一、祝辞

祝辞又称贺辞、祝贺辞。它常用于重大节日、重要会议、宴请招待等群体性场合，表示良好的祝愿。其祝贺对象一般具有广泛性，也有一些是向个人祝贺的。如《新年祝辞》、《在××会议上的祝辞》、《××八十诞辰祝寿辞》等。在宴席招待中的祝辞亦称祝酒辞。

祝辞的结构由标题、正文与署名、祝贺日期几部分组成。

标题。用"祝辞"、"贺辞"、"祝酒辞"标明，也可标明祝贺对象或活动名称，公开发表时还可标明祝贺者姓名。如《在国庆招待会上的祝辞》、《阿维兰热致〈新民晚报〉读者的新年祝辞》等。

正文。一般由抬头（称谓）、开头、主体、尾语几部分组成。称谓可以是中性的，如"同志们、朋友们"，也可以加上表示亲密或敬意的修饰语，如"亲爱的×××"，"尊敬的×××"。开头直接写明祝贺之意，常用"致以节日的祝贺"、"表示热烈的祝贺"等语句。主体部分一般写明祝贺因由、祝贺内容、祝贺意义等方面。尾语写希望或祈福求吉之类习惯性祝愿语，如"祝各位在新的一年里取得新的成就"、"祝节日快乐"、"祝万事如意"等。落款署上祝贺者姓名与日期。

【例文5-1】

阿维兰热致《新民晚报》读者的新年祝辞

亲爱的读者们：

《新民晚报》是世界上发行量最大和最有权威性的报纸之一。当中国的新年来临之际，我荣幸地借此机会向读者们转达国际足球联合会的祝贺。

作为一个世界性组织，国际足联对所有国家在我们这项伟大运动中所取得的进步都非常感兴趣，对于中国在这方面的发展我们则特别予以关注。

去年，中国参加了在香港举行的国际足联室内世界足球锦标赛，中国队在德国教练克劳斯·施拉普纳执教不久便进入了在日本进行的亚洲杯赛的半决赛，今年，我们期待着8月在日本欢迎中国队参加国际足联17岁以下的世界锦标赛。

从瑞士苏黎世的国际足联总部，我们祝愿每个人有一个快乐和祥和的春节。

阿维兰热（签名）

二、贺信

贺信与祝辞一样，都具有祝贺性，是逢喜庆之时交流感情、密切关系的重要文字形式。但亦稍有不同，祝辞更多地适用于集聚场合，祝贺对象也更加广泛；贺信则既用于群体之间的交往或个人对群体的祝贺，亦有很多用于个人对个人的祝贺。贺信必须形成书面文字，祝辞则不一定。有些祝辞事先拟就，临场宣读；有些祝辞则是即席发挥，不一定先有文字稿，例如江泽民同志1993年1月23日在春节团拜会上的祝辞就是如此，一些机关、单位的领导人在某些聚会上的即兴祝辞也是如此，而贺信则都以书信形式发出或直接送达。

贺信的结构格式与祝辞基本相同，内容也大体包含祝贺之情、祝贺之由、祝贺的意义，有些还表示互相勉励之意。贺信的尾语除了“祝你健康”之类以外，在群体交往中，为表示郑重或敬意，亦常用“此致敬礼”之类字样。

近些年流行的用贺卡、明信片、手机短信表示祝贺之情，是贺信的新形式。它们一般极简短，甚至无正文，仅由祝贺对象、祝福语、祝贺者和日期构成，分行书写。如：亲爱的爸爸、妈妈/祝你们新年快乐/小玲××年春节。还有的在贺卡、明信片或手机短信上题诗或寄语，针对祝贺对象的某些特点以志庆贺。

贺信与祝辞都必须言辞恳切，感情充沛，使人感到温暖亲切，激励振奋。文字应该明快简练。

第三节　祭吊辞

祭吊亡人是我国的民俗，我国古代常为亡人立碑志哀、作文纪念，留下了许多情长辞切的祭吊文，诔辞、祭文、墓志铭等就是这一类文章。现代祭吊文继承了这种民俗传统，或用来告白噩耗，或用来记述死者的生平事迹，表彰其精神品德，或对死者作出评价。不论具体内容如何变化，表达哀悼缅怀之情则是所有祭吊文的共性。

一、悼词

悼词有广义、狭义之分。广义的悼词是指一切怀念死者的悼念性文章，包括那些对死者生前言行的追思回忆，写作时间不受限制，有的在死者忌辰时作，有的甚至可在死者亡故几年几十年后有感而作。有些悼词并不记述死者事迹，而是有感之作，直抒情怀，如周恩来为皖南事变死国难者志哀："千古奇冤，江南一叶，同室操戈，相煎何急！"就是别具一格的悼词。狭义的悼词是指在追悼会上祭读的对死者表示哀悼的文字。这类悼词一般包括三方面内容：一是简述死者概况，如姓名、籍贯、死因、终年，如："×××，浙江杭州人。1994年12月2日因公殉职，终年52岁。"也有的在开头对死者一生作出总评价，如"她是我党的优秀党员"、"他为人民利益无私地奉献了一生"、"他是爱国主义、共产主义的伟大战士"等。二是追述死者的主要经历、任职及重要事迹与良好的思想品德。这部分是悼词的主体，占主要篇幅。三是表示追悼者的哀思及学习死者好品德、继承遗志、化悲痛为力量的心志。尾部常用"×××，安息吧"或"×××永垂不朽"作结束语。

悼词写作既要有真情实意，又要内容属实。尤其是主体部分，对死者的生平事迹，一般持称颂态度，主要述其成绩与贡献，赞颂其美德。对其一般的缺点错误，通常避而不提；对其犯过的重大错误，一般用较婉转、较笼统的词语点到为止。这是因为人既亡故，大谈其缺点错误，常人于心不忍，又刺激死者亲属。因此，悼词写作中如何做到不虚美隐恶，是一个关键的问题。作者应该实事求是，在带感情的笔墨中掌握分寸，评价客观公正，述事准确属实，用语恰如其分，注意词语的轻重程度与感情色彩的倾向性。如"病故"与"逝世"，"伟大的贡献"与"一定的贡献"，"是我党的重大损失"与"是我党的一大损失"等等词语，其感情色彩或轻重程度都有所区别。

在追悼会上祭读的悼词，已逐渐形成开头、主体、结尾三部分组成的相对稳定的格式。不是为追悼会祭读而作的广义悼词，结构形式、表现手法、内容构成都更加灵活多样。报刊上发表的许多缅怀追思的文章，对死者或追记其二、三事，或述其某方面特征，或回忆其与作者的情谊等等，内容不拘，不过有一点是共同的，即以称颂为主，寄托哀思。如古人所说："兼赞言行，以寓哀伤之意。"（徐师曾《文体明辨》）这类广义悼词，在表达上，也更自由活泼，或以散文笔调，撷取细事，刻画入神；或以抒怀为主，深沉悲歌，以情动人。自唐代韩愈的《祭十二郎文》、宋代欧阳修的《泷冈阡表》，到明代归有光的《项脊轩志》、《寒花葬志》、清代袁枚的《祭妹文》，这类灵活而传情的怀念死者的悼文，已形成了独特的写作传统。

也有些在追悼会上祭读的悼词，并不追述死者的生平经历与事迹，而是重在述情见志。

【例文 5-2】

周恩来悼李公朴、闻一多词

（1946 年 10 月 4 日）

今天，在此追悼李公朴、闻一多两先生，时局极端险恶，人心异常悲愤。但此时此地，有何话可说？我谨以最虔诚的信念，向殉道者默逝：心不死，志不绝，和平可期，民主有望，杀人者终必覆灭。

全文仅 70 多字，而感情深沉，悲愤交加，是对国民党反动派特务暗杀李、闻两先生的痛斥，也指明了两先生的死将会唤起民众，后继者为和平民主而奋斗必将实现死者的遗愿。可见现代悼词的写法在“大体须有”的同时，也并非都要强求符合不变的定格。

二、讣告

讣告是向死者的亲朋好友或有关单位报丧的告白。又称讣文、讣闻。

讣告一般由死者亲属、或死者所在单位、或治丧委员会拟发。

党和国家领导人或某些知名人士去世，有的不用“讣告”二字，而用“告全国人民书”、“公告”、“宣告”的字样，或用消息形式发布。这种向全国甚至向世界发布的“公告”式的讣告，比一般讣告更加庄严，发布者也常以中央或治丧委员会的名义，如《中共中央、全国人大常委会、国务院、全国政协、中央军委沉痛宣告陈云同志在北京逝世》。宋庆龄同志逝世，也是以中共中央、全国人大常委会、国务院公告的形式发布的。

讣告的内容一般包括：死者的死因、死亡时间、年龄，死者或其亲属关于丧仪的遗愿和意向，殡葬的时间和方式，告知有关参加殡仪的事项（如送花圈挽幛的联系处），以“特此泣告”、“谨此讣闻”之类字句作结语，落款署上告白者姓名或单位名称。

【例文 5-3】

鲁迅先生治丧委员会讣告

鲁迅(周树人)先生于 1936 年 10 月 19 日上午 5 时 25 分病卒于上海寓所,享年 56 岁。即日移置万国殡仪馆,由 20 日上午 10 时至下午 5 时为各界瞻仰遗容的时间。依先生的遗言:"不得为丧事收受任何人的一文钱",除祭奠和表示哀悼的挽词、花圈以外,谢绝一切金钱上的赠送。谨此讣闻。

鲁迅先生治丧委员会

党和国家领导人逝世的讣告若用"宣告"、"公告"的形式来发布,写法更接近悼词,篇幅也较长,也不一定写殡仪时间与参加殡仪的注意事项,而更着重于对逝者业绩的称颂与评价,也多以"永垂不朽"作结语。

【例文 5-4】

中共中央、全国人大常委会、国务院、全国政协
中央军委沉痛宣告
陈云同志在北京逝世

中共中央、全国人大常委会、国务院、全国政协、中央军委讣告

中国共产党中央委员会、中华人民共和国全国人民代表大会常务委员会、中华人民共和国国务院、中国人民政治协商会议全国委员会、中央军事委员会沉痛宣告:伟大的无产阶级革命家、政治家,杰出的马克思主义者,中国社会主义经济建设的开创者和奠基人之一,党和国家久经考验的卓越领导人陈云同志,因病于 1995 年 4 月 10 日 14 时 04 分在北京逝世,享年 90 岁。

陈云同志的一生,是为中国各族人民彻底解放、为在中国建设社会主义社会而顽强奋斗的光辉的一生。

……

陈云同志在七十余年的革命生涯中,对共产主义崇高理想和伟大事业坚贞不渝,对党对人民无限忠诚,堪称楷模。他始终坚持并善于把马克思主义基本原理同中国具体实际相结合,创造性地领导革命斗争、经济建设和党的建设,表现了无产阶级革命家的远见卓识和杰出的领导才能。他的思想和观点,集中表现在他的三卷文选中。他的著作是他留给党和人民的宝贵的精神财富。他具有坚强的无产阶级党性,一贯顾全大局,坚持原则,维护团结,遵守纪

律，光明磊落，谦虚谨慎。他始终坚持实事求是的原则和严谨的科学态度，善于倾听不同意见，具有注重实践、亲自动手、踏实细致、多谋善断的工作作风。他联系群众，关心群众，尊重群众的创造。他爱护干部，珍惜人才，尊重知识。他艰苦朴素，克己奉公。他在国内外享有崇高的威望，深得全党、全军和全国各族人民的尊敬和爱戴。

陈云同志的逝世是党和国家的巨大损失。我们深切悼念他，要化悲痛为力量，认真学习他的崇高革命精神和优良品德，紧密团结在以江泽民同志为核心的党中央周围，坚持以邓小平同志建设有中国特色社会主义理论和党的基本路线为指导，坚定不移地贯彻执行党的各项方针政策，为实现中华民族的振兴和中国的社会主义现代化而努力奋斗！

陈云同志永垂不朽！

（据新华社北京1995年4月10日消息节录）

这种写法与一般人去世由亲属发布的讣告稍有不同，一般讣告重在告知丧讯，篇幅也简短得多。这篇讣告用很长篇幅具体追述了陈云同志“光辉的一生”（本文引录时作了删节），并对陈云同志的光辉业绩和崇高的革命精神及优良品德作了高度的评价。这种写法把讣告与悼词结成一体，在告白的同时，更注重追述与评价。

第四节　邀聘辞

为了更好地开展工作或进行某些活动，邀请或聘请有关人员参与，就用邀聘文书。用邀聘文一是出于礼仪需要，表示对被邀聘者的尊重与敬意；二是出于工作活动的实际需要，表示正式、郑重，比口头邀聘更具有确定性。

一、聘书

聘书又称聘任书、聘请书。大体有两类：一是用来聘请担任某种职务的，如任职聘书；二是用来聘请参加某项活动的，如聘请某人担任某次演讲比赛评委。一般说来，前者聘用时间较长，后者则是短期的或临时的聘请。受聘者一般具有某种专长，或在某方面具有一定声望，或能胜任某种专业工作。

运用聘书，可以促进人才交流，明确工作职责，提高工作、活动的质量。被聘者可以是本单位人员，也可以是外单位的，这对于信息沟通，促进单位之间的协作亦有一定的作用。

聘书的内容与结构格式大致如下：

1. 标题。写“聘书”或“聘请书”。聘请从事某项临时活动的，这两种写法都可以通用；如果聘请较长期任职的，一般写“聘书”或“聘任书”，而不写“聘请书”。单位内部发的正式任职聘书，还要在标题下写明单位名称与发文字号，如“浙大(99)聘字第0263号”。

2. 称谓。写明被聘人姓名称谓。如“×××先生”、“×××同志”、“×××教授”等。称谓可同书信体写法，开头顶格写；亦可以不单独写一行，而在正文开头写明，如“兹聘任×××先生……”。

3. 正文。包括聘请因由、被聘人担任何种工作、任职职责、任用期限，有的还写明酬金。这些方面视工作活动内容而有所取舍，不一定每项都要具备。但要被聘者去做什么这一项是基本内容，必须写明。

4. 敬语。表示敬意的结语。如“此聘”、“此致、敬礼”等。有的任职聘书，可写“特授予此证”。

5. 落款。写发聘者的单位或领导人的职务、姓名，署上日期，加盖公章。

【例文5-5】

聘　书

×××先生：

兹聘请您为市商业局首届青年技术操作竞赛评委。

此聘

××市商业局(公章)

××年×月×日

【例文5-6】

××大学聘书

××大学(2012)聘字第×号

兹聘任×××同志为教授，任期从××年×月至××年×月。

校长×××

××年×月×日

【例文 5-7】

聘请书

×××同志：

我厂正在研制－种××新产品，有些技术问题尚未解决。您是我市化工食品专家，特聘请您为我厂技术攻关顾问，聘期暂定6个月，月薪为××元。

此聘

××食品总厂(公章)

××年×月×日

聘书写作应该内容明确、单一，符合格式，语言精要，款式大方美观。亦可制成柬帖式，在封面写“聘书”字样。

二、请柬

请柬，又称请帖，用于邀请客人参加有关的会议、晚会、典礼、仪式或各种喜庆、纪念活动。一般用套红制成帖子形式，故又称柬帖。客人答邀，称回帖。用请柬以示隆重，并对客人表示尊敬。

请柬的内容与格式大体如下：

1. 封面。一般红底烫金字，写“请柬”二字，还可饰以花纹图案，力求美观庄重。

2. 称谓。抬头顶格写被邀请的单位或个人名称。也有的不写抬头，而把称谓写在正文之后，用“此致/×××先生”字样。

3. 正文。写明有关活动的内容及时间、地点等。

4. 尾语。多写期盼性敬语，如“敬请光临”、“届时恭请光临”、“敬请莅临指导”等。不宜写“希准时出席”等强制性要求词语。

5. 落款。写上邀请者名字或单位名称，署上日期。单位主邀的，加盖公章。

请柬应注意使用于较庄重的场合，不宜滥发；写作中应注意措辞典雅得体，内容表述准确清楚，格式规范。

【例文 5-8】

请　柬

×××先生：

××公司定于××年×月×日在××大厦举办贸易洽谈会，敬请光临。

××××公司(章)

××年×月×日

【例文 5-9】

请　柬

为庆贺家父八十诞辰，定于×月×日在××酒楼设宴祝寿，届时恭候光临。

此致

×××先生

×××

×月×日

三、邀请书

较之请柬，邀请书在一般性活动场合也可适用，邀请对象也更广泛。邀请书也不必制成柬帖形式，一般用打印文字以信函形式发出。

邀请书的内容构成和结构格式与请柬大致相同。

【例文 5-10】

邀请书

×××先生：

××××学会于××××年×月×日在××市××宾馆举行第三届学术年会，届时恭请光临指导。

顺致

敬礼

××××学会(章)

××年×月×日

第五节 慰谢辞

凡是用来慰问、感谢、表扬的都属于慰谢一类文章。它们一般都用书信体形式来表现，也有的用电文形式来传递。这类信电能起到安慰鼓励、振奋精神、团结共进的作用。

一、慰问信

(一)慰问信的分类与使用范围

从内容看，主要有三类：

1. 节日慰问。逢传统节日向有关人员表示问候、祝愿。

2. 灾难慰问。向在自然灾害中遇到重大损失的地区和群众表示安慰与激励；向个人遇到不幸(如患重病或家属亡故等)表示同情与安抚。

3. 业绩慰问。向为国家与集体付出辛劳、作出贡献、获得成就的单位与个人表示慰劳与祝贺。

慰问信有的由个人写给个人，有的在单位、团体之间互致慰问，也有的是上级对下级及其所属人员的慰问。一般不用于上行，下级机关团体对上级机关团体，个人对上级机关团体，一般不宜用慰问信。

(二)慰问信的特点

慰问信具有问候性与鼓励性的特点。它使人感到亲切、温暖，精神上得到慰藉，并催人奋发，激励斗志。因此，慰问信写作特别要有真情真意，乐人所乐，急人所急，有同甘共苦之心，这样才会使受慰问者感到亲切。

(三)慰问信的内容和结构格式

1. 标题。写“慰问信”，或“×××致×××的慰问信”，如《中共中央、国务院致陕西灾区人民的慰问电》、《云南省人民政府致云南前线三军慰问信》等。此类机关名称、慰问对象、信件名称三者齐全的标题，一般用于集体慰问，涉及事项也较重大，个人之间的慰问一般不用此全称标题。

2. 称谓。写被慰问的单位或个人的名称。如“××遭受水灾地区的广大干部、群众、人民解放军指战员”、“×××同志”等。

3. 正文。包括开头、主体、结尾几部分。开头，说明致信缘由及有关背景，并表示慰问之意。如：“值此新春佳节之际，你们仍坚守生产岗位，忘我劳动，特向你们致以节日的亲切问候！”主体部分概述有关事实，如对被慰问者的事迹、贡献、思想品德等进行简要述说与赞扬，对受灾受难者表示关怀与鼓励，对他们战胜困难的气概与精神表示赞赏，或表示向他们学习。这部分尤须注意针对不同的对象，有的放矢，有感而发，要写得殷切而实在，切忌说些概念化的套话。结尾表示决心或祝愿，或再次表示深切慰问之情，或鼓舞受慰问者奋然前行。如“相信你们一定能尽快恢复生产，重建家园，夺取抗震救灾斗争的更大胜利！”“祝愿您和您的家人生活更加美好！”“再一次向你们致以亲切的慰问与衷心的感谢！”等等。

【例文 5-11】

致邹韬奋夫人沈粹缜的慰问信

粹缜先生：

在抗战胜利的欢呼声中，想起毕生为民族的自由解放而奋斗的韬奋先生已经不能和我们同享欢喜，我们不能不感到无限的痛苦。您所感到的痛苦自然是更加深切的了。我们知道，韬奋先生生前尽瘁国事，不治生产，由于您的协助和鼓励，才使他能够无所顾虑地为他的事业而努力。现在，他一生的光辉的努力已经开始获得报偿了。在他的笔底，培育了中国人民的觉醒和团结，促成了现在中国人民的胜利。中国人民一定要继续努力，为实现韬奋先生全心向往的和平、团结、民主的新中国而奋斗不懈。韬奋先生的功业在中国人民心目中永垂不朽，他的名字将永远是引导中国人民前进的旗帜。想到这些，您，最亲切地了解韬奋先生的人，一定也会在苦痛中感到安慰的吧！您的孩子在延安过得很好，他的品格和勤学，都使他能无负于他的父亲，这也一定是可以使您欣慰的事吧！谨向您致衷心的慰问，并祝您和您的孩子们健康！

周恩来启

（民国）卅四年九月十二日

这封信高度赞扬与评价了邹韬奋为中国人民革命事业所作出的贡献，以人民的胜利与未来的前景来慰藉韬奋夫人，把国家大事与个人感情融为一体，写来真切深沉，饱含关怀之情，又有激励奋发的力量。

二、感谢信

感谢信是向关怀、支持、帮助过自己的单位或个人表示感谢的专用书信。

谢者与被谢者以往有某些联系交往，谢者因受到某种惠益或精神上的安慰鼓励，而向对方致以感激之情，所以感谢信一般也具有表扬的意义。

单位与单位之间、单位与个人之间、个人与个人之间，只要一方得到对方的支持帮助，都可用感谢信向对方致谢。

感谢信既可直接寄给被谢者，也可以公开张贴于被谢者的单位，有的还可以登报或电视广播宣传。

感谢信的内容与格式大致如下：

（一）标题

写“感谢信”或“致×××的感谢信”。

（二）抬头

顶格写被谢者名称，如“××厂工会”、“××同志”等。

（三）正文

主要包括以下几方面内容：说明感谢原因，即简述被谢者的有关事迹（如救人、拾金不昧等）；表示感谢之情，一般在第一段即有“表示衷心的感谢”、“致以深深的谢意”之类的谢语；赞颂与评价对方的思想品质、精神风貌，显示对方行为的积极的社会意义；表达要向对方学习的态度或决心。

（四）结尾

写表示感激的敬语，如“此致/敬礼”、“致以崇高的敬礼”等。

（五）落款

写感谢者名称，署上日期。

感谢信的写作要求是：述说对方的事迹要真实准确，时间、地点、人物、经过情况等要交代清楚；赞扬与评价要恰如其分，不可滥用溢美之词；感情要真挚，态度要诚恳，说的是肺腑之言，表的是感激之情，不可装腔作势，矫饰弄巧；语言要精简恰当，述事迹求平实，而不作形象描画；发真情而见于事中，而不是空号干呼；评意义切中要旨，而不作长篇大论。

【例文 5-12】

××小学：

我于 5 月 3 日在 26 路车站附近不慎丢失内装价值六千元的现金、支票、首饰的皮包一只，被贵校三(1)班同学张玲、李中光、叶辉拾到。他们三人在车站边等了一个多小时，当我回来寻找时，他们就主动送还皮包，而且坚决不收我的 500 元酬谢金。在此我向他们表示由衷的感谢！

他们这种拾金不昧的好思想好品德是贵校老师辛勤教导的结果，是雷锋精神的体现，值得发扬光大，也值得我学习。在感谢之余，我祝愿他们健康地成长，天天向上！

此致

最诚挚的敬礼！

×××

5月4日

三、表扬信

表扬信是对个人或单位的优秀事迹、优良作风、高尚精神等进行表彰的信件。一般寄到被表扬者单位或在该单位张贴。

与感谢信稍有不同的是，表扬信的作者不一定都是当事人，任何第三者看到有人为他人做了好事，都可写信给做好事者所在单位或报社、电台进行表扬。而感谢信的作者则都是受惠当事人或当事人亲属。

表扬信的内容和结构格式与感谢信大致相同。许多表扬信都含表示感谢的意思，尤其是受惠当事人写的大都如此。第三者写的表扬信，虽不一定直接表达谢忱，但赞扬被表扬者，亦间接地含有感谢他为人民做了好事的用意。

表扬信写作应该做到事实具体清楚，见人、见事、见精神品质；感情倾向要鲜明，赞扬程度要恰如其分。

【例文5-13】

编辑同志：

我上班经常路过××巷口，看到几位大妈冒着酷暑为行人免费供应茶水。她们是××居民区的几位退休工人，自愿组织起来义务供茶。一个多月来她们从不间断，博得周围群众和过往行人的一致称赞。她们这种全心全意为人民服务的精神值得表扬。

×××

8月5日

这种投书报社的表扬信可以不写标题，也可以写个如一般文章的题目，如《平凡中见高尚》之类。张贴的表扬信则必须写上“表扬”或“表扬信”作题目。

第六节 迎送辞

迎送辞是表示欢迎、欢送或答谢的文辞。它们都用于具有宾主关系的交往场合，且大多是在一定的仪式上（如宾至、宾归的迎送会、招待宴）当众演说的辞稿。宾至时用欢迎词，宾归用欢送词，客人对主人的盛情接待表示感谢，用答谢词。

迎送词的主要特点是：

一是态度热情友好。宾主之间真诚相交，尊敬对方。无论迎送或答谢，都是真挚感情的表露，以示友好往来，切忌伤害对方。

二是语言文雅大方。迎送文注重礼仪，措辞典雅，具有文明风度，不卑不亢，落落大方。避免使用鄙俗、浮滑、讥刺、强制性的词语。国际间的送往迎来，还有必要使用一些适当的外交辞令，体现出原则的坚定性与表达的委婉灵活性的结合。"情俗信，辞欲巧"，真诚的态度和真挚的感情通过高雅得体的语言表达出来，正是迎送、答谢辞的一个鲜明特色。

三是内容精要，篇幅简短。迎送文重在表示交往的态度，说些表示欢迎、欢送或感谢的话，一般不涉及一些具体的业务性、技术性枝节，即使涉及一些活动内容，也多用简要的语言来概括交往的主题。而且迎送、答谢辞大都在集会仪式或招待宴席上当众演说，有时候听众还是站着听的，所以更不能写得太长。

迎送、答谢辞可以用于国际间交往，也可以用于单位之间的交往，商务活动交往。

一、欢迎词、欢送词

宾客刚刚来访，东道主为他举行集会仪式或接风洗尘，向他表示欢迎，致欢迎词。宾客访问结束，将离开时，为他送行，东道主在集会或宴会上就致欢送词。

欢迎词、欢送词的内容主要是表达相互合作关系，彼此交往情谊，对宾客为我方的事业发展或为双方友谊的增进所作的努力与贡献，表示赞赏，作出评价，并向他表示诚挚友好的祝愿。语言要富有感情，视不同对象选用适当的词句传情达意，既尊重对方，又不失亲切之感。致词者是东道主，应表现出通情达理、热情友好的气度。

欢迎词、欢送词的基本结构包括标题与正文两部分。

（一）标题

写"欢迎词"、"欢送词"。正式发表的，标题亦可由致词人姓名、迎送会名称、加上"讲话"三部分组成。如《×××在欢迎×××的招待会上的讲话》。不论何种标题，致词人在讲话时都是不念的。

（二）正文

由开头、主体、结语组成。开头写称谓，以泛称全体参加迎送会者为常见，如"同志们、朋友们"、"先生们、女士们"。也可以尊称被迎送者与泛称与会者相结合，如"尊敬的×××先生，朋友们、同志们"，此种写法要先称被迎送者。若迎送外国贵宾，在迎送者姓名后还可加上"阁下"、"殿下"、"夫人"等尊称。称谓不可以在"各位"后面再加"们"字，如"各位先生、女士们"，是不合语法的。主体部分，是致词的中心内容，表示欢欣热烈迎送的情意，表述宾客来访的意义、作用或相互合作的成果，表述对友好交往的珍惜重视之意。结语表示感谢或祝愿，如"再一次表示热烈欢迎"、"向×××再一次表示诚挚的感谢"、"祝×××身体健康、旅途愉快"之类。结语的祝愿或谢语一般以宾客为致达对象，亦有连及全体与会者的，如"让我们为共同事业的发展干杯！""谢谢大家"、"祝诸位生活愉快"等。在演说结束后，致词者一般不念落款署名；只在公开发表时，在题下或落款处署上致词者名称与日期。

【例文 5-14】

欢迎词

同志们，朋友们：

今天我们能在这里欢迎我们尊贵的客人米勒先生和夫人，感到非常高兴。米勒先生和夫人是我们的老朋友，对我国人民怀有深厚的感情，对我国的建设事业作出了巨大的贡献。他们的到来，意味着我们的合作事业进入了一个新的阶段。在此，我们对二位的到来表示热烈的欢迎。

我们过去有过良好的合作基础，我相信，我们将愉快地进行新的合作。祝愿先生和夫人在访问中生活愉快！请为二位贵宾的到来干杯！

【例文 5-15】

欢送词

朋友们，同志们：

米勒先生与夫人，在我国调查访问了一个月就要离开我们了。他们虽然离开了这里，身影却会留在车间里，脚印却会留在我们这块美丽的国土上，他的热情友好，给我们留下了许多美好的回忆。我们衷心希望米勒先生和他的夫人今后像回自己故乡一样，常来这里作客。祝他们旅途愉快，一路平安！谢谢！

二、答谢词

答谢词有两类，一类是在交往活动开始时，在主人致欢迎词之后，对主人的热情欢迎表示答谢；另一类是在交往活动结束后，客人对主人的盛情接待与安排表示礼谢，具有辞别性。后一类有的是客人临行前在一定的仪式上（如告别会、告别宴）发表的讲话，有的是客人在离开主人后的归途中发的致谢电。

答谢词的内容包括：对所受到的礼遇、对主人在一些方面的积极合作表示感谢，对交往活动结果表示满意与赞赏。告别答谢辞还有其不同于欢迎词、欢送词的特色，那就是表示一种辞行惜别之情，可以具有更浓的抒情个性，表达作客的心情。

答谢词的结构与欢迎词、欢送词大体相同。

【例文 5-16】

答谢词

朋友们，先生们，女士们：

我们就要离开你们美丽的国土和你们诚挚而多情的人民。在短短的一个月中，我们获得了许多宝贵的东西，其中最重要是友情。我们将带着你们的喜悦和胜利，欢乐和友情，回到我的家乡去。在临行之前，我们纵有千言万语，也难表达我们心中的不尽之意，我们只能将它化为两个字：谢谢！

米勒

这篇答谢词几乎不写什么实际活动内容，而是以情为重，话虽不多，但友好之情、感谢之意溢于言表。

第七节　题赠辞

社交活动中，常用一些片断性的留言寄语书赠对方，表示留作纪念或互相勉励，就属于题赠一类的文辞。

题赠类文辞应用十分广泛。参观一个单位、一项工程，在留言簿上题写感受；营业开张，为之题书一些吉祥发达的话，表示庆贺；创办报刊，为之题书有关办报的方针原则；友人分别，相互寄语勉励；事业有成，为之祝颂褒奖等等，都是题赠文有很强的实用性的表现。

题赠文的主要特点：一是简短，大多取片言断句；二是切中，题赠内容恰如其分地概括出被题赠者主要方面的个性特征（如工作性质、精神境界、成就标志、未来追求等）；三是灵活，可以即席赠言，也可以过后寄语；可用诗句，可用对联，也可以用散文式短篇或格言警句式短语；可以抒发情怀，表达意愿，也可以因事生议，包容哲理。

题赠文种类很多，下面述介主要的几种。

一、题辞

（一）题辞的分类

题辞就其内容特点来看，主要有以下几类：

1. 劝勉类。勉励对方或互相勉励劝谕。这类题赠大多揭示工作性质、工作原则和目标，发扬某种崇高精神和某种优良作风，或面向未来，表达愿望，揭示人生哲理，有催人奋发、不懈追求的作用。如为报纸题书"以正确的舆论引导人"，为医务人员题书"救死扶伤，发扬人道主义精神"，为毕业分配的同学题书"青春的脚步走向祖国灿烂的前程"等等。

2. 祝贺类。单位或个人遇有喜庆之事，以题辞为贺礼，或在贺礼物品上附书题辞。如乔迁之喜，送一副祝贺对联，为大桥竣工，题书"激流勇进，天堑通途"，为一项工艺革新成果获奖，题书"科技之花"等等。

3. 褒扬类。为某方面取得成就或建树业绩的单位或个人题书赞扬或褒奖，含有奖励与感谢之意。如病人家属给医生送去一面锦旗，题书"华佗再世，妙手回春"，给人民教师题书"桃李满天下"等等。

（二）题辞的写作要求

1. 要有针对性。内容要显示对方的主导方面的特点。如职业特点、事迹特点、性格气质特点等等，视不同对象而有的放矢。

2. 力求新颖独创。这是题辞写作的较高要求。一般性的套话俯拾皆是，容易写出，但司空见惯，新意不多，缺少吸引力。因此，题辞要有新颖的构思、独特的角度、精彩的表达、深长的含意，力求精到独创。

3. 语言贴切灵活。题辞语言要切合事实、切合相互关系与身份，切合品评尺度，要做到“适其宜”。同时，可以适当表达交谊友情。词句可以自出胸臆，也可以取材于典籍，或化用前人之句，翻出新意。不过用典不能太冷僻艰涩，应力求平中见新，切实而有味。如大厦落成，题书“欲穷千里目，更上一层楼”；题赠默默奉献者，书写“桃李无言，下自成蹊”；激励为实现理想而奋斗者，题赠“不到长城非好汉”等，都是借用既有诗文来表意，贴切而不粗俗。若再变化一下，用“无言更上一层楼，必到长城写春秋”，赠送给默默的奋发进取者，就有综合上述三句词意而又有加以点化的新意了。所以，提高自身的文化素养有助于增强题辞语言的灵活多姿。

二、寄语

寄语一般用于友人之间的交往，表达对友人的关切、怀念、祝愿与希望。它大多表现为临别赠言或别后寄赠。同事调动、同学毕业、别后思念、两地互勉，都常通过寄语来表达友情。

寄语多种多样，从时间上看，有当场赠别、新年寄语、节日寄语、临机书赠等。书赠方式也不拘一格，或即兴题签，或信函送达，近年来则流行用贺卡赠言。文字形式可用名言警句，可用诗词歌语，也可用散文化短章。

不论取何种形式与方式，寄语的写作都要言必由衷，真切深挚，行文精粹，力求深隽。

寄语结构单纯，由寄语对象、寄语内容、寄语者三部分组成。如：“××同学/我的祝福/随着春风吹到万里长城/你的青春/正融入荒原绿荫/×××，龙年春节/。”有的也可在正文结束加上祝福语，如“祝生活幸福”、“祝鹏程万里”等。

个人寄语具有双方往来性。收到他人寄语，应在适当时候有回复赠寄，否则是有失礼仪的。

三、楹联

俗称对联。对联并不都具有社交性，如自题居室，历史古迹题联，作为商品销售的印制对联，旅游中自兴咏叹而作联等，不一定都有双边交往性质。但社交活动中确也常用对联来表达祝颂、纪念、叮咛、祭悼、勉励之意的，具有很强的实用意义。它张贴于一定的场所，亦有使环境显得雅致的美学价值。

下面略述对联的一般写作常识。

对联由上下两句构成，上句叫上联、出句，下句叫下联、对句。对联字数不限，短则几个字、十多字，长则数百字。字数较多、每句又包含几个分句的，称长联。例如："树欲宁而风不静，子欲养而亲不待，奉母百年岂足？哀哉数朝卧病，何意撒手竟长逝？只享春秋六二/爱我国矣志未酬，育我身矣恩未报，愧儿七尺微躯，幸也他日流芳，应是慈容无再见，难寻琼岛三千。"（秋瑾挽母联）

不论字数多少，上下两联必须对偶，相当于律诗中间两联的写法，这是对联写作的基本原则。对偶的要求，包括以下几方面：上下句字数相同；上下句对应位置词性对应，名词对名词，动词对动词，虚词对虚词，联绵词对联绵词等，但是上下句相同部位不可同字重复。例如："青山有幸埋忠骨，白铁无辜铸佞臣"（杭州岳庙联），"青山"对"白铁"，"有幸"对"无辜"，"埋"对"铸"，"忠骨"对"佞臣"，词性对偶十分工切。更严格的对偶还要求上下句各对应位置声调相对，即讲究平仄规律。如七字句联，如果上句第二字、第六字用平（仄）声字，下句第二字、第六字则用仄（平）声字，上述岳庙联上句的"山""忠"为平声字；下句的"铁""佞"为仄声字，就是如此。一般地说，上联末字多用仄声字，下联末字多用平声字。对联愈长，一般也愈不受平仄束缚，短联（如七字联、五字联）的平仄限制较严格一些。此外，对偶还应注意音节长短的和谐协调，读来富有节奏感，不致拗口。

对联是智慧的闪光，可以说是机智的艺术。它既要雅俗共赏，又要耐人寻味，工整自然。旧时上海有出一上联"三星白兰地"者，求征下联，经久无有佳对，有一人对以"六月黄梅天"，似乎有些土气，如信手拈来不费精力，却是自然贴切的佳对。要使对联有艺术光彩，能发人深省，给人回味，除了内容切合题咏对象的内涵这一基本点以外，还需运用一些表现手段和技巧，诸如：正对（"全家福"对"满堂春"；"乾坤大"对"日月长"等）、反对（"岁寒"对"春暖"，"有心"对"无意"等）、叠字（如"云朝朝朝朝朝朝朝散，潮长长长长长长长消"，即利用一字有两种读音和两种含义，组成叠字对）、回文（如"居然天上客，客上天然居"）、谐音（如"画上荷花和尚画、书临汉帖翰林书"，既是谐音——"荷"与"和"，"上"与"尚"，"汉"与"翰"，"临"与"林"，又是回文，顺读倒读均同音）。这些手法或技巧在对联中运用，常会增强艺术趣味，给人以审美享受。因此，对联写作讲究构思工巧，匠心独运，切合对象特征，造句遣词准确而新颖，如妙语连珠，语短而味长意丰。一副挽孔繁森同志的对联："一尘不染两袖清风视名利安危淡如狮泉河水，两离桑梓独恋雪城置民族团结重如冈底斯山”，不仅概括了孔繁森的援藏经历与高风亮节，而且笔底含情，属对亦较严整，内容与技巧达到了统一。

社交中赠联，既可通达人情，密切双边关系，亦可使悬联场所增色，增强民族文化的氛围。社交中掌握一些对联写作知识，是很有必要的。

第八节　演说词

一、演说词的含义与特点

演说词又称演讲词、演讲稿。它是演说者在公众场合或集会上，就某一问题当众宣传自己的主张，表达自己的感情或阐说某种事理的讲话文稿。并不是所有好文章都可以用来演说（如一些古代散文），也不是所有在公众场合或集会上的讲话都可称为演说词（如老师上课，领导干部作工作报告等），它们或者不适宜于口头表达，或者不具备演说词的一些特点，尽管是演讲某种主张或说明某种道理，仍不属演讲词的范围。所以本节所指的演说词具有狭义性。

演说词既是传播思想的工具，也是社交活动的重要形式与手段。近年来，演讲活动日益频繁，各类演讲比赛经常举行，演说词的写作更引起广泛的关注。成功的演讲常以写作成功的文字底稿为基础，提高演说词的写作水平也是开展公关、宣传活动的一个要求。

演说词的基本特点是：

（一）可听性

文章有让人看的，有让人听的。给人看的文章，一遍看不懂，可回头再看第二遍，一句不理解，可停下来查阅有关书籍，总之，阅读时具有停歇性与可重复性。演说词则不同，它是口头传播的文稿，是讲给听众听的，听众不可能因听不清、听不懂而要求演讲者中途停下来作解说或再重说一遍。演讲者与听众这种在短时间内、在特定场合的传播者与接受者的关系，决定了演说词必须具有可听性。这一特点具体表现为演说词“声声入耳”，运用口语化的表达，明白如话，说者顺畅上口，听者清楚易懂。如果词语过于文绉绉，词意艰涩费解，音节组合拗口，语句文言化或欧化，不顺不畅，既不宜于演讲者口头表达，也不便为听众所接受，从而不会有良好的演说效果。

（二）感召性

演说词要述事明理，但不是无动于衷的讲说故事，不是干巴巴地阐发道理，更不是纯客观地传播知识，它始终渗透着演讲者的感情力量，力求从情绪上、心理上去感染听众，与听众直接交流感情。激发振奋、鼓动号召，常是演说词的感情基调。真情动人，左右听众的喜怒哀乐，是演说词区别于一般在公众场合的讲话的主要特色。这就要求演讲者自身对所说的内容有所感、有所奋，有很厚的感情蕴积，绝不能是冷冰冰的饶舌者。

（三）逻辑性

演说词对听众除了动之以情之外，还得喻之以理，要求有很强的说服力。斯大林曾说过："演说的生命在于无可辩驳的逻辑力量"，他把列宁的演说比作钳子，牢牢钳住听众，就是指演说有很强的逻辑性，使人无可辩驳，无懈可击。概念准确，论据确凿充分，判断正确，推理符合逻辑，内容前后联系紧密等等，都是演说逻辑性的表现。一篇演说词除了观点、材料等方面有所要求以外，还切忌有逻辑上的漏洞。双方辩论性的演说词，尤须强调合乎逻辑的表达。

二、演说词的写作要点

（一）理、事、情的统一

演说词属于哪一类文体？是记叙文、议论文还是抒情文？都不是，又好像都是。这恰恰说明它的文体特征具有各类文体的交叉渗透性。它可述事，而且述事要生动形象；它可抒情，而且抒情要真挚浓烈；它可议论，而且说理要精辟严密。因此，理、事、情的交融是演说词的一条重要的要求。借事明理，辞缘情发，述事见情，情理交至，就是演说词的一个写作原则。林肯在葛底斯堡的演说（见例文）就是情理相兼的成功范例。林肯是美国南北战争时期的总统，他主张解放黑奴，粉碎了南方奴隶主的叛乱，赢得了这场实现国家统一的战争。在这篇演说中，林肯对为国牺牲的勇士深怀痛悼与崇敬之情，字里行间感情喷发，深沉的感情中又阐发了勇士牺牲和祭奠他们的深长意义。或者说，阐发为事业、为国家献身的道理是用感情色彩极强的语言表达出来的。正由于此，这篇演说词具有很强的感染力、说服力和生命力，流传了一百多年，被誉为全世界的著名演说词之一。例文《2008　是什么温暖了我们的心灵——幸福》，把国家和个人、伟大和平凡融为一体，穿插述说了几个动人的小故事，以饱含感情的笔触抒发情怀，表达了对这伟大的一年和幸福的真谛的体验、感受和思考，就是一篇理、事、情统一的演说词。

也有的演说词，述说一些动人事例，借事达理，述事见情。例如有篇纺织系统的题为《理想，无数闪光点凝聚的结晶》的演说词，说明理想就如“千万缕经纬交织成绚丽的纺织品一样”，“也是人生无数个闪光点凝聚的结晶”这一观点，就述说了一个普通纺织女工身怀六甲仍支持丈夫上前线作战的小故事，叙述中流露着赞美之情。结尾由事及理，说理含情：“她所做的也都是一些平平常常的小事，但是当她送别丈夫的时候，这不就是她的思想、她的行为在闪光吗?”“理想不是五彩的梦幻，也不是缥缈的太空，愿我们大家都从自己身边的每一件平凡小事，从自己的本职岗位上做起吧。理想永远是人生无数个闪光点凝聚的结晶。”把伟大寓于平凡的道理，通过事实，并用感情化的语言表达出来，正体现了理、事、情交融的要求。

（二）注重语言艺术

演说词的理、事、情通过适当的语言表达才能打动人心，增强演说效果。它的语言运用要注意以下一些方面：

演说词的语言是直接交流的艺术。它常用第二人称与听众作平等的交谈和讨论，用近距离的对话语气，显现出真诚与亲切。例如，它常用这些词句：“请大家听我说个故事吧”、“朋友们，请你们想想”、“你也一定听说过这样的事”、“你或许会这样说”等等，如对朋友说家常话，娓娓谈心。

演说词的语言是机智警策的艺术。它给你启发，使你深思，具有一种哲理的美。如有一篇《享受生活》的演说词谈对待生活的态度：“被别人爱当然幸福，能够真诚地去爱别人也一样幸福!”“想一想，我们生活在这个世界上，春风何其美！落叶何其美！老师何其美！同学何其美！你能欣赏就能享受，你就会觉得这世界值得一活，生活值得一搏!”警句式的语言含味隽永，让人感受到思想的闪光。

演说词的语言是博富的艺术，它是作者智慧与知识的结晶。它常常旁征博引，或用一个成语典故，或引一句诗词，或述一个故事，或借一句名言格言，凡与主题相关的材料，常常信手拈来，头头是道，显示出内容的丰富性，使言情说理有坚实的根基。

演说词的语言是灵活错综的艺术。为了表情达意的需要，或用叙述，或用抒情，或用议论，表达方法灵活结合；或幽默风趣，或大声疾呼，或愤怒指斥，或微婉讽喻，其文辞风格因情适变；或用长句，或用短句，或长短句结合，错综有致，形成一定的基调与气势。这些都是演说词语言生动活泼、灵活变化的表现。例如例文中林肯的演说，六百多字十句话，基本上用长句子，用情理结合的方式来表达哀思，又给人以深沉、庄严的感受。最后一句特别长，恰当地表露了对死者的默默告慰，对生者的绵长期望以及奉献于国家事业的坚定决心。

演说词的语言还是临场应变的艺术。演说者要善于根据临场气氛与听众反应，对演说内容进行及时调整或补充，主动地掌握听众情绪，以取得更好的演说效果。

总之，演说词是通过口才来实现其宣传鼓动的效能，掌握语言艺术是演说成功的关键。

（三）讲究结构技巧

演说词包括开头、主体、结尾三部分。开头力求抓住听众，或直述观点，或设置问题，或用故事引入，都要有吸引力。主体部分要围绕主题，说透问题，推理严密，层次清晰，有情有理。结尾或精警归结全文，或留下深长余味，引人深思，或表露殷切期盼。在注意结构完整的同时，更注重结构的新颖有机。

有一篇演说词谈珍惜时间这一主题，演说者刚上台说了一句“今天，我想谈谈珍惜时间问题”，竟突然转身走了，台下哗然。半分钟后，演说者回来，接着说：“我刚才不过耽误了半分钟，大家就议论纷纷，那么，我们平时上班，扯皮聊天，打扑克，打毛线，又浪费了多少时间？为什么对这种现象又熟视无睹？”这个开头可谓别出心裁，一下子镇住了听众，使全场鸦雀无声，引起了思考。讲究结构艺术对于吸引听众、完美地表达主题是十分重要的。

【例文 5-17】

林肯在葛底斯堡国家烈士公墓落成典礼上的讲话

（1863 年 11 月 19 日）

八十七年前，我们的先辈们在这个大陆上创立了一个新国家，它孕育于自由之中，奉行一切人生来平等的原则。

现在我们正从事一场伟大的内战，以考验这个国家，或者任何一个孕育自由和奉行上述原则的国家能够长久存在下去，我们在这场战争中的一个伟大战场上集会。烈士们为这个国家能够生存下去而献出了自己的生命，我们来到这里，是要把这个战场的一部分奉献给他们作为最后安息之所。我们这样做是完全应该而且非常恰当的。

但是，从更广泛的意义上来说，这块土地我们不能奉献，不能够圣化，不能够神化。那些曾在这里战斗过的勇士们，活着的和去世的，已经把这块土地圣化了，这远不是我们微薄的力量所能增减的。我们今天在这里所说的话，全世界不大会注意，也不会长久地记住，但勇士们在这里所做过的事，全世界却永远不会忘记。毋宁说，倒是我们这些还活着的人，应该把自己奉献于勇士们已经如此崇高地向前推进但尚未完成的事业。倒是我们应该在这里把自己奉献于仍然留在我们面前的伟大任务——我们要从这些光荣的死者身上汲取更多的献身精神,来完成他们已经完全彻底为之献身的事业;我们要在这里下定最大的决心,不让这些死者白白牺牲;我们要使国家在上帝福佑下得到自由的新生,要使这个民有、民治、民享的政府永世长存!

(引自《林肯选集》)

【例文 5-18】

2008 是什么温暖了我们的心灵——幸福

白岩松

这可能是我在接下来要讲的内容当中可能很少会提及的字眼,但是它可能无处不在。在 2008 年 1 月 1 日的《人民日报》上,有一篇社论叫《伟大的一年》,当这一年过去的时候你回头看这篇社论题目的确非常准确,然而定性为伟大的时候,那是因为一切我们在那一年可以想得到的很多的事情,改革三十年,北京奥运会,神舟七号等等。但是想不到会有雨雪冰冻灾情,尤其想不到会有汶川大地震,也想不到金融危机。然而正是这样一系列的事件混杂在一起,印证了伟大的一年这样一个标题的正确,正是因为有一系列的事件震撼了我们的心灵,这一年才可以写进历史。

从哪儿说起呢,讲一个故事吧,一个 13 岁的四川女孩,名字叫黄思语,她是映秀小学的一个学生,大地震发生的瞬间,她被砸在了废墟的下面,后来她被送到了华西医院截肢了,再后来送到北京要装假肢,当我看到这个孩子的时候,她一直在笑,小姑娘漂亮得让人心疼,陪着她的是她的妈妈,一直在北京进行治疗,她们家只有四口人,但是一场大地震让这个家庭在三个地方生活,几个月他们都没有见面。2008 年的 11 月底,因为集善嘉年华这样一个公益的活动,组织方把他们一家人给团聚了,一家四口人抱在一起哭,现场几百人都在哭,同情,心疼,不忍,然而当我们流着泪水的时候,突然在我的心里又生出了一种羡慕,为什么,因为这个家庭几乎什么都没有了,但是你知道,他们有爱,又亲情,有思念,尤其重要的是有希望。

一场特别大的灾难让我们付出了非常大的代价,但是这样大的代价有的时候也是一种提醒,提醒我们在日常生活中,总有那些被你司空见惯的你都不觉得是什么的幸福,其实一直都守护在你的身边,只是平常,甚至显得平淡的日子里头,你都不太在乎了而已。不仅有的时候灾难会提醒我们,荣耀不也同样会吗？在今年的奥运会上，有一个来自德国的举重运动员获得了金牌，这是一个大级别的项目，因此这个选手是一个彪形大汉，当他站在领奖台上，当国歌响起，国旗升起的时候，他拿出了一张照片，一张妻子的照片，跟他一起领奖。那一刻一个铁汉的柔情展现在全世界的面前。原来他的妻子在他备战的时候，因为车祸已经不幸离开了这个世界。然而这个妻子的鼓励和支持和爱一直是他备战的一个重要的动力。所以他最终站在了冠军的领奖台上。还有一个获得了奖牌的妈妈，是一个体操妈妈，很多年前她的孩子得了病，为了让这个孩子可以很好的治病，年龄很大了不退役，坚持到北京参加奥运，而且还获得了奖牌。当所有的人都用同情和希望帮助的心态靠近她的时候，她的眼神一直显得非常非常地平静，后来有她身边的人也跟我们说，她其实不太适应别人那么温暖地对她。她觉得当不幸、当挑战摆放在一个母亲的面前的时候，面对它，改变它，是自己该做的事情。在奥运的赛场上，我们知道，当获得了巨大的成功的时候，人们总会用国家这样的字眼去解读，没错，但是别忘了另一个家，一个小小的家有的时候就是爱、温暖。支撑着每一个运动员在奥运会这样一个全人类的大舞台上去展现自己。今年恰恰是在奥运会期间，我度过了自己 40 岁生日。当进入生日那一天，进入零点的时候，时间悄悄地划过了，我在叙述着别人的故事。第二天，当这一个生日离开的时候，我同样在叙述着别人的故事，但是突然间就 40 岁了。有什么区别吗跟以前？后来自己盘点一下，也许会不太那么愿意主动表达了，开始懂得聆听了，会依然愤怒，但是开始感动了，更重要的是不再是待在家里待不住总想往外跑了，而是在外边奔波的时候总想回家。我就在想，这会是一种什么样的变化呢。其实在年初的时候，它已经在用国家这样的字眼悄悄地提醒我们了，在平常的日子里头，在回家变得非常容易的时候，你不觉得它怎样，但是 2008 年的年初一场雨雪冰冻灾情突然阻隔了很多人回家的路，于是你发现那一瞬间你什么都不想要，只想在冬夜，敲开父母还在的房门，进去吃一顿非常温暖的饭，什么都可以放弃。其实回家往往是一个最终的目的，不是吗？就像今年神舟七号升空的时候，我们所有人都非常欣喜，但是作为一个新闻工作者我知道，只有当回家的那一瞬间，我们才可以一起鼓掌。我们共同在那样的一个傍晚，去见证了神舟七号所有的成员安然回家，他跟我们没有直接的血缘关系，但是当他着陆而来，当他回家了，我们就像一个家人一样，心里的石头落地了。奇怪，2008 年几乎所有的事情好像最后都容易让我这个刚刚进入 40 岁的人去想到家。年底金融危机了，当金融危机到来的时候，有人说是次贷危机，我跟他们开玩笑说，其实不就是所有的老百姓想买房，想有个自己的家，最后这种愿望太强烈了，产生了次贷危机吗？但它金融危机毕竟是一个非常重要的提醒，在提醒着我们。

很快这一年就要过去了，对于中国人来说春节的那顿饭没吃，鞭炮没有响起，饺子没吃，这一年就算没过去，那总得记住一点什么是吧，我想起了几年前看过的一本书，梁漱溟老爷子说过这样的一段话，他说人这一生啊，总要解决三个关系，首先顺序是不能错的，先要解决人和物之间的关系，然后要解决人和人之间的关系，最后一定要解决人和内心之间的关系。

是啊，我在想，我们年轻的时候奔三十而立的时候，总要解决人和物的关系，争取有房子，有钱，有名等等等等，后来你要解决人和人之间的关系，为人夫，为人父，为人子，为人上级，为人下级，为人朋友，为人对手等等等等，但是走着走着你又突然发现，离起点越来越远了，好像人生的终点似乎看得见某些迹象，就像我觉得什么是40岁——40岁就是敲开了一个年老的大门，而还守护着青春的尾巴一样。这个时候你要问自己我为什么活着？幸福是什么？你如果不能回答自己内心所提出的这样的一种问题的话，你会每天过得非常难，其实一个社会一个民族不同样如此吗？我们的精神家园在哪里？我们的核心价值观是什么？就像在纪念改革开放三十年的时候，胡锦涛说的那句话一样，物质贫乏不是社会主义，精神贫乏也不是。那么我们会不会问一下自己，我们有没有出发了太久，已经忘了当初为什么要出发了。

改革刚开始我10岁，今年40，我在想我十岁的时候想的幸福是什么？太简单了，甚至简单到我都有点忘了。但是当到了40岁的时候我已经拥有很多在我十岁的时候想过和不敢想过的很多很多，但是我比十岁更幸福了吗？我的眼睛还会像十岁那样清亮吗？我还会被一种梦想激动得彻夜难眠吗？我的回答并不肯定。就像年少的时候跟同学喝多了酒总有一句话说，总有一天我要找到幸福，那么也许今天就是年少的时候说的那个总有一天，幸福还会离我们有多远呢？我不知道答案，您知道吗？

（2009年2月9日中央电视台"艺术人生·2008温暖传递（下）"）